Klaus-Dietmar Henke

ADENAUERS WATERGATE

Die Geheimoperation des BND gegen die SPD-Spitze

Klaus-Dietmar Henke

ADENAUERS WATERGATE

Die Geheimoperation des BND gegen die SPD-Spitze

Ch.Links VERLAG

Auch als ebook erhältlich

Die deutsche Nationalbibliothek verzeichnet diese Publikation
in der Deutschen Nationalbibliographie; detaillierte bibliographische Daten
sind im Internet über www.dnb.de abrufbar.

Ch. Links Verlag ist eine Marke der Aufbau Verlage GmbH & Co. KG

www.aufbau-verlage.de/ch-links-verlag
Prinzenstraße 85, 10969 Berlin

Umschlaggestaltung: zero-media.net, München, unter Verwendung
eines Bildes von © ullstein bild (Nr. 01090551)
Satz: Nadja Caspar
Lektorat: Birgit Schmitz
Druck und Bindung: Friedrich Pustet GmbH & Co. KG,
Gutenbergstr. 8, 93051 Regensburg

ISBN 978-3-96289-199-2

INHALT

Ein Fürst, der sich behaupten will,
muss sich auch darauf verstehen, nach Bedarf nicht gut zu handeln.
Niccolò Machiavelli

VORBEMERKUNG

Dieses Buch fußt auf meinem zweibändigen Werk »Geheime Dienste«, in dem ich mich mit der politischen Inlandsspionage des Bundesnachrichtendienstes in der Ära Adenauer befasst habe. Die Studie erschien im Rahmen der 15-bändigen Veröffentlichungsreihe der Unabhängigen Historikerkommission zur Erforschung der Geschichte des BND 1945–1968. In einiger Ausführlichkeit ist darin auch die Instrumentalisierung des Auslandsnachrichtendienstes für innen- und parteipolitische Zwecke beschrieben, die sich am krassesten in der jahrelangen Ausforschung der SPD-Spitze mit Wissen und zum Nutzen des Bundeskanzlers und CDU-Vorsitzenden Konrad Adenauer zeigte. Dank der Öffnung der BND-Unterlagen konnte dieser Machtmissbrauch sechs Jahrzehnte danach ans Licht gebracht werden.

Als das Bundeskanzleramt und der Bundesnachrichtendienst wenige Jahre nach dem demokratischen Neubeginn in Deutschland ihr Komplott gegen den freien politischen Wettbewerb einfädelten, wurde Bonn zum Schauplatz eines heute nur noch schwer vorstellbaren Verbrechens gegen die Demokratie. Die späte Entdeckung dieses – historisch-politisch gesprochen – größten Demokratieverbrechens in der Geschichte der Bundesrepublik erregte international Erstaunen.[1] Die *Süddeutsche Zeitung,* die als erste darüber berichtete,[2] sprach unter Gebrauch des geflügelten Begriffs für die heimliche Ausspähung politischer Konkurrenten von einem »deutschen Watergate«. Die *Washington Post* kam mit der

Schlagzeile »German ›Watergate‹: Chancellor spied on rival party« heraus.

Diese staatspolitische Kriminalgeschichte aus den Gründerjahren der Republik ist nicht nur ein Lehrstück über die politische Kultur der Adenauer-Ära, sondern auch eine Erinnerung an das Gefährdungspotential, das in jeder demokratisch verfassten Gesellschaftsordnung steckt. Das Ursprungskapitel »Die Ausforschung der SPD-Spitze«[3] aus meinem Band 2 ist für dieses Buch teils gestrafft, zum besseren Verständnis teils erweitert worden.

Ich danke Konrad Franke, Gerhard Sälter und Birgit Schmitz für ihre klugen Hinweise, ebenso natürlich meiner Familie, die auch meinte, es wäre gut, die Adenauer-Sache noch einmal separat, aber schlanker zu bringen.

Klaus-Dietmar Henke

Berlin-Weißensee
10. April 2023

I

EIN DEUTSCHES DEMOKRATIEVERBRECHEN

EIN ABGRUND VON MACHTMISSBRAUCH

Konrad Adenauer gehört unzweifelhaft zu den großen Gestalten des vergangenen Jahrhunderts. Ebenso gewiss ist, dass der Gründungskanzler der Bundesrepublik Deutschland, wie Politiker historischen Ranges nicht selten, manche »Nachtseite«[1] aufweist. Die eine oder andere Nachtseite kannten schon seine Zeitgenossen, weitere wurden nach und nach deutlich. Doch die jahrelange systematische Ausforschung der SPD-Spitze, ein konspiratives Komplott zwischen Bundeskanzleramt und Bundesnachrichtendienst, nahmen die Beteiligten mit ins Grab. Erst mehr als ein halbes Jahrhundert nach dem Tod des ikonischen Gründungskanzlers konnte die Zeitgeschichtswissenschaft die monströse Attacke auf die junge Demokratie ans Licht bringen.

Hans-Peter Schwarz verschweigt in seiner großen Adenauer-Biografie die Nachtseiten seines Titelhelden und die dunklen Seiten seiner Ära nicht, besteht jedoch darauf, der Bundeskanzler und CDU-Vorsitzende habe sich trotz »beträchtlicher institutioneller Nonchalance« durchweg im Rahmen der Verfassung bewegt und die Scheidelinie zwischen einer eben noch zustimmungsfähigen Amtsführung und politischem Handeln jenseits von Recht und Gesetz immer respektiert; gelegentliche Dehnungen des Grundgesetzes und häufiges Operieren »hart am Rande des Zulässigen« änderten daran nichts.[2]

Nach Auswertung der erstmals zugänglich gemachten BND-Unterlagen weiß man es besser: Mit seinen beiden hauptsächlichen

Helfern, Hans Globke, Chef des Bundeskanzleramts sowie »heimlicher Generalsekretär der CDU«,[3] und Reinhard Gehlen, Präsident des Auslandsnachrichtendienstes BND, hat Konrad Adenauer über Jahre hinweg die Verfassung gebrochen und die Grundregeln des demokratischen Wettbewerbs mit Füßen getreten. Das Grundgesetz, an dem er maßgeblich mitgewirkt hatte, war keine fünf Jahre alt, als Gehlen und Globke ihren heimlichen Pakt zur Sicherung der Kanzlermacht schmiedeten.

Bundeskanzler Adenauer bediente sich in den darauffolgenden Jahren intensiv des steten Stroms sensibelster Informationen aus der SPD-Parteizentrale in seinen Amtssitz, dem Palais Schaumburg, und missbrauchte so seine auf Zeit verliehene Macht ohne Skrupel und Bedenken. Man stelle sich für einen Moment vor, Opposition und Medien hätten sich damals dieses Manuskript in der vorliegenden Form irgendwie zu verschaffen gewusst, so kann man sich ausmalen, wie anders die Ära Adenauer in die Geschichte eingegangen wäre. Schon der vergleichsweise moderate Machtmissbrauch in der *Spiegel*-Affäre hatte zu Proteststürmen und einer Regierungskrise geführt. Unter dem »Abgrund von Landesverrat«, den der Bundeskanzler auf dem Höhepunkt des Skandals im Parlament beschwor, hätte sich ein noch tieferer aufgetan: ein Abgrund von Machtmissbrauch.

Die konzertierte Geheimoperation von Bundeskanzleramt, Bundesnachrichtendienst und CDU gegen die SPD-Spitze war für Adenauer so hilfreich und wichtig, dass er sich in Vorstandssitzungen seiner Partei den Hinweis auf geheime Quellen seiner innen- und parteipolitischen Erkenntnis manchmal nicht verkneifen konnte. Im Mai 1957 etwa trug er seinen Parteifreunden wieder einmal aus einer der geheimen BND-Mitteilungen vor: »Ich muss vorsichtig vorlesen, damit nicht die Quelle verraten wird«, schickte er voraus. »Das werden Sie verstehen.« Bald darauf konnte der CDU-Chef noch weniger an sich halten: »Darf ich zunächst feststellen, ob wir wirklich ganz unter uns sind und keine Fotografen und niemand uns hören kann«, eröffnete er die Aussprache: »Denn nur dann kann man ruhig und offen miteinander sprechen. Aus den Sitzungen des Parteivorstands der SPD bekommen wir ja die entsprechenden Mitteilungen (Heiterkeit). Ich sähe es wirklich nicht gern, wenn das vice versa ebenso geschähe.«[4] Konrad Adenauers Ermahnungen fruchteten. Parteifreunde, die solche augenzwinkernden Hinweise auf sein Betriebsgeheimnis erhaschten, bewahrten sie zuverlässig in ihren Herzen.

Zu Beginn der neunziger Jahre näherte sich der Kanzlerbiograf Schwarz der verborgenen Wahrheit immerhin so weit, dass er über den Bundeskanzler schreiben konnte, der in Pullach bei München residierende BND-Präsident Gehlen sei eine »langjährige, wenn auch unsichtbare Säule seiner Herrschaft«[5] gewesen. Das war richtig gesehen und treffend gesagt, doch an keiner Stelle seines umfangreichen Werks zur Ära Adenauer vertiefte er diese Erkenntnis. Offenbar wusste oder ahnte Schwarz mehr, als er hätte belegen können, wollte seine Erkenntnis aber wenigstens an einer Stelle ausgesprochen wissen. Hätte es denn auch denkbar sein sollen, dass der Auslandsnachrichtendienst die wohl erfolgreichste Operation seiner frühen Jahre im Inland vollführte? Konnte man wirklich annehmen, dass die geheimen Dienste des Gehlen-BND dem Bundeskanzler dabei halfen, seine innen- und parteipolitische Machtgrundlage in demokratiefeindlicher Weise zu befestigen?

Der Begriff »Watergate«, ähnlich wie »Waterloo« oder »Canossa« ein vom Ursprungsereignis abgelöster Topos, bezeichnet historisch bekanntlich den Machtmissbrauch des amerikanischen Präsidenten Richard M. Nixon, der im Wahlkampf 1972 einen Trupp Helfer in Marsch gesetzt hatte, um im Hauptquartier der Demokratischen Partei im Washingtoner Hotel Watergate Abhörtechnik zu installieren. Das misslang. Nixons »Klempner« wurden gefasst. Die sukzessive Aufklärung dieses Verbrechens gegen die demokratisch-parlamentarischen Funktionsgrundlagen ließ ihm keine andere Wahl, als das Weiße Haus zu räumen. Ebenso wie Richard Nixon missbrauchte auch Konrad Adenauer seine Macht zu parteipolitischen Zwecken, doch bewerkstelligte er dies, vom Lichte der Öffentlichkeit unbehelligt, ungleich geschickter und nachhaltiger als »Tricky Dick«: Nicht Einbruch, Einschleusung war das Mittel der Wahl. Der CDU-Vorsitzende und seine Partei profitierten während der formativen Phase der westdeutschen Demokratie beinahe ein Jahrzehnt lang von der Ausforschung der Parteiführung ihres politischen Hauptrivalen. Im Herbst 1963 schied Konrad Adenauer aus dem Amt und lebte nach seinem Tod vier Jahre später als hochverehrter Staatsmann historischen Zuschnitts fort.

Jenseits von Legalität und Legitimität: Politische Inlandsspionage

Die politische Inlandsspionage gehörte von Anfang an zum Repertoire des Auslandsnachrichtendienstes. Bereits die seit 1946 unter amerikanischer Ägide tätige Organisation Gehlen betrieb innen- und parteipolitische Ausforschung wie selbstverständlich. Ihre Übernahme als BND in den Bundesdienst im Frühjahr 1956 änderte daran nichts, im Gegenteil, Inlandsspionage und innenpolitische Präsenz (einschließlich einer verdeckten Imagepolitik) blieben eng miteinander verquickt und dienten zum einen der Wahrung der eigenen Interessen, zum anderen der Machtstabilisierung der Adenauer-Regierung. Entsprechend konsequent betrieb der Gehlen-Apparat die Ausspähung der beiden wichtigsten demokratischen Parteien neben der Union, vor allem der SPD, zeitweise auch der FDP.[6] Seine auftrags- und gesetzwidrigen innenpolitischen Geheimoperationen richteten sich keineswegs allein gegen »Links«, sondern nach dem politischen Bedarf des christdemokratischen Partei- und Regierungschefs. (Liaisons des Nachrichtendienstes mit führenden Politikern und Parlamentariern der Union reichten bis in die neunziger Jahre.[7])

Konstitutive Bedeutung für Adenauers Watergate gewann die früh geschmiedete, nachgerade symbiotisch zu nennende Allianz von Reinhard Gehlen und Kanzleramtschef Hans Globke. Bereits wenige Monate nach Amtsantritt der bürgerlich-konservativen Bundesregierung im Herbst 1949 begann sich der Gehlen-Dienst als innen-, partei- und personalpolitische Auskunftei bei Globke unentbehrlich zu machen.

Die Spitzenbeamten Gehlen und Globke hatten zur Funktionselite des Dritten Reichs gehört, der General als Chef der Wehrmachtsabteilung Fremde Heere Ost, der Ministerialrat im Reichsministerium des Innern unter anderem als Experte für die juristische Verbrämung der Verfolgung und Vernichtung der Juden. Beide waren keine überzeugten Nationalsozialisten, jedoch immer »staatstragende« Kräfte autoritär-konservativer Observanz gewesen. Wie in der obrigkeitsstaatlich sozialisierten deutschen Berufsbeamtenschaft weit verbreitet, dachten die beiden Organisatoren des antisozialdemokratischen Kampfes weniger vom Rechtsstaat als – wie man zu sagen pflegte – vom Staat als solchem her. Das schloss die Überzeugung ein, der politische Zweck heilige die Mittel, dies umso mehr, als ihr demokratisch legitimierter oberster Dienstherr das offenkundig genauso sah. Die Unterstützung des Bundeskanzlers gegen Parteien, die ihm das Leben schwer machten, war daher nichts, was Gehlen und Globke zu einem Nachdenken über Legalität und Legitimität ihres Tuns hätte bewegen können.

Ebenso wie die meisten ihrer Mitarbeiter kamen der Kanzleramtschef und der BND-Chef aus einer Zeit der Parteienverachtung, wo der Staat wie ein überzeitliches Abstraktum über den sogenannten Niederungen der Parteipolitik thronte. Das NS-Regime hatte dem »Gezänk« der Parteien ein Ende gemacht und das Konstrukt einer überparteilichen Volksgemeinschaft zum Staats- und Gesellschaftsideal erhoben. Auch wenn das Grundgesetz den politischen Parteien nun Verfassungsrang einräumte, so war die Bundesrepublik in den fünfziger Jahren für viele Beamte und Bürger doch noch weit davon entfernt, ein bejahter oder wenigstens neutral konnotierter »Parteienstaat« zu sein. Sie war eine Kanzlerdemokratie. Für Gehlen und seine aus den Exekutivapparaten des NS-Staats rekrutierten Kameraden gab es keinen Zweifel daran, dass sie die Regierungsmacht der Adenauer-CDU durch politische Inlandsspionage zu sichern und sich mit ihren Methoden gegen vermeintliche gesellschaftliche und politische Aufweichungserscheinungen zu stemmen hatten.

Dazu bediente sich der BND einer mit schmutzigsten Mitteln betriebenen Gegnerbekämpfung, die sich unter dem Deckmantel der Spionageabwehr und der Flagge des Antikommunismus gegen alles irgendwie »Linke« und anderswie Unbequeme oder Missliebige richtete, nicht zuletzt gegen alle, die nicht mit dem hart umkämpften innen- und außenpolitischen Kurs von Bundeskanzler Adenauer einverstanden waren. Gerhard Sälter hat von der Selbstermächtigung des Gehlen-Dienstes gesprochen, »sich für politische Sauberkeit zuständig zu machen«.[8]

Antiliberalismus als Antikommunismus

Der in den fünfziger Jahren dominante Antikommunismus wurde gezielt eingesetzt, um politisch-gesellschaftliches Denken und Verhalten innerhalb des Verfassungsrahmens gleichwohl als abweichend, unerwünscht oder sogar feindlich zu stigmatisieren – nicht zu verwechseln mit der verbreiteten Gegnerschaft gegen den Staatssozialismus sowjetischen Typs und der Furcht vor der innen- wie außenpolitischen Bedrohung, die vom kommunistischen Herrschaftsmodell ausging bzw. auszugehen schien.

Da der Antikommunismus auch des BND immer das Feigenblatt seines aggressiven Antiliberalismus gewesen ist, fand sich in den Pullacher Karteikästen denn auch rasch ein langes Defilee von Unbequemen, Unangepassten und Oppositionellen. Viele von ihnen bekamen umstandslos das Etikett »Kommunist« angeheftet. Leichter Hand unterstellte man eine politische oder sogar geheimdienstliche Tätigkeit für den Osten und diskreditierte die betreffenden Personen mit Insinuation, in verdeckter Nachrede oder offener Verleumdung: Intellektuelle und Bürger, die mit Kultur- und Gesellschaftskritik nicht sparten oder einen unorthodoxen, bürgerliche Wohlanständigkeit herausfordernden Lebensstil pflegten; Männer und Frauen, die sich außerhalb der nationalsozialistischen

»Volksgemeinschaft« gestellt, vielleicht sogar Widerstand geleistet hatten oder (wie Hitler mit Vorliebe gesagt hatte) dem »Marxismus« anhingen.

Der antiliberale Antikommunismus gehörte zur politischen Unkultur des Nachkriegspanoramas und entsprach in der Sache, wenn auch nicht in seiner Pullacher Primitivität dem Kalkül des Bundeskanzlers. Die »Furcht vor dem Kommunismus« war eine Hauptkonstante seines Weltbilds,[9] sie zu instrumentalisieren, gehörte zu den Herrschaftsmerkmalen seiner Kanzlerdemokratie. Kommunismusfurcht und Antikommunismus wurden in der nachnationalsozialistischen Demokratie zu wesentlichen Integrations- und Mobilisierungselementen. Es ging nicht allein gegen deren innere Feinde auf der extremen Linken, so schwach sie waren, sondern auch und vor allem gegen dissidente Elemente jeglicher Couleur, namentlich gegen politische Gegner jenseits des Adenauer'schen Bürgerblocks, zu dem neben der Union kleinere konservative bis rechtsnationale Parteien gehörten. So war der antiliberale Antikommunismus des BND der Strategie des Bundeskanzlers nicht nur kongenial, er entsprach ihr auch funktional, weil er sich im politischen Tagesgeschäft bequem instrumentalisieren ließ.

Reinhard Gehlen und seine aus den Trümmern der geborstenen NS-Apparate zusammengeklaubten Mitarbeiter, die zunächst in Bayern und dann in Bonn rasch zu einem Schulterschluss mit der katholisch-konservativen Politikelite fanden, zogen ihre innenpolitische Scheidelinie nie zwischen demokratisch und nichtdemokratisch, zwischen verfassungstreu und verfassungsfeindlich, sondern zwischen »rechts« und »links«, wobei links für sie in der Tradition des deutschen Obrigkeitsstaats bis weit in den Liberalismus und den christlichen Sozialismus hineinreichte. Keine demokratische Kraft erschien ihnen für eine Konsolidierung der Bundesrepublik jedoch gefährlicher als die SPD. Dass die früheste Kritik an den Bolschewiki von antikommunistischen Sozialdemokraten stammte, die SPD in Ostdeutschland unter sowjetischem Druck in die SED gezwungen worden war und der ehemalige KZ-Häftling und sozialdemokratische Parteiführer Kurt Schumacher zu den schärfsten Kommunistenfeinden zählte, brachte weder in Pullach noch in Bonn das Weltbild der Verantwortlichen durcheinander.

Feind SPD

War der Antikommunismus im BND also das Feigenblatt seines übergreifenden Antiliberalismus, so war Adenauers Antimarxismus die Grundlage für seine nie wirklich abgemilderte Verunglimpfung der Sozialdemokratie. Unter den Befürchtungen des Kanzlers rangierte seine Vorstellung, die SPD könne einmal die Regierungsmacht in Bonn erobern, weit oben. Seit seinem Eintritt in die Nachkriegspolitik sah er in der stärksten Oppositionspartei weniger einen Mitbewerber oder politischen Gegner als einen Feind. Stets aufs Neue behauptete Adenauer, die älteste deutsche Partei sei eine marxistische Partei. Das war zwar keine grundverkehrte Beschreibung, doch dem CDU-Vorsitzenden ging es nicht um akademische Programmanalyse, sondern um die Popularisierung einer denunziatorischen Assoziationskette übler Tradition: Sozialdemokraten sind Sozialisten, sind Marxisten, sind Kommunisten, also Helfershelfer der Sowjetunion.

Der Bundeskanzler behielt Verteufelungen der Sozialdemokratie keineswegs seinen Wahlkampfauftritten vor. In den Tagen der Umfirmierung der Organisation Gehlen in Bundesnachrichtendienst erklärte er beispielsweise vor den Vorstandsmitgliedern seiner Partei, falls die SPD die Regierungsgewalt im Bund übernehme, »wird das Wort von Finis Germaniae Wahrheit, weil wir dann in kurzer Zeit ein sowjetischer Satellitenstaat irgendeiner Art werden würden«.[10] So prophezeite er bei einem Sieg der SPD den »Untergang Deutschlands«.[11] Zwei Jahre vor seinem Ausscheiden aus dem Amt klang es nicht anders: »Dass die SPD unser Feind ist, sehen wir doch immer wieder«, rief er seinen Parteifreunden zu. »Sagen wir doch ruhig: Unser Feind.«[12] Mitunter nahm er gar das Wort »Todfeind« in den Mund.[13]

Hans Globke dachte genauso. Allen W. Dulles, Direktor des

amerikanischen Nachrichtendienstes CIA, hatte von seinen Leuten in Deutschland früh den lapidaren Hinweis erhalten, dass die Bonner Opposition für den Chef des Bundeskanzleramts schlicht der »Feind« sei, und er dürfe sich sicher sein, dass der mächtigste Beamte der Republik seine Macht strikt parteiisch gebrauche.[14] Die Feindanalyse von Reinhard Gehlen, der sich innerhalb und außerhalb seines wachsenden Imperiums den Tarnnamen »Dr. Schneider« gab (und von einem Teil seiner Organisation als »Professor« tituliert wurde), war nie eine andere gewesen als die Adenauers und Globkes. Schon bei Republikgründung 1949 hatte der spätere BND-Präsident erklärt, die Sozialdemokratie sei eine »klare Gefahr«[15] für Deutschland. Ähnliche Einlassungen seiner Mitarbeiter finden sich in den Akten des Dienstes häufig. Der Kampf gegen die Sozialdemokratie begann bereits in der ersten Legislaturperiode.[16] Zu einem deutschen Watergate entfaltete er sich jedoch erst von 1953 an, dem Jahr des ersten großen Wahltriumphs des Bundeskanzlers und CDU-Vorsitzenden Konrad Adenauer.

DAS KOMPLOTT

Die Anbahnung

Die politische Geheimoperation des BND gegen die SPD-Spitze war der Kern seiner langjährigen Inlandsspionage, seine erfolgreichste innenpolitische und eine seiner bedeutendsten Unternehmungen überhaupt. Von Mitte der fünfziger bis Anfang der sechziger Jahre verwandelte der Auslandsnachrichtendienst die sozialdemokratische Parteizentrale – die »Baracke« in Bonn – in ein gläsernes Haus. Es ist Reinhard Gehlen höchstpersönlich gewesen, der diesen Coup einfädelte. Bei Adenauer und Globke, die es schon gewohnt waren, von ihm Interna aus anderen Parteien geliefert zu bekommen, stieß er mit diesem Manöver sofort auf wohlwollendes Interesse. Nach dem triumphalen Wahlsieg der Unionsparteien 1953 erlahmte ihre Aufnahmebereitschaft für sozialdemokratische Dienstgeheimnisse keineswegs, sie bedienten sich Gehlens geheimer Dienste vielmehr noch intensiver als zuvor.

Reinhard Gehlen seinerseits verfolgte eine ungewöhnlich erfolgreiche Doppelstrategie: Parallel zur nachrichtendienstlichen Ausforschung der SPD-Führung verstand er es, unter Mobilisierung seiner ihm durchaus zu Gebote stehenden gentlemanliken Courtoisie, führende Genossen für seinen Nachrichtendienst und sich persönlich einzunehmen. Sie ahnten nicht, dass der soignierte General a. D. ihrer Partei, während er sie umwarb, zugleich schwersten Schaden zufügte.

Am Anfang der geheimdienstlichen Großoperation gegen die Sozialdemokratie steht ein dreiköpfiges Täterteam: Reinhard Gehlen selbst, sein Mitarbeiter Dr. Siegfried Ziegler (»Dr. König«) und der Top-Agent Siegfried Ortloff (»Otto«), Personal- und Sicherheitschef beim Parteivorstand der SPD in Bonn.

Ziegler, wie Gehlen Jahrgang 1902, als SPD-Genosse so etwas wie ein weißer Rabe am Hochufer der Isar, stammte aus Essen, war ein weltoffener Mann, hatte mehrere geisteswissenschaftliche Fächer studiert und sich als Reiseschriftsteller und Verfasser einiger Romane einen bescheidenen Namen gemacht.[17] Als neugieriger Freigeist hielt er sich vom Nationalsozialismus fern, diente im Krieg als Abwehr-Offizier auf dem Balkan und brachte sich 1945 mit geheimen Dokumenten in der »Alpenfestung« in Sicherheit. Wie Gehlen griff die U. S. Army auch diesen Versprengten auf. Die Amerikaner bescheinigten dem Esperanto-Experten, zu dem er sich fortgebildet hatte, eine untadelige Vergangenheit. Bald nach Kriegsende trat er der SPD und dem Gehlen-Dienst bei, zunächst »nebenamtlich«, ab 1. März 1951 als hauptamtlicher Mitarbeiter. Sämtliche dienstinterne Beurteilungen attestierten Ziegler allerbeste Fähigkeiten. Überragende Bedeutung für den BND gewann er durch seine Schlüsselrolle bei der SPD-Operation. Für Gehlen dabei unentbehrlich, wurde er zu einer der beiden Zentralfiguren des deutschen Watergates. Nur ein SPD-Genosse wie er mit besten Verbindungen in die Parteispitze war in der Lage, eine enge Freundschaft mit dem eigentlichen Verräter in der »Baracke« anzuspinnen und über Jahre aufrechtzuerhalten.

Siegfried Ortloff war der dritte und wichtigste Mann in dem verschwiegenen Trio. Er hatte wechselvolle Jahre durchlebt, als sich seine und Zieglers Wege Anfang der Fünfziger kreuzten. Der gebürtige Hamburger – sein Vater war an den Marineunruhen 1918 beteiligt gewesen – schloss sich als Schiffsbefrachter früh der von Erich Ollenhauer geführten Sozialistischen Arbeiterjugend (SAJ) an. 1935 von der Gestapo verhaftet und wegen der Verteilung illegaler Schriften verurteilt, floh er im Herbst 1937 nach Prag zum sozialdemokratischen Exilvorstand. Hier vertiefte sich sein persönlicher Kontakt zu Ollenhauer. Ging der spätere SPD-Chef mit dem SoPaDe-Vorstand, der sozialdemokratischen Führung während der NS-Zeit, nach Paris und dann nach Großbritannien, so wich Ortloff ins Exil nach Schweden aus, schlug sich als Elektriker durch und war weiterhin politisch aktiv. Seine Kontakte nach Skandinavien blieben auch nach dem Krieg eng. Der Chef des schwedischen Militärgeheimdienstes, Birger Elmer, wurde Patenonkel seines zweiten Sohns.

Im Herbst 1946 erreichte Ortloff das Angebot Ollenhauers zur Mitarbeit beim Parteivorstand der SPD in Hannover. Der 31-Jährige sagte sofort zu. Mehr Praktiker als Theoretiker, wurde er für Fragen der öffentlichen Sicherheit, der Polizei und der Geheimdienste zuständig. Als Sekretär des Parteivorstands bereitete er dessen Sitzungen vor und führte das Protokoll; 1956 wurde Ortloff Personalreferent des Parteivorstands und der Bundestagsfraktion. Der BND hätte keinen finden können, der einen tieferen Einblick in das Innenleben der Partei und die Machtkämpfe der Spitzengenossen hatte als er. Die erhalten gebliebenen Unterlagen zeigen, dass Siegfried Ortloff und Siegfried Ziegler sich während ihrer intensiven Kollaboration mindestens 70 Mal »dienstlich« getroffen haben, tatsächlich gewiss öfter. Die konspirativen Kontakte wurden erst dann seltener, als Ortloff die »Baracke« verließ und zum 1. Januar 1961 als hauptamtlicher Mitarbeiter in die Dienste des BND wechselte.

Als Sicherheitsbeauftragter der Parteiführung unterhielt Siegfried Ortloff seit 1951 gewissermaßen qua Amt Verbindungen zur Organisation Gehlen. Für Pullach lag es nahe, sich diesen Experten näher anzusehen, wofür sich niemand besser eignete als der SPD-Genosse Ziegler, der schon bald ein »familiäres« Verhältnis zur Familie Ortloff herzustellen wusste.[18] »Dr. König« suchte den Sekretär des Büros des Bundesvorstands der SPD (so seine Dienstbezeichnung) am 27. Februar 1953 erstmals persönlich in Bonn auf. Ortloff zeigte sich dabei in »ND-mäßig [nachrichtendienstlich] interessanten Fragen« keineswegs verschwiegen.[19] Die CIA bemerkte zwar, dass hier ein Kontakt entstand, erkannte dessen wahre Natur aber nicht.

Die Beziehung zwischen Ortloff und Ziegler vertiefte sich schnell. Der Parteifunktionär versorgte seinen Parteifreund mit Hinweisen aus dem Sicherheitsmilieu und zur neu entstehenden Sicherheitsarchitektur, im Gegenzug half der Gehlen-Dienst der Parteizentrale bei Nachfragen zu Personen. Ende Mai 1953 sprach man intern bereits von einer Unterredung Siegfried Zieglers mit *»seinem Freunde* vom Parteivorstand der SPD«. Für Pullach war das Ergebnis dieser Besprechung von erheblichem Interesse, hatte Ortloff doch versichert, die SPD werde keine Einwände gegen die Übernahme des Dienstes in die Bundeshoheit, nicht einmal gegen die Weiterbeschäftigung fast des gesamten Personals erheben.[20]

Spätestens jetzt – die Wahlen zum 2. Deutschen Bundestag standen vor der Tür – erkannte Gehlen die faszinierende Perspektive, die sich mit dem zunehmend vertrauten Umgang zwischen den SPD-Genossen Ziegler und Ortloff für seinen Dienst und das Bundeskanzleramt eröffnete. Im dienstlichen Verkehr absolut ungewöhnlich, unterhielt der »Doktor« ab diesem Zeitpunkt eine persönliche Beziehung zu seinem weit untergeordneten Mitarbeiter und verwandelte sich bei der Ausforschung der SPD-Spitze so in eine Art nachrichtendienstlichen Fallführer. Siegfried Ziegler, der mit seiner Familie gut eine halbe Autostunde von Gehlens Wohnsitz am Starnberger See entfernt lebte, war Mitte 1953 mit seinem

Chef bereits so vertraut, dass er sich ermutigt sah, ihm vier Werke linguistischer Natur zusenden zu dürfen, darunter Viktor Klemperers »Lingua Tertii Imperii«.[21] Beiden Männern war selbstverständlich von der ersten Minute an bewusst, auf welches waghalsige politische Spiel sie sich einließen. Reinhard Gehlen konnte nach seinen bisherigen Erfahrungen allerdings sicher sein, dass Bundeskanzler Adenauer und sein Kanzleramtschef sich die in Aussicht stehenden geheimen Dienste gerne gefallen lassen würden.

Am 2. September 1953, eine Woche vor der Bundestagswahl, ging beim Chef der Organisation Gehlen ein persönlicher Brief von Siegfried Ziegler ein, der ihm auf drei Maschinenseiten außerordentlich interessante Dinge mitteilte.[22] Hauptgegenstand war eine Unterredung in Bonn wenige Tage zuvor: »Herr Ortloff widmete mir seine ganze freie Zeit, die ihm an diesem Tage zwischen den Reisen mit Herrn Ollenhauer verblieben war«, schrieb Ziegler. Sein Parteifreund habe sich sehr für einige Informationen aus Pullach bedankt. Er wolle den SPD-Chef auf ihrer anschließenden gemeinsamen Fahrt »eingehend über unsere Erkenntnisse« ins Bild setzen: »Herr Ortloff teilte mir dann noch einige Vorgänge mit, die ich an Sie weitergeben kann, jedoch bat er mich dringend, dass ich sie wegen ihres teilweise streng vertraulichen Charakters auf keinen Fall über unseren Apparat gehen lassen sollte. Um diesen aus Gründen des Quellenschutzes selbstverständlichen Wunsch zu respektieren, schreibe ich sie Ihnen unmittelbar.« Es folgten Mitteilungen aus dem Nähkästchen des nordrhein-westfälischen Landesamts für Verfassungsschutz und andere nachrichtendienstlich wertvolle Informationen.

Gehlen hatte mit Ziegler nun einen Top-Agenten in die Führung der wichtigsten Oppositionspartei eingeschleust, ein eminenter nachrichtendienstlicher Erfolg und ein im Bundeskanzleramt außerordentlich wirkungsvoller Trumpf. Siegfried Ziegler durfte getrost damit rechnen, dass sich seine strategische Sonderbeziehung in die SPD-Spitze positiv auf sein dienstliches Fortkommen auswirken werde. Tatsächlich wurde »Dr. König« 1955 in die Pullacher Zentrale versetzt, um die Leitung der Schulen des BND zu übernehmen. Das war jedoch nicht viel mehr als eine Art Tarnbeschäftigung, die ihn nicht über Gebühr in Anspruch nahm. Siegfried Ortloff sah in der Beförderung seines Genossen Ziegler zum Schulungsleiter des Auslandsnachrichtendienstes einen »erfreulichen Vertrauensbeweis zur Opposition.«[23]

Eine Woche nach der schweren Wahlniederlage der SPD im Herbst 1953 trafen sich die beiden Parteifreunde zu einem Meinungsaustausch in Bonn. Ziegler erstattete Gehlen sogleich Bericht darüber.[24] Sein Mann beim Parteivorstand habe versichert, schrieb er, dass sich »die Haltung der SPD zur Organisation Gehlen durch das Wahlergebnis nicht geändert hat.« Die Parteiführung trete nach wie vor dafür ein, den Pullacher Apparat zu einem Bundesnachrichtendienst zu entwickeln: »Sie hat volles Vertrauen zu der Aufrichtigkeit unserer Organisation und zu deren Leiter. Bevor sie im Ausschuss aber ihre Stimme abgibt, wird sie gewisse Garantien dafür benötigen, dass der Apparat staats- und demokratiebejahend ist und dass eine Personalpolitik betrieben wird, die die demokratischen Kräfte fördert. Der Leiter der Organisation hat sowohl bei Dr. Schumacher als auch bei Ollenhauer stets großes Verständnis gefunden selbst in einer Zeit, als der Nachrichtendienst noch sehr unpopulär war. Herr Ollenhauer ist auch weiterhin zu Gesprächen, in denen die benötigten Garantien erörtert werden könnten, bereit, jedoch kann nicht erwartet werden, dass er dazu die Initiative ergreift. Selbstverständlich würden diese Gespräche nach wie vor vertraulichen und privaten Charakter haben.« Das waren wertvolle Botschaften aus der Hauptstadt.

Beinahe noch interessanter war für Gehlen die unmissverständliche Bemerkung Zieglers, wonach Siegfried Ortloff »seine Bereitschaft durch einige andere Mitteilungen unter Beweis gestellt« habe. Im Jargon der Profis bedeutet das nichts anderes, als dass sich jemand auf eine nachrichtendienstliche Tätigkeit einlassen wollte. Was sich seit einigen Monaten abzeichnete, war jetzt offenkundig: Reinhard Gehlen würde hinfort nicht nur über einen mehr oder weniger geheimen Zugang zum Parteivorsitzenden, sondern auch über einen hochgeheimen eigenen Agenten in der Spitze der SPD verfügen.

Nach dieser Weichenstellung war Ziegler für Gehlen so wertvoll geworden, dass sich zwischen den beiden ungleichen Partnern ein nachgerade vertrauter Umgang herausbildete. Das kommt in ihrem regen Briefwechsel gut zum Ausdruck. Während seines nach den Bundestagswahlen angetretenen Urlaubs, heißt es beispielsweise in einem Briefentwurf Zieglers, habe ihn das freundliche Schreiben Gehlens erreicht. Etwas verklausuliert fuhr er fort: »Ich glaube, Sie haben mich seit der Zeit unserer persönlichen Bekanntschaft gut genug kennengelernt, sodass es wohl keiner Unterstreichung meinerseits bedarf, dass sich in meinen Auffassungen nichts geändert hat. Im Gegenteil hat die Gesamtentwicklung bei mir den Wunsch wachwerden lassen, möglichst noch enger als bisher zusammenzuarbeiten, um die absolute Überparteilichkeit unserer Arbeit zu gewährleisten.«

Das war schön gesagt, aber nur die gängige Entlastungsformel für das, was sich tatsächlich anbahnte. Zieglers faktische Versicherung, dass der Wahltriumph der Union das gemeinsame Projekt des Spionagetrios und seine eigenen Beziehungen in die SPD-Spitze hinein nicht beeinträchtigen werde, war mehr als deutlich. Ausschlaggebend sei, wie er unterstrich, »dass ich bei den Herren, mit denen ich bisher zu tun hatte – vor allem den beiden Spitzenpersönlichkeiten – stets ein offenes Ohr und Aufgeschlossenheit für all unsere Probleme gefunden habe«. Wie in einem vertrauten Gespräch höherer Diplomaten gleichen Ranges schloss Dr. Siegfried Ziegler seinen Brief mit den Worten: »Nach meiner Rückkehr vom Urlaub hoffe ich, wieder einmal ein Gespräch mit Ihnen zu haben, wobei ich auf all das, was man schwer zu Papier bringen kann, etwas näher eingehen werde.«[25]

Noch ehe Ziegler diesen Brief abschicken konnte, erreichte ihn schon ein Schreiben Gehlens, das er, angereichert mit einigen Nachrichten aus der SPD, sogleich erwiderte. Er bedankte sich herzlich, dass sein Chef »freundlicherweise wieder ein Gespräch in meinem

Heim« in Aussicht gestellt habe.[26] Kurz darauf, Mitte Oktober 1953, wandte sich Ziegler neuerlich auf dem extravaganten Weg eines persönlichen Schreibens an Gehlen, der ihn durch seine eigenen Briefe dazu ermunterte. Er habe Ortloff soeben in München getroffen, der ihm von einer hochrangigen Sitzung berichtet habe, »an der die Herren Ollenhauer, Mellies, Heine, Erler und Ortloff teilnahmen. Auf dieser Sitzung wurden prinzipielle Stellungnahmen des Parteivorstandes (PV) in Bezug auf die Sicherheitsaufgaben der Bundesrepublik diskutiert. Da es sich um nicht aktuelle Fragen handelt«, fädelte Ziegler eine neuerliche persönliche Begegnung ein, »darf ich Ihnen darüber vielleicht bei Gelegenheit mündlich berichten.«[27] Das waren die ersten Schritte der SPD-Genossen Siegfried Ziegler und Siegfried Ortloff auf ihrem Weg zu dem großen Verrat an ihrer Partei.

Die Frage, was den Widerstandskämpfer und Ollenhauer-Vertrauten Siegfried Ortloff zu seinem schweren Vertrauensbruch bewog, ist nicht leicht zu beantworten und mangels persönlicher Zeugnisse wohl auch nicht mehr vollständig zu klären. Wahrscheinlich ist sein Unbehagen über den rapiden innerparteilichen Aufstieg des nicht nur von ihm beargwöhnten Hamburger Ex-Kommunisten und Moskau-Emigranten Herbert Wehner eines seiner Motive gewesen. Alexander Ortloff, der Sohn aus zweiter Ehe, erinnert sich, sein Vater habe »Sorge wegen Wehner gehabt – wo er steht«.[28] Tatsächlich verlor der Verrat Ortloffs an Intensität, als die SPD 1959/60 ihre maßgeblich von Wehner bestimmte Kehrtwende in der Deutschlandpolitik einleitete. Der einstige kommunistische Funktionär schien ihm wohl erst jetzt sicher in der jungen Demokratie angekommen. Ein weiteres Motiv für die Kollaboration mit dem BND wird in Ortloffs Bestreben zu suchen sein, die prominenten Verfechter einer durchgreifenden Parteireform in der Bundestagsfraktion – Fritz Erler, Carlo Schmid und wieder Wehner – zu konterkarieren. Diese setzten die festbesoldeten SPD-Vorstandsmitglieder wie etwa Erich Ollenhauer, Fritz Heine oder Herta Gotthelf zunehmend unter Druck und entmachteten sie schließlich in der Palastrevolution auf dem Stuttgarter Parteitag 1958. Siegfried Ortloff gehörte zum heftig attackierten Establishment und war als rechte Hand des Parteivorsitzenden eng mit ihm verbunden. Wie bei Spitzeln von Geheimdiensten häufig, hat er sich vom BND wohl auch eine gewisse Mithilfe bei der Umsetzung seiner persönlichen politischen Agenda erhofft, während er zugleich sehenden Auges nicht allein die eigene innerparteiliche Fraktion, sondern die gesamte Partei verriet, der er schon so lange angehörte. Für weitere Beweggründe fehlen der Motivforschung belastbare Anhaltspunkte in den Akten. Hinweise auf Geldzahlungen, die in seinem Fall zweifellos exorbitant ausgefallen wären, haben sich in den überlieferten Unterlagen nicht gefunden. Seine beiden Söhne halten es für ausgeschlossen, dass an ihren Vater, der auf einen bescheidenen Lebensstil Wert gelegt habe, große Geldsummen gegangen sein könnten; jedenfalls habe es zu seinen Lebzeiten und nach seinem Tod 1999 keinerlei Anzeichen dafür gegeben.

Welche Motive auch immer den Ausschlag für seinen Verrat gegeben haben mögen, der gestandene Sozialdemokrat Siegfried Ortloff ließ während der Anbahnungsphase zu seiner Agententätigkeit immer mehr geheime Informationen aus der SPD-Spitze nach Pullach abfließen. Er gab Einzelheiten über die Unstimmigkeiten zwischen dem Parteivorstand und dem hessischen Ministerpräsidenten Georg August Zinn weiter und hatte außerdem die ebenfalls sogleich weitergeleitete vertrauliche Mitteilung aus Regierungskreisen parat, »nach der die Amerikaner auf eine schnelle Legalisierung der Organisation Gehlen drängen. Herr Blank will nur den militärischen Teil (etwa 1/3) übernehmen. Der starke übrige Teil (2/3) würde dem Bundeskanzleramt (Globke) unterstellt werden. Der Bundeskanzler würde auf die ihm von diesem Teil zukommenden Informationen nicht verzichten wollen.« Schmeichelhaftes fehlte auch nicht: »Herr Ortloff berichtete, dass Herr Ollenhauer von der letzten Zusammenkunft [mit Gehlen] sehr beeindruckt gewesen sei. Es muss wirklich eine sympathische Atmosphäre geherrscht haben.«[29]

Das gefiel dem »Doktor«. Postwendend entwarf er ein weiteres Schreiben an Ziegler.[30] Er bedankte sich herzlich für die »liebenswürdigen Zeilen« und versprach, sich bald »wieder einmal bei Ihnen anzusagen«. Es war mittlerweile üblich geworden, dass der Leiter der Organisation Gehlen sich persönlich mit Ziegler traf, um mit ihm Einzelheiten der BND-Operation zu besprechen. Umso wichtiger war es für beide, sich sogar in ihrem persönlichen Briefverkehr verbal von ihrem Komplott zur Ausforschung der sozialdemokratischen Parteispitze zu distanzieren. Gehlen tat das im selben Schreiben im Zusammenhang mit einer Personenanfrage der SPD. Man habe einiges herausfinden und liefern können, hielt er fest, »da wir im Innern nicht systematisch aufklären, dürften diese Erkenntnisse jedoch nicht erschöpfend sein«. Im Übrigen könne er »nur erneut feststellen, dass gerade die Zusammenarbeit mit Ihrem Kreise stets unter einem erfreulichen, sachlich nationalen Gesichtspunkt gestanden hat. Mit sehr herzlichen Grüßen bin ich« – schloss der Chef – »stets Ihr ergebener [Kürzel: Sch(neider)]«. Dann war Weihnachten.

Zu Silvester 1953 ergriff Ziegler die Feder für ein Handschreiben: »Sehr geehrter Herr Doktor, für die herzlichen Weihnachts- und Neujahrsgrüße und für das prächtige Geschenk danke ich Ihnen verbindlichst. Ich erlaube mir, auch Ihnen zum neuen Jahr meine besten Wünsche zu übermitteln. Stets Ihr sehr ergebener Siegfried Ziegler.«[31] Der ihm ebenfalls sehr ergebene Gehlen signalisierte ihm mit herzlichen Grüßen, er habe eigentlich vorgehabt, »in diesen Tagen zu Ihnen herüberzukommen«, müsse das aber leider um eine Woche verschieben – dann aber »früh zur gleichen Zeit wie immer«.[32] Als das Jahr 1954 anbrach, verfügte das Trio Gehlen-Ziegler-Ortloff über eine gefestigte Arbeitsgrundlage. Die politische Geheimoperation gegen die SPD-Spitze konnte anlaufen.

Geheimdienstliche Abläufe und Routinen

Die Weiterleitung von geheimen Informationen aus der SPD-Spitze an das Bundeskanzleramt war zu Beginn der parteipolitischen Spionageoperation etwas umständlich. Siegfried Ortloff überbrachte die anfallenden Neuigkeiten seinem Genossen Siegfried Ziegler anfangs bei Treffen in Bonn oder München noch persönlich. Ziegler übermittelte sie dann postalisch oder mündlich an Gehlen, und der ging damit zu Adenauers Kanzleramtschef. In der delikaten Phase ersten Abtastens mochten solche Methoden der Proliferation in dem Trio Gehlen-Ziegler-Globke vertrauensbildend wirken. Doch sobald die Arbeitsbasis Ortloff-Ziegler befestigt war, musste der geheime Meldungsfluss aus der SPD-Zentrale in die Regierungszentrale vereinfacht und routiniert, vor allem Gehlen selbst vom operativen Geschäft entlastet werden. Bald gelangten die geheimen Nachrichten Ortloffs tatsächlich zügiger und unkomplizierter ins Kanzleramt. Dass der BND im Palais Schaumburg ein kleines Büro unterhielt, vereinfachte die Operation.

Wie in solchen Fällen üblich, sind die operativen Tagesunterlagen des BND-Agenten in der SPD-Spitze laufend vernichtet worden. Es ergab sich aber schon aus seiner Stellung als sicherheitspolitischer Experte, dass Ortloff vielfältige Beziehungen zu mehreren Mitarbeitern des Gehlen-Dienstes in Bonn unterhielt. Das ermöglichte ihm nicht nur unverdächtige Kontakte im Milieu der Nachrichtendienste und Sicherheitsbehörden, es war für den Sekretär des SPD-Vorstands auch ein Leichtes, dabei geheimste Informationen aus dem innersten Zirkel der Partei weiterzugeben.

Bald schlugen sich Ortloffs Mitteilungen in standardisierten Berichten nieder, die in der Regel ein BND-Mitarbeiter zu Papier brachte. Einige dieser dann hundertfach in geheime Kanzler-Orientierungen gefassten Informationen sind im Palais Schaumburg mitunter wohl auch einer der Sekretärinnen dort in die Maschine diktiert worden. Die Berichte gelangten als neutraler Schreibmaschinentext auf den Schreibtisch von Staatssekretär Globke. An diesen Schriftstücken ist weder Verfasser, Absender noch Empfänger ablesbar. Als standardisiertes Merkmal tragen die geheimen Mitteilungen lediglich eine Betreffzeile (z.B. »Kritik der Reformer an Ollenhauer«) und am Ende eine Datumsangabe. Insgesamt sind von der BND-Berichterstattung aus der SPD-Spitze an die 500 Berichte erhalten geblieben.[33] Sie variieren zwischen wenigen Zeilen und seitenweisen Ausarbeitungen. Der Abstand ihres Eingangs betrug manchmal mehrere Tage, manchmal ging an einem einzigen Tag ein ganzes Dutzend geheimer Meldungen beim Chef des Bundeskanzleramts ein.

Jahre später erläuterte ein leitender Mitarbeiter der Bonner BND-Vertretung einmal den üblichen Meldeweg ins Kanzleramt: Ein BND-Agent trifft in der Bundeshauptstadt mit einem Zuträger aus der SPD zusammen, er erhält von diesem mündlich die neuesten Informationen und fasst sie dann in einen schriftlichen Bericht zusammen.[34] Der ehemalige Erste Direktor im BND, Herbert Rieck, meinte, Aufträge zur innenpolitischen Ausforschung seien während der »regelmäßigen Besuche« eines Mitarbeiters des BND beim Kanzleramtschef erteilt worden.[35]

Im Bundeskanzleramt selbst entwickelte sich ebenfalls ein routinierter Umgang mit den Informationen. Das eine Mal nahm Staatssekretär Globke die Geheimberichte selbst in Empfang, das andere Mal der Leiter des Kanzlerbüros oder der persönliche Referent Adenauers. Der Chef des Kanzleramts pflegte den Bundeskanzler bei ihrem beinahe täglichen Meinungsaustausch auch über die ihm hinterbrachten Neuigkeiten aus dem SPD-Parteivorstand zu unterrichten, sofern er ihnen innen- oder parteipolitische Bedeutung beimaß. Häufig versah er die nachrichtendienstlichen Berichte mit seiner Paraphe oder mit dem Stempel »Dem Herrn Bundeskanzler vorzulegen« bzw. »Hat dem Herrn Bundeskanzler vorgelegen«. Die an Adenauer gegebenen Berichte zeigen nicht selten Bearbeitungsspuren des Kanzlers, Unterstreichungen, Randbemerkungen oder die Bitte um Rücksprache.

Diese Geheimberichte stehen im Mittelpunkt der Rekonstruktion von Adenauers Watergate. Neben den BND-Akten und Anhaltspunkten in den Protokollen des CDU-Bundesvorstands sind es maßgeblich diese lange unerkannt gebliebenen Dokumente, in denen sich die machtmissbräuchliche Instrumentalisierung des Auslandsnachrichtendienstes niedergeschlagen hat. Die Schriftstücke, die im Zuge der nachrichtendienstlichen Operation gegen die SPD-Spitze entstanden sind, werden im Folgenden keineswegs vollständig, aber hinreichend ausführlich wiedergegeben. Zur nachvollziehbaren Veranschaulichung des christdemokratischen Regierungskomplotts ist dokumentarische Breite und Genauigkeit ebenso unabdingbar, wie es sich von selbst versteht, dass die hier ausgebreiteten geheimen Orientierungen des Kanzlers zu seinem politischen Hauptgegner den Gang der sozialdemokratischen Parteigeschichte zwar detailliert und lebendig, aber doch nur ausschnitthaft erfassen.

Der CDU-Vorsitzende Konrad Adenauer wusste, was er an den Informationen aus der Oppositionspartei hatte. »Ich erfahre soeben aus dem Parteivorstand der SPD …«, begann im Sommer 1954 beispielsweise ein »ausschließlich für den Herrn Bundeskanzler« bestimmtes Fernschreiben Gehlens unverblümt.[36] Der Regierungschef studierte die vom BND-Präsidenten vorgelegten Meldungen nicht nur sorgfältig, er ermunterte ihn des Öfteren auch zu besonderer Wachsamkeit. Ende 1960 sagte er zu ihm etwa, in der SPD gebe es eine Reihe von Persönlichkeiten, die abwehrmäßig und »eventuell auch politisch fragwürdig« seien: »Es sei besonders wichtig«, notierte Gehlen aus dem Gespräch, »sich ein Bild zu schaffen, welche Persönlichkeiten unter Umständen nicht zuverlässig seien und wie weit die Gefahr gegeben sei, dass insbesondere die Opposition, aber auch andere Kreise sich dem Gedanken einer politischen Neutralität zwischen Ost und West in der Zukunft aufgeschlossen zeigen könnten.« Der Bundeskanzler trug Gehlen auf, solchen Personen »besondere Aufmerksamkeit zu schenken.«[37] Mitunter rief Adenauer den BND-Präsidenten zu Hause in Berg am Starnberger See an, was nur deshalb überliefert ist, weil Gehlen die Gewohnheit hatte, wichtige Telefonate auf Tonband festzuhalten.[38]

Die Meldungen des Tandems Ortloff–Ziegler, bei denen die mündlichen die schriftlichen womöglich noch übertrafen, formten den Hauptstrom geheimer SPD-Informationen in das Kanzleramt, doch verfügte der Dienst noch über weitere Nebenzuflüsse aus der Sozialdemokratie.[39] »Netz« wäre für das in den Akten noch nachweisbare Konglomerat von Informanten kein treffender Begriff, denn diese delikate Zuträgerschaft wurde meist nicht systematisch entwickelt, der Informant vielmehr erst dann in Richtung SPD sensibilisiert, wenn sich eine aussichtsreiche Möglichkeit für die Nachrichtengewinnung eröffnete. Einige dieser Zuträger befassten sich über Jahre mit dem sozialdemokratischen Lager, manche eher nebenher oder punktuell, einige aus nächster Nähe, andere bloß vage und von Ferne. Sie alle erreichten jedoch niemals annähernd die Qualität und Authentizität der Meldungen von Siegfried Ortloff. Insgesamt lassen sich in den erhalten gebliebenen Unterlagen zur SPD-»Linie« heute noch etwa 20 Informanten ausfindig machen.

Der prominenteste unter ihnen ist gewiss Erich Wollenberg gewesen, ein revolutionärer Haudegen und sozialistischer Intellektueller eigenen Kalibers, der zu jener Handvoll ehemaliger KPD-Funktionäre wie Ruth Fischer oder Franz Borkenau gehörte, die sich nach 1945 in den Dienst kommunismusfeindlicher Organisationen oder westlicher Geheimdienste stellten. Den Renegaten Wollenberg bewog unter anderem sein persönlicher Kampf gegen den Renegaten Wehner zur Mitarbeit beim BND. Mitte der fünfziger Jahre entstand daraus eine Reihe versierter, durch ungezügeltes Ressentiment jedoch verzerrter Analysen zur politischen Entwicklung der Sozialdemokratie, von denen einige weiter unten dokumentiert sind.

Einige weitere Zuträger schöpften wie Wollenberg Informationen aus Gesprächen mit SPD-Funktionären ab, so zum Beispiel ein V-Mann, der als sozialdemokratisches Vorstandsmitglied des DGB-Bezirks Hessen so gut wie alles weiterzutragen pflegte, was er dort in Erfahrung brachte. Der Sekretär eines FDP-Bundesministers war in Fragen der Oppositions- und Regierungspolitik nicht weniger mitteilungsbedürftig. Auch die sozialdemokratischen Politiker Wenzel Jaksch und Fritz Sänger pflegten Kontakte zum Auslandsnachrichtendienst, erwähnten dabei dies und das von Interesse, erlangten bei der systematischen Ausspähung ihrer Parteiführung durch den BND jedoch keine nennenswerte Bedeutung. Siegfried Ortloff dagegen schrieb mit seiner jahrelangen Berichterstattung aus den sozialdemokratischen Spitzengremien eine ganz eigene, mitunter sehr farbige und atmosphärische Geschichte der SPD. Der Abgleich mit den authentischen Parteiprotokollen zeigt, dass zahlreiche Sachverhalte, viele Kontroversen und sprechende Nuancen, die sonst verloren wären, auf diesem Wege überliefert sind.

Freilich merkt man den Ortloff-Berichten gelegentlich an, dass der SPD-Funktionär keine ganz neutrale Quelle sein konnte – bei den von ihm geschilderten Auseinandersetzungen des Parteivorstands mit seinen Kritikern aus der Bundestagsfraktion etwa oder bei seinen Mitteilungen über Herbert Wehner. Manchem Bericht ist anzusehen, dass Siegfried Ortloff genau wusste, auf welchem Schreibtisch seine geheimen Informationen landeten und was für Adenauer und Globke von besonderem parteipolitischen Interesse sein würde.[40]

Einen verlässlicheren Informationsservice aus dem Arkanum des politischen Gegners als denjenigen, den ihnen der Präsident des Auslandsnachrichtendienstes bot, hätten sich Bundeskanzler Adenauer und Staatssekretär Globke nicht wünschen können. Gehlen wusste selbstverständlich genau, dass seine geheimen Dienste von keinem Gesetz und keinem Erlass, sondern allein vom Willen des Regierungschefs und seines engsten Mitarbeiters gedeckt waren. Im Staats- und Rechtsverständnis des BND-Chefs reichte es völlig aus, wenn dem Kanzler seine politische Inlandsspionage willkommen war. Sie musste von Adenauer nicht eigens eingefordert oder gar angeordnet werden.

Dass Macht mitunter vor Recht zu gehen habe, entsprach der Erfahrung des Präsidenten und Generals a.D. Wieso sollte das in einer von außen und vermeintlich auch im Innern bedrohten jungen Demokratie anders sein? Vor 1945 gehörte diese Maxime zur allgemeinen Dienstauffassung. Nach 1945 konnte »Dr. Schneider« diese Art von Dienst am Staat umso eher rechtfertigen – falls er überhaupt so weit dachte –, als der Spitzenmann der Exekutive seine Legitimation nun sogar aus demokratischen Wahlen bezog. Dass der Chef des Bundeskanzleramts und der BND-Präsident im Hinblick auf die ausgedehnte politische Inlandsspionage gleichwohl ein markantes Unrechtsbewusstsein hatten, spiegelt sich gut in ihren internen Erlassen: »Auf innenpolitischem Gebiet wird der Bundesnachrichtendienst nicht tätig«, lautete die bewährte, mehrfach repetierte Tarnformel.[41]

II
DIE ANFÄNGE DER GEHEIMOPERATION 1953/54

Am 7. September 1953 begann die eigentliche Ära Adenauer: Bei den Wahlen zum 2. Deutschen Bundestag hatten die Unionsparteien nur einen einzigen Sitz weniger als die absolute Mehrheit der Mandate erreicht, ein Novum der deutschen Parlamentsgeschichte. Den 45,2% der abgegebenen Stimmen für CDU und CSU (1949: 31,0%) standen 28,8% für die SPD gegenüber (1949: 29,2%). Nach Jahren erbitterter Auseinandersetzung über die Grundlagen und Ziele der jungen Demokratie, von der es manchmal schien, als werde sie an der nationalsozialistischen Hinterlassenschaft ersticken, etablierte sich gleichsam über Nacht eine bürgerlich-konservative Hegemonie.

Für die Organisation Gehlen bedeutete der Wahltriumph des Bundeskanzlers eine Zukunftsgarantie. Zweifellos würde Adenauer nun seinen längst gefassten Beschluss umsetzen, sie zügig in die Bundesverwaltung zu überführen. Der Bundeskanzler und sein Staatssekretär schätzten die geheimen Dienste, die Reinhard Gehlen ihnen schon länger leistete, zu sehr, als dass sie auf den Gedanken verfallen wären, den von der Aufsicht führenden CIA nicht sonderlich geschätzten »Dr. Schneider« zur Disposition zu stellen. Ein Wechsel an der Spitze des künftigen Bundesnachrichtendienstes wäre eine politische Dummheit gewesen, hätte man damit doch den reichen innenpolitischen Informationsstrom aus Pullach selbst zum Stillstand gebracht.

Eine erste Probe für die ungebrochene Fortführung seiner geheimen Dienste gab Gehlen mit Berichten über die interne Manöverkritik bei den unterlegenen Parteien, insbesondere in der schockierten SPD. Sofort nach dem Urnengang legte er dem Kanzleramt Dokumente zu deren interner Fehlerdiskussion vor.[1] Die innerparteilichen Richtungskämpfe und Reformdebatten der Sozialdemokratie, die nach der verheerenden Wahlniederlage Fahrt aufnahmen, waren von besonderem Interesse. Ernst Reuter, der Regierende Bürgermeister von Berlin, tat sich dabei besonders hervor. Man dürfe nicht »immer nur anbellen gegen Tatsachen, die stärker sind als wir«, schrieb er der Parteiführung hinter die Ohren.[2] Als der SPD-Vorstand Anfang Oktober wieder zusammentrat, war Reuter bereits verstorben. Sein politisches Vermächtnis stand bei diesem Treffen im Mittelpunkt, wie dem ebenfalls beschafften »Gedächtnisprotokoll« zu entnehmen war.

Zunächst sei scharfe Kritik am Parteivorstand geübt worden, heißt es darin, »insbesondere wegen seiner negativen Grundhaltung, seiner Abkapselung von den politischen Tagesfragen« und der Sterilität seiner politischen Arbeit. Danach mahnte der bayerische SPD-Chef Waldemar von Knoeringen, angesichts des schweren Verlusts, den die Partei durch den plötzlichen Tod Reuters erlitten habe, müsse man alles Trennende zurückstellen und sich dessen Ideen widmen, »wie die SPD wieder auf den rechten Weg gebracht werden könne«.

Der zum rechten Flügel zählende Carlo Schmid, hochgebildet und von markantem weltbürgerlichem Habitus, erläuterte dann einen »10-Punkte-Plan«, der im politischen Nachlass des Verstorbenen gefunden worden war. Der Plan fügte sich in die nun einsetzende lebhafte »Ortsbestimmung einer reformistischen Volkspartei«[3] und las sich wie ein Fanal zur Erneuerung: »Reformation der SPD an Haupt und Gliedern«; »Überbrückung und Beseitigung der Entfremdung zwischen den intellektuellen Persönlichkeiten der Partei, die sich unter verschiedenartigen geistigen Vorbehalten (der Partei) dem Sozialismus verschrieben haben, und den Funktionären der SPD, für die der Sozialismus immer noch eine Klassenangelegenheit ist«; Entwicklung der SPD zu einer »liberalen

Linkspartei«; »Aufgabe alter Parolen und Symbole und die Ausmerzung unsinniger Schlagworte«; »Aufgabe des Klassenkampfes sowie althergebrachter engherziger Dogmen«; Annäherung an die »auf sozialen Ausgleich gerichteten liberalen Linkswähler«; mehr Konzentration auf die Innen- als auf die Außenpolitik sowie, besonders brisant: die Trennung des Parteiapparats von den Parlamentsfraktionen.

Noch andere erstaunliche Nachrichten erreichten das Kanzleramt, habe Carlo Schmid doch der »Notwendigkeit eines außenpolitischen Kurswechsels der SPD« das Wort geredet. Werde die Erwartung einer Verständigung der Westmächte mit der Sowjetunion enttäuscht, »dann sei für die Sozialdemokratie der Zeitpunkt gekommen, sich dem Faktum der Geschichte zu fügen und die bisherige Europa- und Wiederbewaffnungspolitik zu revidieren. Es ließe sich nicht mehr leugnen, dass es dem Kreml gelungen sei, der sozialdemokratischen Propaganda, welche die Wiedervereinigung als in nächster Zukunft möglich darstellte, das Rückgrat zu brechen. Die SPD müsste ihre Politik auch deswegen revidieren, um die Entwicklung, die sie nicht verhindern konnte, wenigstens zu einem Teil in ihrem Sinne zu beeinflussen«. Das spiegelte das wachsende Dilemma der SPD wider, die sich auf das zunehmend weltfremd scheinende Dogma einer Wiedervereinigung vor der Westintegration versteift hatte.

Allen Beobachtern in Pullach wie in Bonn war klar, dass eine modernisierte Sozialdemokratie für die Unionsparteien viel gefährlicher werden konnte als eine SPD, die in den eingefahrenen Gleisen ihrer Tradition und ihrer organisatorischen Strukturen verharrte. Der Gehlen-Dienst verstärkte seine Beobachtung der Sozialdemokratie daher erheblich.[4] Noch flossen Pullach die Nachrichten aus der SPD aus unterschiedlichen Quellen zu. Siegfried Ortloff war für den großen Verrat an seiner Partei zwar schon gewonnen, doch bis sich seine Informationsgebung aus dem innersten Führungszirkel voll entfaltete, ging noch einige Zeit ins Land.

Sozialdemokratische Richtungskämpfe

Das Jahr 1954 markierte den Auftakt zu einer intensivierten, aber noch nicht durchweg standardisierten SPD-Berichterstattung des Gehlen-Dienstes. Von der internationalen Politik bis zu parteiorganisatorischen Kleinigkeiten, von Strategiedebatten und internen Richtungskämpfen bis zu den Animositäten und Feindschaften im sozialdemokratischen Führungspersonal umfasste das Meldungsaufkommen jedoch bereits alles, was im Bundeskanzleramt und bei der CDU-Führung Interesse wecken musste.

Als die von den Sozialdemokraten heftig bekämpfte, vom Parlament jedoch gebilligte Westorientierung der Deutschland- und Sicherheitspolitik mit ihrem von Frankreich ungeliebten Herzstück der Europäischen Verteidigungsgemeinschaft (EVG) zu scheitern drohte, wuchs der Informationshunger des Kanzleramts weiter. Anlässlich der (letztlich ergebnislos verlaufenen) Außenministerkonferenz der Vier Mächte über Deutschland, die Anfang 1954 in Berlin tagte, berichtete Gehlen beispielsweise nach Bonn. SPD-Vorstandsmitglied Fritz Heine (der mit Ollenhauer in der Londoner Emigration gewesen und jetzt Leiter der Hauptabteilung Presse und Propaganda war) bereite eine umfassende Dokumentation vor, mit der die dezidiert gesamtdeutsche Haltung seiner Partei noch einmal unterstrichen werden solle.

Um vor allem die internationale Presse zu beeinflussen, würden außerdem keine Kosten gescheut und Plakate vorbereitet, die Adenauer in polemischer Weise aufs Korn nähmen: »Herr Bundeskanzler, nicht Bonn, nicht Pankow, das ganze Deutschland soll es sein. Das ist unser Weg!«[5] Zehn Tage nach diesen Hinweisen hob Adenauer in einer Sitzung des CDU-Bundesvorstands hervor, seine Partei habe reagiert, »einige Tage bevor die Sozialdemokratie mit den entsprechenden Plakaten kommen wollte. Ich glaube, das war ganz gut so, dass wir die ersten dabei gewesen sind.«[6]

Hohe Politik und SPD-Interna wechselten einander in der seriellen Berichterstattung aus der »Baracke« bunt ab und standen naturgemäß unverbunden nebeneinander. So meldete sich Siegfried Ziegler wieder einmal mit einem Brief bei seinem Chef[7] und berichtete ihm nach einem Treffen mit Ortloff von Fritz Erler, dem Gehlen kürzlich bei seinem sehr positiv aufgenommenen Rechenschaftsbericht vor dem EVG-Ausschuss des Bundestages gegenübergesessen hatte: Erler gelte »als Experte auf dem Gebiet der Wiederaufrüstung und ist Anhänger der parteiinternen Opposition. Als solcher bekämpft er die ›Machtansprüche der mittelmäßigen Funktionäre‹.« Das Verhältnis zwischen ihm und dem als Informanten gewonnenen Ortloff sei übrigens »ausgezeichnet«, Erlers Verhältnis zum stellvertretenden Vorsitzenden der SPD und der Bundestagsfraktion, Wilhelm Mellies, »der zum Puritanismus neigt, ist zur Zeit nicht besonders gut, da dieser sich grundsätzlich aus ethischen Gründen gegen die Tätigkeit von Nachrichtendiensten ausgesprochen hat«. Das sei jüngst in einer erregten Debatte zum Ausdruck gekommen. Ortloff habe deswegen eigens eine Ausarbeitung für den engeren Parteivorstand gefertigt, »die allgemein Sinn und Arbeitsmethoden (Anwendung, Legenden usw.) der Nachrichtendienste umfasst, damit nicht einer später sagen kann, er hätte es nicht gewusst. Im Übrigen glaube ich, dass Herr Mellies mit seiner Ansicht unter den führenden Sozialdemokraten genauso isoliert dasteht wie die wenigen Pazifisten.« Für Globke war das besonders aufschlussreich, denn Mellies war in der Parteispitze für die Nachrichtendienste zuständig. Wilhelm Mellies, 1923 in die SPD eingetreten, im Krieg Soldat an der Ostfront, war mittlerweile eine Hauptzielscheibe der jüngeren, auf eine Parteireform drängenden Genossen.

Siegfried Ortloff war nicht nur Beobachter und Agent, sondern – namentlich in geheimdienstlichen Fragen – parteiintern auch ein Mann von Einfluss. Nach der verlorenen Bundestagswahl hatte er dem SPD-Chef, Mellies und Heine beispielsweise einen Vermerk vorgelegt (den Ziegler kannte), mit dem er Pflöcke einzuschlagen versuchte. Ortloff berichtete darin von den Arbeiten der Organisation Gehlen an einem Stellenplan für den kommenden Bundesnachrichtendienst und wies Ollenhauer darauf hin, »dass die Berücksichtigung von uns vorzuschlagender Außenseiter für Positionen in allen Etagen als Beweis des Vertrauens erforderlich ist. Dabei werden wir für die Ermittlungsarbeit nicht viele Vorschläge machen können, etwas besser könnten wir die Auswertung bedienen. Gute Vorschläge könnten wir ohne Zweifel für die allgemeine Verwaltung, insbesondere das Personalreferat machen. Es sollte verhindert werden, dass alle bisherigen Mitarbeiter bei Gehlen – unter Berufung auf ihre letzte Position in der Wehrmacht und das Gesetz [nach dem Grundgesetzartikel] 131 [zur Regelung der Rechtsverhältnisse früherer Angehöriger des öffentlichen Dienstes] – sämtliche hohe Positionen blockieren.«[8]

In der SPD-Spitze machte man sich wenig Illusionen über das Zusammenspiel zwischen Gehlen und dem Kanzleramtschef, wenn auch niemand irgendetwas von dem kürzlich mit Hilfe zweier Genossen geschmiedeten Regierungskomplott ahnte. So hieß es etwa in einem wohlinformierten Vermerk der Parteiführung, dass Pullach »über Herrn Globke in den letzten Jahren über die Bundeskanzlei zahlreiche wertvolle politische und personelle Mitteilungen zugeleitet hat, auf die der Kanzler wahrscheinlich auch in Zukunft zu verzichten nicht bereit sein wird. Es soll daher die bestimmte Absicht Globkes bestehen, den politischen Teil der Apparatur von Gehlen der Bundeskanzlei zu unterstellen.«[9] Adenauer selbst verwies in diesen Wochen in vertrauter Runde neuerlich recht freimütig auf seine Wohlinformiertheit. Er machte seinen Parteifreunden deutlich, dass seine Beurteilung des sozialdemokratischen Gegners auf solider Grundlage fuße. Zu Beginn einer Sitzung des CDU-Bundesvorstands machte er ausdrücklich auf deren »Nichtöffentlichkeit« aufmerksam und sagte: »Wir können uns in dieser Beziehung wirklich ein Beispiel nehmen an der Disziplin der Sozialdemokratischen Partei, über deren Parteivorstandssitzungen nur mit größter Mühe auf allen möglichen krummen Wegen etwas zu erfahren ist. Bei uns ist das gewöhnlich anders. Ich gehe die krummen Wege nicht. Ich höre nachher, was bei den krummen Wegen herausgekommen ist. Das ist doch die Hauptsache!«[10] Der CDU-Chef bekannte, dass er sich diskret bedienen ließ, ohne sich die Hände etwa selbst schmutzig zu machen. Es waren Gehlen und Globke, die diese krummen Wege für den Kanzler gingen.

Die Sozialdemokratie verschärfte ihren deutschlandpolitischen Kurs und den Kampf gegen Konrad Adenauers Außenpolitik nach ihrer Wahlniederlage noch einmal. Eine Mehrheit in Partei, Vorstand und Fraktion beschwor ungeachtet abweichender Auffassungen jüngerer Genossen die Wiedervereinigung als ein Nahziel, das Vorrang vor der raschen Westintegration der Bundesrepublik haben müsse. Das Ende der Teilung werde mit der Neutralisierung eines wiedervereinten Deutschlands in einem System kollektiver Sicherheit am ehesten erreicht werden können. Da die SPD auf Viermächteverhandlungen als den Königsweg zur Erreichung ihres politischen Hauptziels gesetzt hatte, musste sie das Scheitern der Berliner Außenministerkonferenz als eine »schwere Enttäuschung und Entlarvung bisheriger Illusionen empfinden«.[11]

Reinhard Gehlen und der Chef des Bundeskanzleramts waren über die einschlägige Debatte im SPD-Vorstand bestens unterrichtet: »In der Außenpolitik behält die ›Wiedervereinigung‹ den absoluten Vorrang«, hieß es im Frühjahr 1954 in einem Pullacher Resümee.[12] »Erler, Wehner und Ollenhauer befürworten neuerdings einen ›Österreich-Kurs für die Bundesrepublik‹: Bewaffnete Neutralität, keine Bindung an den Osten oder Westen. Ein interessantes Phänomen ist die sich in der Tendenz abzeichnende ›Russophilie‹ der ehemaligen West-Emigranten der SPD. Wehner verstieg sich vor den SPD-Verlegern und Chefredakteuren zu der Behauptung: Die Sowjetunion habe Konzessionsbereitschaft gezeigt, was er auf westlicher Seite vermisst habe. Angriffe aus der Versammlung wies er scharf zurück und wurde hierbei von Ollenhauer voll gedeckt.«

Recht genau, mit einigem Kolorit und nicht ohne Insinuationen fuhr die geheime Kanzler-Orientierung fort: »Es ist erstaunlich, was Wehner für einen Einfluss im Parteivorstand hat. Er hat Informationen über die Berliner Konferenz mitgebracht, die nicht aus ›westlichen Quellen‹ geschöpft sein können (Quelle weist darauf hin:

Wehner, früher Kommunist, hat wahrscheinlich noch Ostkontakte, greift SED wohl an, nicht aber den Kommunismus schlechthin oder gar die UdSSR).« Ollenhauer, befand der präzise urteilende Bericht, komme mit seiner Politik nun wieder »in den von Schumacher gebauten Engpass der SPD: Wiedergeburt aus eigener Kraft – keine Unterstützung aus Ost oder West, wenn damit Auflagen verbunden sind. Somit lässt auch weiterhin die SPD jede Einsicht in Realitäten der Nachkriegszeit vermissen. Die Vorstöße der ›Reformer‹ sind vorerst wieder einmal abgewehrt. Zwei Kommissionen beschäftigen sich mit diesem Problem. Vor dem Parteitag im Spätsommer kann sich praktisch nichts ereignen, da die Reformer ja noch den Parteiapparat von der Durchschlagskraft ihrer Argumente überzeugen wollen, was ihnen aber schwerfallen dürfte. Im Ganzen gesehen habe der Ausgang der SPD-Parteivorstandstagung bewiesen, dass die Führungskrise der SPD vollständig ist.«

Es zahlte sich nun aus, dass Gehlen die Nützlichkeit von Dr. Siegfried Ziegler, seinem »Dr. König«, so früh erkannt hatte. Sein Mann in der SPD ermöglichte ihm und Globke nicht nur tiefe Einblicke in das Innenleben der Partei, Ziegler gewann inzwischen auch innerhalb der Sozialdemokratie weiter an Statur. Mit der Erlaubnis seines Chefs kandidierte er für den Bayerischen Landtag und wurde als Nachrücker tatsächlich Mitglied der Landtagsfraktion. Ziegler, der mittlerweile direkten Zugang zu den meisten maßgebenden Sozialdemokraten auf Landes- und Bundesebene hatte, war freilich klug und machtbewusst genug, seine Sonderstellung bei Gehlen nicht zugunsten einer für einen bayerischen Sozialdemokraten durchaus ungewissen politischen Karriere aufs Spiel zu setzen; nach einem guten Jahr gab er sein Landtagsmandat wieder zurück.

Allerdings war es jetzt an der Zeit, außer Ollenhauer nun auch dem einen oder anderen Spitzengenossen vertraulich zu signalisieren, dass Ziegler als quasi-offizieller Verbindungsmann zwischen Pullach und der Parteiführung fungiere. Das geschah denn auch. Der bayerische SPD-Chef Waldemar von Knoeringen und der hochintellektuelle Fritz Erler, der kommende Mann in der SPD-

Bundestagsfraktion, der mehrere Jahre im Konzentrationslager verbracht hatte, wurden über Zieglers Funktion ins Bild gesetzt. Seine Spitzeltätigkeit in Kollaboration mit Ortloff wurde selbstverständlich niemals irgendjemandem offenbart.[13]

Einige Monate nach seiner Aufwertung in der SPD wechselte Siegfried Ziegler in die Pullacher Zentrale, wo er sich auf Anordnung Gehlens auf seinen exklusiven Parteiauftrag konzentrierte. Wörtlich wurde für ihn festgelegt, als »Sonderverbindung« seines Chefs künftig für den SPD-Parteivorstand zuständig zu sein. So weit die Theorie. In der Praxis zog sich der designierte BND-Präsident jedoch nach und nach von der unmittelbaren Führung seines bestens funktionierenden Mitarbeiters zurück und legte sie in die Hände seines Lieblingsmanagers Kurt Weiß.[14] Das exklusive Trio des Anfangs war nun nicht mehr ganz so exklusiv und vor allem nicht mehr durch dieselbe Herrschaftsunmittelbarkeit gekennzeichnet wie bisher. Seine Effizienz litt darunter keineswegs. Parallel zur Konsolidierung des Dienstes im Vorfeld seiner Übernahme in die Bundeshoheit begann sich sein hochgeheimer Angriff auf die SPD-Führung allmählich zu einer Operation mit Routinen und den entsprechenden bürokratischen Begleiterscheinungen zu wandeln. Ziegler beklagte sich denn auch bald über die seltener werdenden Gelegenheiten zu einem persönlichen Gespräch mit seinem Chef. Der »Doktor« habe leider viel zu tun, versuchte Weiß ihn zu beschwichtigen.

Tatsächlich hatte Reinhard Gehlen, der seinen ungerechtfertigten Kompetenznimbus auch seiner ausgefeilten Imagepolitik verdankte,[15] parallel zur SPD-Ausforschung inzwischen eine zweite aberwitzige Unternehmung gestartet, um sein Standing bei der Regierungsspitze weiter zu untermauern. Dieses Abenteuer startete Gehlen ebenfalls im Alleingang, und zwar mit dem später als KGB-Agent enttarnten Heinz Felfe. Mit dieser an anderer Stelle im Detail beschriebenen Operation[16] demonstrierte der Leiter der Organisation Gehlen Bundeskanzler Adenauer und Staatssekretär Globke, er allein sei in der Lage, die Regierungszentrale vor unmittelbar drohenden geheimdienstlichen Angriffen der Sowjetunion zu schützen und damit nichts weniger als die Sicherheit der Bundesrepublik Deutschland zu garantieren – das war, bei Lichte betrachtet, nichts anderes als die Konstruktion einer akuten staatsgefährdenden Bedrohung durch die UdSSR. Auf dem Höhepunkt der Blockkonfrontation und des Geheimdienstkriegs im geteilten Deutschland war eine glaubhaft vorgegaukelte Fähigkeit dieses Kalibers ein schwer überbietbarer politischer Trumpf. Auch das trug zu dem hohen Kredit des designierten BND-Chefs im Bundeskanzleramt bei. Von Anfang an hatte es jedoch nicht an warnenden Stimmen vor diesem mit Felfe vollführten leichtfertigen Aktionismus gefehlt. Bei dem in Dingen der Gegenspionage bis zur Einfältigkeit unerfahrenen Reinhard Gehlen bestand jedoch keinerlei Bereitschaft, an seinem gewaltigen Bedrohungsszenario herumdeuteln zu lassen. Ausschließlich die »Naivität« der Kollegen im BND habe solche Erfolge des KGB-Mannes Heinz Felfe möglich gemacht, resümierte die CIA später.[17]

Ein KPD-Renegat über Häutungsschmerzen der SPD

Ende Juli 1954 fand der Bundesparteitag der SPD in Berlin statt. Man wusste, dass diese Zusammenkunft eine wichtige Etappe auf dem Weg von einer Arbeiterpartei zu einer Volkspartei sein und dass sich die Auseinandersetzung zwischen dem etablierten Parteivorstand und Reformern wie Willy Brandt, Carlo Schmid, Fritz Erler oder Waldemar von Knoeringen zuspitzen würde. Sie waren entschlossen, den starken Einfluss der hauptamtlichen Funktionäre in der Parteiführung – des »Apparats« – zu begrenzen und die verfestigte Organisationsstruktur der SPD zu überwinden. Dem CDU-Vorsitzenden Adenauer lag selbstverständlich daran zu erfahren, in welche Richtung sich die führende Oppositionspartei bewegte, welche Konfliktlinien die Sozialdemokratie durchzogen und welche Personen sie markierten.

Es war in diesem ersten Jahr der Gehlen'schen Großoperation

gegen die SPD nun aber nicht Siegfried Ziegler, sondern der erwähnte Erich Wollenberg, der die ausgereiftesten Analysen über die Häutungsschmerzen der Sozialdemokratie lieferte. Er meldete sich nicht weniger als ein Dutzend Mal aus Berlin und gab wichtige Einblicke in die Dynamiken des Parteitags.[18] »Nach Rücksprache mit Vertretern aller Richtungen und Gruppierungen innerhalb der SPD komme ich zur folgenden schematischen und politischen Gruppeneinteilung«, begann er: »1. Extreme Verfechter einer Wiederaufrüstung, 2. Das ›Zentrum‹, 3. Extreme Gegner einer jeden Wiederaufrüstung. Zur Gruppe 1 gehört die ›Oberbürgermeistergruppe‹ (Kaisen, Brauer), der ›Ernst- Reuter-Kreis‹, Otto Stolz vom DGB usw. Die Gruppe orientiert sich außenpolitisch auf die USA, tritt für EVG ein. Der politische Einfluss der Gruppe ist im Parteivorstand und auf dem Parteitag minimal. Der Parteivorstand (Ollenhauer, Heine usw.) verdrängt die Vertreter der Gruppe aus allen Positionen der Partei, was nicht gleichbedeutend mit Staatsämtern (Ministerpräsidenten, Oberbürgermeister usw.) ist. Von den Gegnern einer jeden Wiederaufrüstung (Gruppe 3) werden die Verfechter der EVG (Gruppe 1) als ›Agenten des amerikanischen Monopolkapitalismus‹ befeindet und *verunglimpft*.«

Wollenberg fuhr fort: »Die Gruppe 2 (›Zentrum‹) besteht aus einem ›Kern‹ und zwei Flügeln. Der ›Kern‹ wird durch Ollenhauer/Mellies repräsentiert. Dem rechten Flügel gehört Carlo Schmid an und in der letzten Zeit auch Erler, dem die Gegner einer jeden Wiederaufrüstung (Gruppe 3) vorwerfen, vom linken Flügel zum rechten übergewechselt zu sein.« Es folgten einige weitere Einordnungen, ehe er sich der Charakterisierung der Gruppe 3 zuwendete. Diese Gruppe werde auf dem Parteitag unter anderem durch den Journalisten Rudolf Möller-Dostali, den Vorsitzenden des SPD-Unterbezirks Essen, vertreten. »Sie orientiert sich außen- und innenpolitisch auf [den linken Labour-Politiker und Aufrüstungsgegner Aneurin] Bevan und das Bevan-Programm. Sie ist extrem antiamerikanisch und fordert die Aufnahme direkter Verhandlungen mit der Sowjetunion und der ›DDR‹«.

Es folgte eine Analyse der Kräfteverhältnisse innerhalb der SPD: »Der Parteiapparat ist in seiner Mehrheit fest in den Händen des Parteivorstandes«, der die Delegiertenwahl zum Parteitag stark in seinem Sinne beeinflusst habe, »sodass die Abstimmungsergebnisse kein Spiegelbild des tatsächlichen (quantitativen) Kräfteverhältnisses innerhalb der Partei*mitgliedschaft* geben. Der Einfluss der Gruppe 1 innerhalb der Partei ist sehr gering, wenn man 5% der Parteimitglieder zu ihrer Gruppe zählt, hat man wahrscheinlich schon zu hoch gegriffen. Die Vertreter der Gruppe 3, die ich ansprach, sind der Ansicht, dass 60 bis 70% der Parteimitgliedschaft hinter ihr steht. Das erscheint mir aber nur in Bezug auf die *eine* (natürlich politisch entscheidende) Frage der Ablehnung einer jeden Wiederaufrüstung richtig zu sein. Aber selbst Vertreter der Gruppe 1 und führende Persönlichkeiten des Parteivorstands nannten mir Zahlen zwischen 30 und 50% für die Anhänger und Nachläufer der Gruppe 3. Heute [die Ausgangsmeldung stammte vom 21.7.1954] wird eine Beratung von Vertretern der Gruppe 3 (geheime Fraktionsberatung) stattfinden, in der unter anderem entschieden werden soll, ob Vertreter ihrer Gruppe als Kandidaten zum Parteivorstand nominiert werden sollen (darunter Möller-Dostali und, als ›Brücke‹ zwischen Ollenhauer und dem grundsätzlichen Aufrüstungsgegner, [Fritz] Baade). Die Vertreter der Gruppe 3 rechnen zwar nicht, dass ihre Kandidaten auch durchkommen, sodass ihr Vorschlag den Sinn einer Demonstration haben würde.« Das Mitglied des engeren SPD-Vorstands, Willi Eichler, Linkssozialist, Westemigrant in London führender Programmatiker, habe ihm auf seine Frage erklärt, welches die äußerste Grenze der Konzessionen der sozialdemokratischen Führung gegenüber der »extrem-linken Opposition« in der Frage der Wiederbewaffnung sei: »Wir werden keinem Beschluss zustimmen, der jede Form der Wiederaufrüstung *vor* einer Wiedervereinigung verwirft.«

Der KPD-Renegat und Wehner-Hasser Wollenberg wandte sich dann den Zukunftsperspektiven der Sozialdemokratie zu. Die Partei befinde sich wieder auf aufsteigendem Ast, glaubte er: »Bei allen

Wahlen hat sie gegenüber den Septemberwahlen zum Bundestag wieder entscheidend Stimmen gewonnen. Dass dieser Stimmenzuwachs zunächst mit einer Ausschiffung der SPD aus den Landesregierungen verbunden sei (Nordrhein-Westfalen z.B.), ist für die weitere Entwicklung eher günstig. Adenauer habe nach den Wahlen in Nordrhein-Westfalen zu [Ministerpräsident Karl] Arnold gesagt: ›Die SPD ist jetzt mit der Nase aus dem Dreck. Wollen Sie ihr etwa wieder aufhelfen?‹ Das sei dann einer der Gründe gewesen, die Arnold zwangen oder veranlassten, eine neue Koalitionsregierung ohne die SPD zu bilden. Der starke Stimmenrückgang der CDU bei den Wahlen war nicht nur eine Schlappe der CDU im Ganzen genommen, sondern eine Niederlage des linken Arnold-Flügels der CDU und hat innerhalb der CDU die Stellung Adenauers gegenüber Arnold gestärkt.«

Der zum christlich-sozialen Flügel der CDU gehörende innerparteiliche Adenauer-Rivale Karl Arnold habe, so weiter, »kategorisch versichert, dass er die Beibehaltung der [bis 1950 bestehenden] alten Koalition CDU/SPD im Interesse der christlichen Arbeiterbewegung wünsche, dass er aber infolge der für die CDU ungünstigen Wahlresultate in Nordrhein-Westfalen gezwungen sei, dem Druck Adenauers und des recht starken ›Adenauer-Flügels‹ innerhalb seiner eigenen Partei nachzugeben.« Die zu erwartende koalitionsinterne Kritik an Adenauer im Zusammenhang mit dem kurz zuvor erfolgten Wechsel des Präsidenten des Bundesamts für Verfassungsschutz, Otto John, nach Ost-Berlin beinhalte allerdings die Chance, »dass die ›antisozialistische‹ Koalition im letzten Augenblick (die Regierungsbildung soll Dienstag, den 27.7., vollzogen werden) nicht zustande kommen wird. Damit wäre die Bahn offen zur Beibehaltung der alten CDU-SPD-Koalitionsregierung, auch ohne dass der Parteivorstand eine für seine gesamtdeutsche Politik bindende Erklärung in der Frage der Wiederaufrüstung abzugeben braucht.«

Für Bundeskanzler Adenauer waren das wertvolle Einblicke in den innersten Zirkel der SPD, zumal Erich Wollenberg herausstrich, die Erörterungen in Berlin hätten im allerengsten Kreis stattgefunden. »Ollenhauer hat sich aufgrund der Regierungskombination in Nordrhein-Westfalen bereit erklärt, auf dem Parteitag die Behandlung des ›Falles John‹ und im Zusammenhang mit ihm einen Angriff auf das Amt für Verfassungsschutz im Besonderen die gesamte Personalpolitik Adenauers im Allgemeinen zu verhindern. Die Parteitagsdelegierten, die über diese vertraulichen Besprechungen und Vereinbarungen nicht informiert wurden, waren äußerst erregt, dass die Diskussion über den Fall John vom Parteivorstand abgewürgt wurde.«

So weit die Analysen Wollenbergs, die der Dienst freilich mit Vorsicht zu genießen lernte. Anders als die Informationen Ortloffs und Zieglers war Wollenbergs kenntnisreiche Berichterstattung stark von persönlichen Motiven und Vorurteilen beeinflusst. Spätere BND-Analysen kamen zu der Überzeugung, Herbert Wehner, seinen Genossen aus gemeinsamen KPD-Zeiten, zu verfolgen und zu verleumden, sei für ihn geradezu eine »Herzensangelegenheit« gewesen.[19] Wollenberg habe über diese zentrale Figur der Sozialdemokratie Meldungsmaterial vorgelegt, das auf eine »persönliche Feindschaft« schließen lasse.[20]

Kritikabwehr in eigener Sache

Die Versuche der SPD, sich gegenüber der Gesellschaft zu öffnen, sich von einer Arbeiterpartei zu einer Volkspartei zu entwickeln und einen realistischeren Kurs in der Deutschland- und Sicherheitspolitik einzuschlagen, blieben bei der Inlandsspionage der Organisation Gehlen ein Hauptthema. Es interessierte aber auch die Haltung der Sozialdemokraten zu deren Übernahme in den Bundesdienst. Standen die Zeichen für eine »Legalisierung« aufgrund der frühen Festlegung Adenauers seit langem günstig, so war die Besorgnis in Pullach dennoch groß, die anschwellende politische und publizistische Kritik könne eine nicht mehr beherrschbare Eigendynamik entfalten. Ganz zu Recht betrachtete man an der Isar den international einflussreichen Enthüllungsjournalisten

Sefton Delmer als publizistischen Hauptfeind. In den zurückliegenden Jahren hatte der Brite schon mehrere Breitseiten auf den Gehlen-Dienst abgefeuert.

Im Sommer 1954 wurde vor allem Fritz Heine, der während des Krieges bei der Psychologischen Kriegsführung gegen Deutschland mit Delmer zusammengearbeitet hatte, als Drahtzieher hinter einer »beabsichtigten Pressekampagne gegen die Dienststelle Gehlen« herausgestellt. Der unter dieser Überschrift an das Bundeskanzleramt gehende Bericht bezog sich auf das Treffen Heines mit einem Publizisten im Hotel Bayerischer Hof in München. Dahinter, so hieß es, stehe das Bemühen des Spitzengenossen, »die in letzter Zeit innerhalb der SPD aufgekommenen Sympathien [für den Dienst] zu zerstören«. Dies solle dadurch erreicht werden, dass General Gehlen »als ›Hitler-Anhänger bis zur letzten Stunde‹ diffamiert und seine Organisation als von ehemaligen prominenten und fanatischen Nationalsozialisten durchsetzt gebrandmarkt werden soll«. Karl Gerold, der Herausgeber der *Frankfurter Rundschau,* der während des Krieges von der Schweiz aus den britischen Nachrichtendienst unterstützt hatte, gehöre als aktives SPD-Mitglied – tatsächlich war er schon zwei Jahre zuvor aus der Partei ausgetreten – ebenfalls zu dieser Verschwörung.[21]

Eine Woche später war es dann wieder der bewährte Siegfried Ziegler, der Gehlen über die Tendenz zur Kritikabwehr im SPD-Vorstand ins Bild setzte.[22] Er bezog sich auf eine längere Aussprache mit Ortloff und meldete zunächst, dass der Besuch des Chefs »bei Herrn Ollenhauer ein gutes Echo fand. Bei der Vielzahl der Gerüchte, die durch die Presse gehen, hat Ihr Besuch zweifellos wesentlich dazu beigetragen, die bisherige wohlwollende Einstellung des Parteivorstands gegenüber der Organisation zu festigen. Es ergab sich ferner, dass der Parteivorstand nicht daran denkt, die von Sefton Delmer beabsichtigte Pressekampagne zu unterstützen. Wenn Herr Heine Mr. Delmer gegenüber irgendwelche Zugeständnisse gemacht haben sollte, was ich noch bezweifle, so hat er das bestimmt nicht namens des Parteivorstands gemacht. Allerdings wird sich die Partei aus taktischen Gründen auch nicht offiziell an einer entgegengesetzten Kampagne beteiligen. Herr Ortloff vertritt den Standpunkt, möglichste Zurückhaltung zu üben.«

Sein Freund in der SPD-Spitze, fuhr Ziegler fort, habe das auch dem Abgeordneten Walter Menzel (seit Anfang der zwanziger Jahre wie Ollenhauer in der Sozialistischen Arbeiterjugend, Mitglied des SPD-Vorstands und einer der prominenteren Väter des Grundgesetzes) gesagt, der die Einrichtung eines Untersuchungsausschusses gefordert habe, und zwar auch zu einer Frage, »die unsere Organisation betrifft. Sie hat zum Inhalt, ob die Organisation Gehlen vor der Flucht Johns bereits von seinen landesverräterischen Beziehungen gewusst hat. Herr Ortloff erwartet eine negative Beantwortung der Frage, zumal Sie Herrn Ollenhauer sagten, dass auch Sie von der Flucht überrascht wurden, und gab Herrn Menzel den Rat, es dabei bewenden zu lassen und nicht nachzustoßen. Herr Menzel war damit einverstanden.«

Siegfried Ortloff machte nach dem Zeugnis Zieglers einen bezeichnenden Vorbehalt gegen die Einrichtung eines Untersuchungsausschusses geltend. Er befürchtete nämlich, »dass bei der Untersuchung der Hintergründe und der Vorgeschichte des Falles John die ganze Emigration zur Sprache kommt, und dann lebt überflüssiger Weise ein Tatbestand auf, der von einer nicht wohlwollenden Presse zu Diskussionen aufgegriffen werden kann, die Gegenerklärungen und Richtigstellungen erforderlich machen. Die Emigration führender Sozialdemokraten ist kein Gesprächsthema, das für eine ständige Wiederholung in der Presse geeignet erscheint.«

Noch bemerkenswerter als diese Scheu, den eigenen Kampf gegen das NS-Regime thematisiert zu sehen, dürfte für den Kanzler und seinen Staatssekretär die offenherzige Auskunft Ortloffs gewesen sein, »dass es im Hinblick auf die derzeitige Regierungskoalition nicht klug wäre, die Abgeordneten der SPD gar zu deutlich über die positive Einstellung des Parteivorstands zur Organisation Gehlen zu orientieren. Das könnte bei den Parteien der Regierungskoalition eventuell Misstrauen auslösen. Das wird in dem Fall einer Übernahme der Organisation durch die Regierung anders werden. Dann kann sich die SPD offen zu ihr bekennen, wie sie sich jetzt – trotz des Einzelfalles John – zum Verfassungsschutz bekennt. Es ist daher durchaus möglich, dass einzelne Sprecher der SPD in der Debatte auch unsachliche und harte Worte gegen die Organisation Gehlen finden. Sie kommen mit vorgefassten Meinungen und Konzepten. Die positive Grundhaltung der maßgeblichen Sozialdemokraten wird davon unberührt bleiben.« So weit ging Ortloff in seinem Verrat bereits.

Im außenpolitischen Abseits

Inzwischen war die SPD außenpolitisch weiter ins Abseits geraten. Die Neun-Mächte-Konferenz in der britischen Hauptstadt, die Anfang Oktober 1954 mit den Londoner Vereinbarungen die Krise nach dem überraschenden Scheitern der EVG im französischen Parlament Ende August 1954 überwand und den Weg der Bundesrepublik in die Nato ebnete, bedeutete für die Sozialdemokratie nichts anderes, als dass sie mit ihrem Widerstand gegen eine Westintegration *vor* der Wiedervereinigung Deutschlands gescheitert war. Gleichwohl führten die Sozialdemokraten den namentlich von Ollenhauer und Mellies forcierten Kampf gegen die unterzeichneten Pariser Verträge fort und verharrten in ihren »wiedervereinigungspolitischen Illusionen«.[23] In den Monaten bis zur Ratifizierung der Verträge Ende Februar und ihrem Inkrafttreten Anfang Mai 1955, mit der die Bundesrepublik ihre Souveränität gewann und den Nato-Beitritt besiegelte, blieben die Organisation Gehlen und das Kanzleramt über die Versuche des SPD-Vorstands, irgendwie Haltung zu bewahren, bestens unterrichtet.

Eine weitere Pullacher Mitteilung aus dieser Zeit befasste sich mit der schwierigen Lage, in die sich die SPD hineinmanövriert hatte.[24] »Die Haltung der Sozialdemokratie in der Frage eines deutschen Wehrbeitrages nach Fertigstellung und Unterschrift der Verträge, die aufgrund der Londoner Akte zustandekommen werden, wird sich in nichts von der Ablehnung gegenüber der EVG unterscheiden«, begann der Spitzelbericht aus dem Parteivorstand, der obendrein vermerkte, dies sei »Ausdruck der ungeklärten Verhältnisse«, wie sie sich auf dem Berliner Parteitag gezeigt hätten. Der dortige Beschluss, die Zustimmung zur Wiederaufrüstung mit einer Reihe von Vorbedingungen vom Votum eines Sonderparteitages abhängig zu machen, habe den Parteivorstand »in eine ausweglose Situation gebracht«. Die von »ihren linken Kräften« verursachten Verkeilungen innerhalb der SPD hinderten Erich Ollenhauer daran, »das Schiff wieder flott zu machen«.

Der haarklein in alles eingeweihte Ortloff skizzierte auch schon die künftige Strategie der SPD: »Das weitere Verfahren bei der Behandlung der neuen Verträge«, verriet er der Organisation Gehlen, »soll demnach etwa so aussehen, dass man zu den Verträgen in jedem Fall *Nein* sagen will, wobei man versuchen wird, die Debatte vom Militärischen auf Fragen der Außenpolitik und der Verteidigungspolitik abzulenken. Erst nach Annahme der Verträge durch die Mehrheit des Bundestages würde sich der Parteivorstand zu einer Mitarbeit an der Wehrverfassung bereit erklären.« Im Übrigen sei es interessant, dass der ehemalige Hamburger Oberbürgermeister Max Brauer in der Ausschusssitzung darauf hingewiesen habe, »man werde trotz der Ablehnung der Verträge nicht umhinkönnen, bereits heute die Frage einer sozialdemokratischen Haltung zur Wehrverfassung zu erörtern. Ollenhauer lehnte diese Anregung mit der Begründung ab, dass das ja noch Zeit habe. Es ist kein großes Geheimnis, dass sich in privaten Studien z.B. Erler damit beschäftigt hat und dass dem Parteivorstand hier bereits konkrete Vorstellungen vorliegen.« Das sozialdemokratische Dilemma war natürlich auch Thema in der Tagespresse, doch deren Berichterstattung war weit davon entfernt, Bundeskanzler Adenauer einen so unverstellten Einblick in die Meinungsbildung der SPD-Spitze geben zu können wie die politische Inlandsspionage der Gehlen-Organisation, die ihren Top-Spion im Machtzentrum der Partei platziert hatte.

Hans Globke hatte mittlerweile die Gewohnheit entwickelt, die ihm kontinuierlich zufließenden Berichte und die häufig mitgelieferten SPD-Originalmaterialien auch dem Bundesgeschäftsführer der CDU zuzuleiten, was den parteipolitischen Charakter der nachrichtendienstlichen Geheimoperation gegen die SPD zusätzlich verdeutlicht. Im Juli 1954 gingen beispielsweise »5 Schriftstücke (15 Blatt)« an Bruno Heck. Es handelte sich dabei um ein Rundschreiben des Leiters der Abteilung Finanzen und Verwaltung im SPD-Parteivorstand, Alfred Nau; um eine Vorlage der Hamburger Sozialdemokraten für eine gerechtere Bemessung der Mitgliedsbeiträge; um ein Rundschreiben des Vertriebenen-Referats im Parteivorstand; um einen Rundbrief von Fritz Heine an die Spitzenfunktionäre des Vorstands, der Bezirke und der Unterbezirke;[25] die Analyse einer Allensbach-Befragung zu Adenauers Saar-Politik; eine Adressliste des »Ausschusses für Betriebs- und Gewerkschaftsfragen beim Parteivorstand«; ein Rundschreiben des agrarpolitischen Referats oder eines der SPD-Presseholding »Konzentration GmbH«.[26] Auch diese Mitbeteiligung der CDU-Bundesgeschäftsführung wurde Kanzleramtschef Hans Globke nun zur Routine.

III

WATERGATE IN BONN: ADENAUER IM ZENIT

GEHEIME KANZLER-ORIENTIERUNGEN 1955/56

Gegen die Pariser Verträge

Die Ausforschung der SPD-Spitze hatte ab 1955 ihre Routinen gefunden, der Gehlen-Dienst deren Zentrale in der Bonner Friedrich-Ebert-Allee inzwischen in ein gläsernes Haus verwandelt. Immer mehr Geheiminformationen versah Staatssekretär Globke nun mit dem Stempel »Dem Herrn Bundeskanzler vorzulegen«. Eine davon ging gleich zu Beginn des Jahres auf die geplanten Kampagnen gegen die Pariser Verträge ein, die der Bundesrepublik eine Teilsouveränität zustanden.[1] »Für Januar planen die Jungsozialisten, der Sozialistische Studentenbund und die Gewerkschaftsjugend gemeinsam eine Reihe von außerparlamentarischen Aktionen, mit denen die Ablehnung der Verträge durch die Jugend demonstriert werden soll«, hieß es darin. »In Köln wird bereits auf der Ebene des SPD-Bezirks Mittelrhein eine eigene Massenaktion geplant, für die auf einer Bezirksfunktionärskonferenz ein vorbereitender Ausschuss gegründet wurde.«

Die zweite Meldung kam direkt aus einer SPD-Vorstandssitzung, deren »politisch bedeutsamster Tagesordnungspunkt« der Brief gewesen sei, den Ollenhauer noch am selben Tage an den Bundeskanzler richtete. Im Einklang mit der unveränderten Linie seiner Partei warnte er darin vor einer Verhärtung der deutschen Teilung.[2] Das Schreiben sollte »den außerparlamentarischen Aktionen die notwendige Basis für ihre politische Ausnutzung vor allem bei der dritten Lesung der Verträge bieten«, meldete Ortloff.

»Deshalb stehen auch die propagandistischen Gesichtspunkte in diesem Brief im Vordergrund. Die Grundlage des Briefes stammt weitgehend von [Adolf] Arndt, der auch der sozialdemokratische Verbindungsmann zu den evangelischen Kreisen um [den Bonner Theologen Hans-Joachim] Iwand (pers. Freunde) und [den ebenfalls dort lehrenden Theologen Helmut] Gollwitzer ist.«

Die Mitteilungen wurden im Folgenden immer detaillierter: »Ollenhauer hat in seinem vorausgegangenen Referat vor den Bemühungen radikaler Strömungen gewarnt, ohne allerdings den Plan der Aktionen irgendwie abzuschwächen. Heine führte unter anderem aus, dass man jetzt durch Ausnutzung von Unsicherheitsfaktoren in der Koalition alle diejenigen Kreise anzusprechen bestrebt sei, die der Schock vor der bevorstehenden Entscheidung über die Wiederaufrüstung der SPD zutreibe. In der Diskussion spielte auch die ablehnende Haltung [Walter] Freitags (DGB) eine Rolle, der ein Heraushalten des DGB aus dieser politischen Frage befürwortet habe. Die Bundestagsfraktion verlangte eine Aufnahme konkreter Forderungen in dem Brief an Adenauer, die dann auch mit drei Punkten erfolgte. Ihr defensives Anliegen war, die sozialdemokratischen Forderungen, mit denen man bei den Bundestagsdebatten operieren wird, herauszustellen.« So ging es bis zur Ratifizierung der Pariser Verträge am 27. Februar 1955 fort, die gegen die Stimmen der SPD durch etwa zwei Drittel der Bundestagsabgeordneten erfolgte. Erich Ollenhauer sprach im Parlament von einer »Fortsetzung des Kalten Krieges mit anderen Mitteln«.[3]

Ein weiterer Geheimbericht informierte über die Vorbereitungen der SPD auf die anstehenden Ratifizierungsdebatten. Er kündigte an, es werde »versucht werden, die Koalitionsparteien zu beschuldigen, sie seien Verräter an der Wiedervereinigung. In stärkerem Maße wird jedoch auch das Argument zu hören sein, sie betrieben die Politik der Alliierten. Im Parteivorstand werden bereits Materialzusammenstellungen in diesem Sinne vorgenommen. Ein Auftrag z.B. sieht eine Zusammenstellung der Gespräche des Bundeskanzlers mit [dem amerikanischen Hohen Kommissar und späteren

Botschafter James B.] Conant vor. Darüber hinaus wird ein Zitat des Bundeskanzlers zur Frage der Kriegsdienstverweigerung gesucht, um eine Analogie zu dem Zitat Ulbrichts herausbringen zu können. Bis heute ist etwas Derartiges jedoch noch nicht gefunden worden.«[4]

Auch zu der Entscheidung der SPD-Führung, sich am außerparlamentarischen Protest gegen die Verträge – die Paulskirchen-Bewegung gegen Westintegration und Wiederbewaffnung [5] – zu beteiligen, liefen am Vortage ihrer Auftaktkundgebung am 29. Januar 1955 in Frankfurt (mit Ansprachen Gustav Heinemanns, Erich Ollenhauers und mehrerer prominenter Professoren) detaillierte Informationen ein.[6] »Von den 150 eingeladenen Nicht-Sozialdemokraten (auf Bütten) zur Kundgebung in der Frankfurter Paulskirche hat etwas mehr als ein Drittel die Teilnahme abgelehnt«, wusste der Gehlen-Dienst, »ein großer Teil der Geladenen mit Berufung darauf, dass sich für sie Schwierigkeiten in ihrer Kirche ergeben könnten. (Eine Namensliste soll beschafft werden.) Unter den wenigen prominenten Sozialdemokraten, die eine Teilnahme an der Kundgebung abgesagt haben, befindet sich der Bremer Senatspräsident [Wilhelm] Kaisen. Die Ablehnung Kaisens wird im Parteivorstand als eine Ablehnung der Parteilinie in dieser Frage angesehen.«

Der Chef des Bundeskanzleramts erhielt darüber hinaus ein Originaldokument des SPD-Unterbezirks Frankfurt/Main über eine geplante »Flugblattaktion im Kampf gegen die Pariser Verträge«. Es enthielt genaueste Instruktionen und endete mit dem Appell des Vorsitzenden an die »führenden Genossen«, niemand dürfe jetzt abseitsstehen: »Nur schwere Krankheit kann als Entschuldigung dienen.« Dann folgte eine Aufstellung der 16 Frankfurter Straßen und Plätze, an denen die 60 namentlich benannten Funktionäre und Abgeordneten mit ihren Flugblättern Aufstellung zu nehmen hatten, darunter so prominente Genossen wie der linke Bundestagsabgeordnete Willi Birkelbach, der während der NS-Zeit verhaftet und später in das Strafbataillon 999 gesteckt worden war, der populäre Oberbürgermeister Walter Kolb und, am Uhrtürmchen in Bornheim, der linksstehende junge Stadtverordnete und spätere Oberbürgermeister Rudi Arndt mit seiner Mutter Betty, ebenfalls eine Stadtverordnete.[7] Präzisere Informationen über eine bevorstehende Großaktion des politischen Gegners konnte die CDU sich nicht wünschen.

Die Beteiligung der Sozialdemokratie an der außerparlamentarischen Oppositionsbewegung gegen die Pariser Verträge als Versuch, ihre parlamentarische Minderheitenposition zu kompensieren, wurde von einigen Genossen zwar früh kritisch gesehen, doch dauerte es einige Zeit, ehe die Parteiführung zu der Einsicht gelangte, dass sich die SPD mit ihrer Beteiligung an dem Protest mehr schadete als nützte. Dank der exzellenten innenpolitischen Informationsquellen des designierten Bundesnachrichtendienstes waren Bundeskanzler Adenauer und Staatssekretär Globke ebenso wie die CDU-Bundesgeschäftsführung bestens über die Auseinandersetzungen in der SPD-Spitze im Bilde – auch über die Vorbereitung der Vorstandssitzung zwei Wochen vor der entscheidenden dritten Lesung des Pariser Vertragswerks.[8]

»Es steht schon jetzt fest«, erfuhren sie, »dass auf der Sitzung des Bundesvorstandes über die Auswertung und den Erfolg der Außerparlamentarischen Aktion gesprochen wird. Auf Wunsch von Ollenhauer wird darüber beraten werden, ob die Aktion weitergeführt oder eingestellt werden soll. Im Parteivorstand herrschen hierzu recht unterschiedliche Vorstellungen. Fritz Heine, Herta Gotthelf und Max Kukil vertreten einen harten Kurs, möglichst bis zum Generalstreik der Gewerkschaften. Dagegen wendet sich Ollenhauer [...] Wehner will auf der Vorstandssitzung durchsetzen, dass bei der Debatte im Bundestag und gegenüber der Öffentlichkeit der Bundesregierung und ihrer Politik die Schuld an der zu erwartenden Verhärtung des Sowjetkurses zugeschoben wird. Man solle herausstellen, dass für Berlin die größten Gefahren drohen.« Die Vertragspolitik des Bundeskanzlers habe die UdSSR »zu einer Verhärtung ihres Standpunktes gezwungen. Man solle auch darauf verweisen, dass hierdurch die Gefahr eines Dritten Weltkrieges ganz erheblich gewachsen sei.«

Staatssekretär Globke nahm diese Information zum Anlass, sich an Heinrich Krone, den Parlamentarischen Geschäftsführer, bald Vorsitzender der CDU/CSU-Fraktion im Deutschen Bundestag, zu wenden und ihn auf das Vorhaben Wehners aufmerksam zu machen. Der Sozialdemokrat wolle sich über »einen Antrag der SPD zur Wiedervereinigung aus dem November des vorigen Jahres« mit der FDP verständigen und dafür auch die kleineren Parteien gewinnen. Dabei handele es sich offenbar um eine demonstrative Aktion, die er, Globke, im Einzelnen nicht recht übersehe, doch vielleicht könne Krone sich kundig machen, »sodass eine entsprechende Gegenwirkung einsetzen kann«.[9] Adenauer hatte im CDU-Vorstand kurz zuvor von einer »Radikalisierung« der SPD gesprochen, in der er ein »bedrohliches Moment nicht nur der innenpolitischen, sondern auch der außenpolitischen Unsicherheit« erblicke.[10] Doch was die Sozialdemokraten in diesen Wochen auch denken und planen mochten – sie hatten sich verrannt. Bundeskanzler Adenauer und die Koalitionsregierung unter der Führung der CDU/CSU hatten ihren außenpolitischen Kurs durchgesetzt.[11]

»Nationaler Notstand«?

Nachdem mit der endgültigen Fixierung der Bündnis- und Deutschlandpolitik die bedeutendste Weichenstellung des ersten Nachkriegsjahrzehnts erfolgt war, bestand im Bundeskanzleramt lebhafte Neugier, wie die neuerlich so eklatant unterlegene Sozialdemokratie mit diesem Schlag umgehen und eine Neuorientierung angehen würde. Zunächst meldete sich ein hauptamtlicher BND-Mitarbeiter, der ab und an Hinweise zur Haltung der SPD gab. Er berichtete über eine gemeinsame Sitzung von Parteivorstand und Bundestagsfraktion[12] und wusste von einer Skizze Carlo Schmids zu den außenpolitischen Perspektiven nach dem Inkrafttreten der Pariser Verträge zu berichten. In Frankreich und England wachse die Neigung »zu möglichst baldigen Verhandlungen mit der UdSSR«, habe Schmid ausgeführt. »Weil die SPD weiß, dass der Kanzler für diese Verhandlungen den zukünftigen Außenminister von Brentano und den Bankier Abs den Russen gegenüberstellen wolle, durchforscht man zur Zeit alle Äußerungen der beiden Herren seit 1945 zu dem deutsch-russischen Verhältnis. Auftragsführung hat Wehner bekommen [...] Als Fazit der gemeinsamen Sitzung wurde festgestellt, dass die Regierung durch die Saarfrage, die möglichen Viererverhandlungen, die Verzögerung der Ratifizierung und die innerpolitischen Kampfmaßnahmen der SPD in diesem Sommer in eine solche Lage käme, dass eine Art nationaler Notstand entsteht, der die Bildung einer Großen Koalition zur absoluten Notwendigkeit werden lässt.«

Im regulären SPD-Protokoll ist all das nicht festgehalten.[13] So erfuhr das Kanzleramt mehr, als wenn ihm das Original zugespielt worden wäre. Generell erbringt der durchgehend vorgenommene Vergleich der geheimen Kanzler-Orientierungen mit den zumeist von Ortloff selbst verfassten Niederschriften der Partei das erwartbare Ergebnis, dass in den Parteiprotokollen heikle Personalien und Rivalitäten, politische Kontroversen oder atmosphärische Spannungen, wenn überhaupt, nur zurückhaltend abgebildet sind.

Erich Wollenberg steuerte seine Sicht auf die Sozialdemokratie in diesem Frühjahr 1955 ebenfalls bei. Die Informationen bezogen sich auf Willy Brandt, der sich »ebenso wie Reuter stets für einen entschiedenen Kampf gegen den sowjetischen Imperialismus und für die Stärkung der westlichen Verteidigungsfront« eingesetzt habe: »Nach dem Tode Reuters musste er in dieser Hinsicht kürzer treten, zumal etwas mehr als die Hälfte der Berliner SPD-Organisation hinter dem SPD-Parteisekretär Franz Neumann steht, der ein erbitterter Gegner Reuters war und in Berlin die ›Generallinie des Parteivorstandes‹ vertritt. Brandt war für die EVG und ist auch heute noch für die Pariser Verträge und damit für die Wiederaufrüstung. Unter dem Druck des Bonner Parteivorstandes und von Franz Neumann hat er aber schon auf dem Berliner Parteitag der SPD (Juli 1954) und jetzt im Zusammenhang mit der SPD-Kampagne gegen die Pariser Verträge sich nach außen hin der ›Parteidisziplin‹ gefügt. Öffentlich tritt er nicht *für* die westliche Verteidigungsfront und die deutsche Wiederaufrüstung auf, aber auch nicht *gegen*. Innerhalb der SPD in Westberlin und in der Bundesrepublik gehört Willy Brandt zu der Gruppe der entschiedensten Gegner des sowjetischen Kommunismus und des Imperialismus.«[14]

Zu den für die CDU-Führung besonders interessanten innerparteilichen Differenzen in der SPD hatte Erich Wollenberg seinen Freund befragt, einen weit links stehenden nordrhein-westfälischen Bezirksfunktionär. Der wandte sich in »sehr scharfen Worten gegen Erler, Carlo Schmid und Herbert Wehner, diese ›Neu-Sozialisten‹ (alle erst seit 1945 in der Sozialdemokratie), die aus verschiedenen politischen Motiven als ›Realpolitiker‹ sich auf den Boden der Pariser Verträge stellen und unter Opferung der sozialistischen Prinzipien an der Regierung teilnehmen wollen. Die Triebfeder der drei ›Outsider‹ sei persönlicher Ehrgeiz und Machtwille. Adenauer habe der SPD einen Posten als Staatssekretär im neu zu formierenden Wehrmachtsministerium angeboten, Wehner, Erler und Schmid haben sich für Annahme dieses Angebots eingesetzt, entgegen den ausdrücklichen Beschlüssen des Berliner Parteitags [...] Die alten Mitglieder des Parteivorstandes, die alte Vorkriegssozialdemokraten sind, haben sich einmütig gegen diese ›antisozialistische Realpolitik‹ der Wehner, Erler und Schmid ausgesprochen. Der Parteiapparat befände sich – entgegen anderen Tendenzmeldungen – fest in den Händen der Mehrheit des Parteivorstandes: Ollenhauer, Heine, Mellies, Nau, Kukil, Eichler usw. Im Parteivorstand sei sogar die Frage eines Parteiausschlusses von Carlo Schmid in Erwägung gezogen worden. Carlo Schmid habe einen starken Anhang in gewissen intellektuellen Kreisen der Partei und besonders außerhalb der SPD, er sei ein möglicher Kandidat für das Amt des Bundespräsidenten. Die SPD könnte sich gegebenenfalls nicht einer solchen Kandidatur widersetzen, aber die Wahl dieses ›bürgerlichen Politikers, der 1945 zufällig zur SPD gestoßen ist‹, wäre eine schwere Belastung für die Sozialdemokratie. Die Stärke Wehners beruhe in seinem demagogischen Einfluss innerhalb der Basis der SPD, bei den unteren Funktionären und Mitgliedern, und dann auf seiner zweifellos großen Arbeitskraft.« Das war zwar keine Analyse sine ira et studio, aber doch ein prägnantes Meinungsbild vom linken Flügel der Sozialdemokratie.

Nach Wollenbergs Darstellung habe sein wohlinformierter Freund zum Abschluss ihrer Tour d'Horizon die folgende Diagnose der gegenwärtigen Misere der Partei gegeben: »Sie hatte in Kurt Schumacher einen echten Führer gefunden, von dem man aber von vornherein wusste, dass er ›höchstens 3 oder 5 Jahre noch leben könne‹. Ollenhauer sei eine *zweite* Kraft, und der sei sich auch bewusst, dass er niemals eine erste Kraft werden könne. Der jähe Tod von Ernst Reuter habe der SPD ›jene führende Persönlichkeit genommen, die den Mythos Adenauer gebrochen hätte‹. Auf dem Berliner Parteitag wäre Reuter zum Vorsitzenden gewählt worden. In Berlin musste Reuter sich infolge der besonderen politischen Situation auf die Amerikaner stützen. Als Führer der gesamtdeutschen SPD hätte Reuter als alter Sozialist den Kampf gegen die Abhängigkeit Deutschlands vom USA-Imperialismus, wie sie durch Adenauer verkörpert wird, geführt.«

Abgerundet wurde diese Nachlese zum Inkrafttreten der Pariser Verträge durch eine Vielzahl von Hinweisen, die Staatssekretär Globke sogleich an den Bundeskanzler oder den Bundesgeschäftsführer der Regierungspartei weiterleitete. Bruno Heck, der dieses Amt von 1952 bis 1958 innehatte, schickte er beispielsweise einen Bericht, der die Verzweiflung der SPD darüber spiegelte, bei Landtagswahlen in Niedersachsen und in Rheinland-Pfalz nicht recht auf die Beine gekommen zu sein. Der Parteivorsitzende habe das zunächst mit organisatorischem Versagen einiger Unterorganisationen erklären wollen, doch »die verniedlichende Erklärung Ollenhauers wurde mit offenem Gelächter zur Kenntnis genommen«. Der Parteivorstand habe festgehalten, »die Wahlen bewiesen eindeutig, dass die SPD bei dem sichtbaren Trend zu zwei großen Parteien mit der CDU nicht Schritt halte. Die Gründe seien vor allem darin zu suchen, dass man die Radikalen in der Partei und in den Gewerkschaften zu lange gewähren ließ.«[15]

In anderen sozialdemokratischen Gremien herrschte nach den Erkundungen des Gehlen-Dienstes ebenfalls Frustration und Unruhe. Seit dem schlechten Abschneiden bei den Landtagswahlen werde von der Bundestagsfraktion die Forderung nach »verstärktem Einfluss« auf die Politik der Partei erhoben, hieß es in einer weiteren Information. Nun meldeten sich »die Gemäßigten« stärker zu Wort, »nachdem sich der radikale Kurs als noch steriler erwiesen hat als die Haltung vor den Bundestagswahlen. In der praktischen Politik kann sich hierdurch eine gewisse Mäßigung ergeben«; hier findet sich eine heftige Anstreichung am Rand des Dokuments. Hinzu komme, so war außerdem zu lesen, eine bedenkliche Entwicklung der Mitgliederzahlen, die beständig abnähmen: »Nach einer Analyse, die vom Parteivorstand gemacht wurde, hat sich gezeigt, dass der Rückgang im Aussterben der alten Mitglieder begründet ist, während die Werbung unter der Jugend nur zu begrenzten Erfolgen geführt hat.«[16]

Aus der Sitzung der SPD-Fraktion kamen zur selben Zeit Hinweise zu der unmittelbar bevorstehenden Bundestagsdebatte, die Globke sofort an Adenauer weitergab.[17] »Ollenhauer«, bekam der Kanzler zu lesen, »war von Beginn der Sitzung an außerordentlich heftigen Angriffen aus der Fraktion im Zusammenhang mit seinem kürzlich der Auslandspresse gegebenen Interview ausgesetzt, wonach nach Auffassung der SPD die Schaffung eines Deutschland umfassenden Neutralitätsgürtels nicht annehmbar sei. (Tatsächlich hat Ollenhauer diese Erklärung ohne vorherige Abstimmung mit dem Parteivorstand und der Fraktion abgegeben.) Die Kritiker, die sehr bald die überwältigende Mehrheit der Fraktion hinter sich hatten, wurden angeführt von den Bundestagsabgeordneten Erler und [dem Direktor des Kieler Instituts für Weltwirtschaft Fritz] Baade. Insbesondere Erler griff Ollenhauer ungewöhnlich massiv an und warf ihm vor, er habe damit die von der SPD unausgesprochen seit fünf Jahren vertretene Auffassung verraten und überdies die deutsche Wiedervereinigungspolitik um eine reale Chance ärmer gemacht.«

An dem folgenden Absatz findet sich ebenfalls eine Anstreichung: »Von den prominenten Mitgliedern stellte sich lediglich Wehner vor Ollenhauer und versuchte zu einem Kompromiss zu gelangen. Er sehe einen Ausweg aus den Meinungsverschiedenheiten, wenn die SPD die von der Mehrheit der Fraktion als wünschenswert bezeichnete Neutralisierung Deutschlands unter einem anderen Namen anstrebe, also etwa über eine ›Viermächtegarantie des deutschen Status‹, die für alle Mächte annehmbar sei, ohne dass ausdrücklich jetzt schon von Neutralität und Bündnislosigkeit gesprochen werden müsste. Ollenhauer sagte unter dem anhaltenden Druck der Erler-Gruppe gegen Ende der Sitzung zu, sich in seiner Stellungnahme während der außenpolitischen Debatte nicht auf den endgültigen Status Deutschlands festzulegen, sondern mehr Detailforderungen aufzustellen, die – aneinandergereiht – einer Vorbereitung der Neutralisierung allerdings gleichkommen würden.« Genauso geschah es dann auch. Besser konnten Gehlen, Ortloff und Ziegler Bundeskanzler Adenauer und die CDU/CSU-Fraktion nicht auf den neuerlichen deutschlandpolitischen Schlagabtausch vorbereiten. Die Bearbeitungsspuren zeigen, dass ihre Bemühungen im Palais Schaumburg auf fruchtbaren Boden fielen.

Der Bericht aus der SPD ging sogar noch weiter in die Einzelheiten: »Zum Ablauf der Debatte wurde beschlossen, dass Wehner die große Anfrage der Opposition begründen soll. Nach dem Kanzler wird Ollenhauer in der festgelegten Weise sprechen. Die weiteren Redner sind nicht bestimmt worden. Man will ihre Auswahl von den Rednern der Koalition und dem Inhalt ihrer Ausführungen abhängig machen. Die Neutralitätsgruppe wird energisch bemüht sein, Erler zu Wort kommen zu lassen. Das könnte bei einer sehr blassen Rede Ollenhauers eine prononcierte Festlegung der SPD durch Erler bedeuten. Es ist nicht beabsichtigt, von der SPD her eine Unterbrechung der Sitzung zu beantragen. Die Entscheidung darüber, wer als dritter Sprecher der SPD zu Worte kommen soll, wird im Plenum während der Debatte getroffen werden. Vom Diskussionsverlauf ist es somit auch abhängig, ob etwa anstelle Erlers der in dieser Frage etwas gemäßigtere Heinz Kühn spricht. Er will, falls er zu Worte kommt, folgende Auffassung vertreten: Ein allgemeiner Nichtangriffs- und Neutralitätspakt zwischen den Mächten unter Einschluss der USA und der SU muss kommen. Bis es soweit ist, muss die Deutschlandfrage im Interesse einer baldigen Wiedervereinigung so gelöst werden, dass der künftige deutsche Status einem derartigen Pakt nicht zuwiderläuft.« Kühn kam in der Debatte dann nicht zu Wort.[18] Insgesamt stehen diese detaillierten Informationen aus der SPD-Bundestagsfraktion in starkem Kontrast zu den beiden dürftigen Beschlussprotokollen, die zu dieser Sitzung gefertigt wurden.[19]

Im Mai 1955, als die Bundesrepublik dem westlichen Verteidigungsbündnis beitrat, zehn Jahre nach Kriegsende ihre (eingeschränkte) Souveränität gewann und das Bundeskabinett wenige Wochen später den Beschluss fasste, die Organisation Gehlen als Auslandsnachrichtendienst zu übernehmen, erfuhr die geheime Berichterstattung über die inneren Spannungen und Kämpfe der SPD nach ihrer außenpolitischen Niederlage eine weitere Steigerung.

Konsolidierung der Republik, Desorientierung der Sozialdemokratie

Inzwischen war bei der Genfer Gipfelkonferenz der Regierungschefs der vier Großmächte im Sommer 1955 vollends deutlich geworden, dass der Status quo in Europa für lange Zeit zementiert bleiben würde. Die SPD tat sich mit einer Korrektur ihrer Deutschlandpolitik schwer, wie der CDU-Vorsitzende in einer Vorstandssitzung seiner Partei mit einer Vehemenz beklagte, die ihn bei solchen Betrachtungen häufiger überkam: »Noch ein Wort zur Sozialdemokratie!«, rief Adenauer aus: »Vergessen Sie nie, dass die kommunistischen Wähler der letzten Wahl nur zu einem ganz kleinen Teil bekehrt sind, d.h., sich vom Kommunismus auch innerlich gelöst haben. Viele sind untergetaucht in der Sozialdemokratie und üben dort weiter ihre Wirkung aus. Ein Teil der Sozialdemokraten hält die Stellungnahme der Sozialdemokratie, die sie bisher vertreten hat, für falsch. Das hat Ihnen und mir gegenüber mancher offen ausgesprochen, aber dieser Teil kann sich nicht durchsetzen gegenüber dem Parteiapparat, oder er hat nicht den Mut, sich durchzusetzen [...] Bevor bei der Sozialdemokratie nicht eine gründliche Reinigung erfolgt ist, eine Trennung der Elemente, muss man die Dinge leider so nehmen, wie sie sind, und muss sich damit abfinden, dass die Sozialdemokratie nicht in der Lage ist, die Geschicke Deutschlands in einer Weise, wie wir es für richtig halten, zu lenken.«[20]

An sich war zwischen der Wiedergewinnung der Souveränität im Frühjahr 1955 und den Wahlen zum 3. Deutschen Bundestag im Herbst 1957 eine erstaunliche »Konsolidierung der Bonner Demokratie«[21] zu beobachten. Herausragende politische Bedeutung gewannen in diesen zweieinhalb Jahren – um nur die markantesten Wegmarken in Erinnerung zu rufen – die Aufnahme diplomatischer Beziehungen zur Sowjetunion; das Scheitern der Gipfelkonferenz der vier Großmächte und das Nachfolgetreffen ihrer Außenminister in Genf, die einmal mehr verdeutlichten, dass eine internationale Verständigung über die deutsche Frage nicht mehr erreichbar war; Anfang 1956 dann der Zerfall der FDP-Bundestagsfraktion; das Verbot der KPD; die Lösung der Saarfrage mit der Eingliederung des neuen Bundeslands; die große Rentenreform zu Beginn des Jahres 1957; die Gründung der Europäischen Wirtschaftsgemeinschaft (EWG); die Einberufung der ersten Wehrpflichtigen und die dramatischen Kontroversen über eine mögliche »Atombewaffnung« der Bundeswehr.

Für den 80 Jahre alten Konrad Adenauer nahm sich diese mittlere Phase der fünfziger Jahre allerdings sehr viel kritischer aus als für den Nachbetrachter. In Nordrhein-Westfalen stürzte die FDP gemeinsam mit der SPD die CDU-geführte Landesregierung unter Karl Arnold. Auf Bundesebene kam es zum Drama des von der FDP herbeigeführten Koalitionsbruchs. Umfragen prophezeiten, das Ergebnis der nächsten Bundestagswahl werde vielleicht eine sozialliberale Bundesregierung ermöglichen. Die persönlichen Umfragewerte Adenauers sackten ab. Kurz: Der Bundeskanzler rutschte in ein »Dauertief«[22]. Im Herbst 1955 lag der alte Mann mit einer Lungenentzündung darnieder, sein Kanzleramtschef avancierte noch sichtbarer als zuvor zum »Stellvertreter des Kanzlers«. Der *Spiegel* widmete der grauen Eminenz eine Titelgeschichte und verbreitete die sozialdemokratische Sottise, »dass der Bundeskanzler Globke heißt«.[23]

Kaum war der Kanzler vom Krankenlager erstanden, erfuhren er und sein Staatssekretär aus ihrer geheimen Quelle, dass die SPD-Führung ihre Haltung gegenüber dem Regierungschef überdachte: Sie erwäge zurzeit, hieß es in einer Kanzler-Orientierung, ihren Umgang mit Adenauer »aus taktischen Gründen in der kommenden Zeit einer gewissen Änderung zu unterziehen. Man rechnet damit, dass der Gesundheitszustand des Bundeskanzlers so weit zerrüttet ist, dass jederzeit mit einem völligen Ausfall gerechnet werden müsse. Ohne ihn an sich schonen zu wollen, möchte man sich nicht eines Tages von der Öffentlichkeit beschuldigen lassen, die SPD habe durch ihre Haltung zu einem Zusammenbruch des Bundeskanzlers beigetragen. Man möchte vermeiden, dass sich die Sympathien und die Huldigung, die dem Bundeskanzler von weitesten Kreisen der Bevölkerung entgegengebracht werden und die sich nach Meinung des Parteivorstandes noch steigern dürften, je kränker und älter er wird, nicht noch über sein Grab hinaus anti-sozialdemokratisch auswirken. Im Parteivorstand werden daher Überlegungen angestellt, ob nicht in Zukunft mehr als bisher versucht werden sollte, die Ressortminister und die Mitarbeiter des Bundeskanzlers, z.B. Staatssekretär Globke, anzugreifen. Nur dann, wenn sich der Bundeskanzler selbst in die Diskussion einschaltet, sollte die Diskussion und die Polemik gegen ihn erweitert werden.«[24]

In den Tagen, als diese Hinweise im Palais Schaumburg eingingen, traf Siegfried Ziegler seinen Freund Ortloff in Bonn, der ihm zu einem Gespräch mit dem SPD-Chef und dessen Stellvertreter Wilhelm Mellies verhalf. Dieser habe, schrieb er sogleich an Gehlen,

»seine Zufriedenheit über das gute Verhältnis zur Organisation« zum Ausdruck gebracht. Trotz seiner starken Inanspruchnahme, so Ortloff weiter, »erklärte sich Herr Mellies bereit, soweit erforderlich, jederzeit mit mir Besprechungen abzuhalten.« Der Agent in der »Baracke« gab Ziegler auch gleich noch »einige Wünsche« mit. Er wollte unter anderem etwas über die Luftschutzmaßnahmen im Ostblock erfahren und interessierte sich dafür, ob denn ein Mainzer Professor, der seit einem Jahr Parteimitglied sei, Ostkontakte unterhalte.[25]

Staatssekretär Globke lag kurz darauf die mehrseitige Abschrift einer Zusammenfassung der aktuellen politischen Positionen von Erich Ollenhauer vor, die er der Parteiführung eine Woche vor Weihnachten vorgetragen hatte.[26] Das Referat berührte in einer Art Jahresbilanz für 1955 alle wichtigen Bereiche der Politik. Trotz der verbindlichen Atmosphäre während der letzten außenpolitischen Aussprache im Bundestag, sagte der Parteichef, habe sich »keine echte Annäherung« ergeben. »Die Gesten Adenauers gegenüber der SPD seien lediglich taktisch bestimmt gewesen. Sie entsprächen keineswegs dem Willen zu echter Annäherung.« Die Gegensätze in der Außenpolitik blieben auch nach der Moskau-Reise des Kanzlers groß. Das zeige sich unter anderem an der Frage der »diplomatischen Anerkennung Pankows«.

Zur Deutschlandpolitik führte Ollenhauer aus, mit der Anerkennung der DDR durch weitere Staaten »sei auf jeden Fall zu rechnen, auch wenn man zur Zeit hoffen könne, dass die Nato-Länder zunächst von einer Aufnahme diplomatischer Beziehungen Abstand nehmen würden [...] Die Drohung der Bundesregierung, zu denjenigen Staaten die Beziehungen abzubrechen, die Pankow anerkennen, sei ›unüberlegt und töricht‹. Sie werde in keinem Fall die Anerkennung verhindern, jedoch zugleich der deutschen Diplomatie schaden und diese in eine Sackgasse führen, aus der sie kaum wieder herausfinden dürfte«; die Wiedervereinigungskonzeption des Kanzlers sei »total gescheitert«. Eine gemeinsame Außenpolitik von Union und Sozialdemokratie werde erst möglich sein, wenn nicht nur in den Fragen des taktischen Vorgehens, sondern auch in der grundsätzlichen Beurteilung der Lage Übereinstimmung bestehe. Die Bundesregierung stecke bei ihrer Politik gegenüber dem SED-Regime in einer Sackgasse der Ratlosigkeit. Es blieben ihr als »Alternative entweder der Entschluss zur Aufnahme offizieller allgemeiner Beziehungen (praktisch Anerkennung der DDR), die niemand wolle, oder der Abbruch aller Beziehungen zur Sowjetzone. Das würde eine Gefährdung Berlins bedeuten.«

Von besonderem Interesse für den Kanzler dürfte es gewesen sein, wie sich der Oppositionsführer aus dem Dilemma zu befreien gedachte, einerseits Westintegration und Wiederbewaffnung abzulehnen, aber zugleich an der parlamentarischen Verabschiedung der Wehrverfassung mitwirken zu wollen. Die in dieser Frage von innerparteilichen Spannungen besonders gebeutelte SPD werde im Sicherheitsausschuss des Bundestages »weiter intensiv an diesem Gesetz mitarbeiten«, sagte Ollenhauer, »es jedoch bei seiner endgültigen Lesung ablehnen, da es sich hierbei um ein Ausführungsgesetz zu den Pariser Verträgen handele. Anders die Haltung der SPD in der Frage der Grundgesetzänderung. Diese werde von der Opposition bejaht. Sie wolle damit vermeiden, dass andernfalls das Grundgesetz durch Sondergesetze ausgehöhlt werde.« Die Fraktion lege Wert darauf, dass keine neue Militärgerichtsbarkeit entstehe, keine pauschale Einschränkung der Grundrechte des Soldaten vorgenommen würde und es zur Institutionalisierung eines Wehrbeauftragten des Parlaments komme – alles Hinweise, die es der Regierung, welche die Opposition für die notwendige Grundgesetzänderung gewinnen musste, erleichterten, ihren Kurs bei der Schaffung eines Rechtsrahmens für die Bundeswehr zu finden.

Auf die schwelende Krise in der Regierungskoalition, wo der Kanzler die Freien Demokraten mit Überlegungen zu einer für die FDP – so schien es manchem – tödlichen Wahlrechtsreform auf die Palme getrieben hatte, kam Ollenhauer vor den Spitzengremien seiner Partei ebenfalls zu sprechen. Er sagte, »die Drohung mit dem Wahlgesetz gegen die FDP sei ein ›empörender Verstoß gegen den Geist des Grundgesetzes‹«. Der wegen seiner Impulsivität und Sprunghaftigkeit berüchtigte Thomas Dehler – diesen lästig gewordenen FDP-Vorsitzenden hatte der Kanzler vor allem im Visier – »sei zwar menschlich und politisch ein echter Liberaler, aber wirr. So sehr man die Diskussion über die Dehler-Reden verstehen könne, so hätte Adenauer Grund genug, zunächst gegen die Sonntagsreden seiner Minister vorzugehen. Es sei unzweifelhaft, dass Adenauer darüber bestimmen wolle, wer in Zukunft den Vorsitz der FDP zu führen habe.« Das traf den Nagel auf den Kopf.[27] Die Bemühungen der Freien Demokraten, sich gegen die Attacken des Kanzlers zu behaupten, »würden die volle Unterstützung der SPD finden. (Bei dieser Feststellung wurde Ollenhauer von starkem Beifall unterbrochen.)« Parteivorstand und Parteiausschuss billigten den Rechenschaftsbericht ihres Vorsitzenden einstimmig.

Während Adenauer und Globke die Überlegungen des Oppositionsführers in allen Einzelheiten dargeboten bekamen, wandte sich der designierte BND-Präsident getreu seiner Doppelstrategie an Erich Ollenhauer und übermittelte ihm »die herzlichsten Wünsche« zum Weihnachtsfest und Jahreswechsel: »Das große Verständnis«, schrieb er, »das gerade Sie und Ihre Herren unserer Aufgabe stets entgegengebracht haben, ist für uns Verpflichtung und eine gute Basis für die noch engere Zusammenarbeit in der Zukunft.«[28] Das konkurrenzlos größte Verständnis für die Inlandsspionage des Auslandsnachrichtendienstes zeigte indes Ollenhauers Protegé und enger Mitarbeiter Siegfried Ortloff.

Das Jahr 1955 ging zu Ende. Die Wertschätzung der Organisation Gehlen im Bundeskanzleramt war so hoch wie nie. Nach dem Kabinettsbeschluss vom Sommer hatten inzwischen auch die Vertreter der Bundestagsfraktionen der Schaffung des BND ohne die Fixierung in einem eigenen Gesetz zugestimmt. Der Bundesnachrichtendienst habe die Aufgabe, »ausländische Staatsgeheimnisse auf militärischem, politischem und wirtschaftlichem Gebiet« zu beschaffen und auszuwerten, hieß es. Außerdem werde er wohl auch Gegenspionage betreiben müssen, erläuterte der Bundeskanzler den Vertrauensmännern der Fraktionen.[29] Die Ausspionierung der SPD-Führung erfuhr durch die Umwandlung der Organisation Gehlen in den Bundesnachrichtendienst keinen Abbruch, im Gegenteil, der BND forcierte sie noch einmal beträchtlich. Nach seiner Erhebung zum Auslandsnachrichtendienst der Bundesrepublik Deutschland – man schrieb den 1. April 1956 – erbrachte er seine geheimen Dienste für den Bundeskanzler und CDU-Vorsitzenden eben als Bundesoberbehörde.

»Es besteht eine gewisse Parallelität zwischen Wehner und Stalin«

Während sich der Übergang von der Organisation Gehlen zum BND vollzog, kämpfte die konsequent ausgeforschte SPD-Spitze um die »Überwindung der traditionellen Theorie-Praxis-Spannung und um systemimmanente Ortsbestimmung einer reformistischen Volkspartei«.[30] Das Jahr 1956 sah daher die Fortführung der hin- und hergehenden innerparteilichen Reformdebatte, die Verhärtung im Kampf gegen die Adenauer'sche Außenpolitik und eine breite Diskussion über die Erneuerung der Wirtschafts- und Sozialordnung. Vieles davon war den Medien und der breit gefächerten sozialdemokratischen Parteipresse zu entnehmen. Die persönlichen Gegensätze und innerparteilichen Dramen bei diesem Häutungsversuch und dem Bemühen, das zäh anklebende Image einer »intransigenten Opposition«[31] abzustreifen, waren dem Kanzler und seinem Staatssekretär geläufig, jedoch nirgends derart direkt, erhellend und lebendig zu verfolgen wie in der geheimen innenpolitischen Berichterstattung des frisch gebackenen BND.

Zu Jahresbeginn trat Erich Wollenberg mit einigen Analysen hervor. Eine erste bezog sich auf sein Gespräch mit Irving Brown, einem ausgeprägt antikommunistischen Gewerkschaftsführer aus den USA: »Der wunde Punkt der SPD bleibt Herbert Wehner«, hielt der neuerlich sehr persönlich gefärbte Bericht aus dieser Unterredung fest, den Brown »zwar nicht für einen Agenten Moskaus im primitiven Sinne des Wortes hält, aber von dem er überzeugt ist, dass er innerhalb der SPD und innerhalb der Bundesrepublik *politisch* die Moskauer Linie vertritt: ›Neutralisierung‹ der Bundesrepublik und des ›vereinigten‹ Deutschland. Brown glaubt, dass *auf der politischen Ebene* ein enger Kontakt zwischen Wehner und sowjetischen Stellen besteht, hat aber dafür natürlich keine Beweise. Wehner nimmt an allen internationalen Konferenzen an Seiten Ollenhauers teil, erhält Einblick in alle internationalen Beziehungen der SPD und damit auch der Bundesregierung (insofern die SPD durch ihre Querverbindungen informiert ist). Ollenhauer ist politisch so unsicher und scheint ganz unter dem Einfluss von Wehner zu stehen.« Das wird dem Wehner-Hasser Wollenberg, der das alles ausführlich wiedergab, gut gefallen haben.

Dann kamen zwei weitere SPD-Führungsfiguren an die Reihe: »Heine ist unbedingt antikommunistisch, er ist ehrlich für eine Westorientierung Deutschlands, aber sein Hass gegen Adenauer und die von der CDU/CSU geführte Innenpolitik ist unüberwindbar. Zwischen Heine und Wehner herrscht Todfeindschaft. Wehner hat Heine politisch völlig an die Wand gedrückt, der Einfluss von Heine innerhalb der Parteiführung ist gleich Null.« Das war zwar stark übertrieben, doch in der Tendenz zutreffend. Schon Anfang der fünfziger Jahre hätten sich nach dem Zeugnis der Schumacher-Vertrauten und späteren Bundestagspräsidentin Annemarie Renger die Meinungsverschiedenheiten zwischen den beiden Genossen in einer Vorstandssitzung »um Haaresbreite in eine handgreifliche Auseinandersetzung« entladen. (Wehner selbst räumte später ein, zwischen ihm und Heine habe eine »vergiftete Atmosphäre« geherrscht.[32]) Carlo Schmid, so Brown abschließend, sei zwar »ehrlich ›westlich orientiert‹«, in der Partei aber »ohne jeden politischen Einfluss«.[33]

Bald darauf legte Wollenberg noch einmal gegen Wehner nach, wenn auch mit seinem Vorbericht nicht recht kompatibel.[34] Er habe mit einem alten SPD-Funktionär gesprochen, teilte er mit, der ihm einiges über »die inneren Verhältnisse des Parteivorstandes« offenbart habe. »Der verhängnisvolle Einfluss Wehners auf Ollenhauer und die Parteilinie ist in den letzten Monaten stark zurückgedrängt, wenn nicht ausgeschaltet.« Auf dem jüngsten kleinen Parteitag in Köln habe er keine Rolle mehr gespielt. »Ollenhauer steht nun unter dem Einfluss von Erler und teilweise Carlo Schmid. Daher im großen Ganzen auch die positive Einstellung der SPD zur neuen deutschen Armee und zur Außenpolitik Adenauers«; das war freilich eine kühne Behauptung. »Fritz Heines politischer Einfluss im Parteivorstand ist gleich Null, er wird einfach toleriert, ist aber persönlich sehr unbeliebt. Den Sturz von [Ministerpräsident Karl] Arnold hält meine Quelle für einen schweren politischen Fehler der SPD, die sich in ihrer Innenpolitik ›von Ressentiments und erstarrten Formeln‹ leiten lasse.« Bedenkenswert war das alles durchaus, auch wenn man nach der Wollenberg-Lektüre nicht mehr recht wusste, wer in der SPD-Spitze derzeit der starke Mann und wessen Einfluss dort gerade gleich Null sei.

Erich Wollenbergs SPD-Analysen fanden dankbare Abnahme in Pullach, so auch die Einlassungen in einem Brief älteren Datums.[35] »Ollenhauer«, so hieß es in einem ins Feuilletonistische spielenden Text, »ist *die* brave deutsche Mittelmäßigkeit, persönlich hochachtbar, leidenschaftslos, gewissenhaft, gehört zweifellos nicht zu jenen problematischen Naturen, die – nach Nietzsche – ›Chaos in sich haben oder tanzende Sterne gebären können‹. Wenn zwei Seelen in der Brust der deutschen Mittelmäßigkeit wohnen, so heißt die eine brave Seele ›Ollenhauer‹, die andere ›dämonische‹ hieß und heißt ›Hitler‹. Unsere Zeit ist aber leider nicht brav, sondern recht dämonisch, und das Dämonische arbeitet heute für Moskau.«

Dann kam wieder der arme Fritz Heine an die Reihe: »Wie manche (physisch) kleinen Männer ist er von Minderwertigkeitskomplexen ›überkompensiert‹. Er ist zweifellos überdurchschnittlich intelligent. Aber Heine will eine Persönlichkeit sein, was er eben nicht ist. Er rächt sich an diesem Defekt seiner Natur, indem er um sich herum keine Persönlichkeiten duldet. Heine verzettelt seine Zeit, seine Intelligenz und seine Arbeitskraft in Details, wodurch er den Überblick über das Ganze verliert. Ihm fehlt die göttliche

Gabe der (periodischen) Faulheit, die allen Führernaturen eigen ist. (Hitlers germanische Bärenhautfaulheit und Stalins asiatische Faulheit sind nur Beispiel dafür.) Außerdem möchte Heine gerne ›recht links‹ sein. Dieser ›Linkismus‹ ist aber von ganz anderer Natur als das Linksstehen revolutionärer Tatmenschen. Ein Tatmensch ist Heine schon gar nicht. Daher sucht sein ›Linkismus‹ Anlehnung an ›Linkstendenzen‹. Das kann, seit Schumacher abgetreten ist, gefährlich werden. Natürlich ist sein ›Linkismus‹ rosa gefärbte Limonade und nicht feuriger roter Wein. Aber heute ist Moskau bereit, mit uns auch rosa gefärbte Limonade zu trinken.« Den viel gescholtenen Wilhelm Mellies (in Pullach als ›Melone‹ geführt) vernichtete der KPD-Renegat mit zwei Sätzen: Er sei »eine große Arbeitskraft und wohl noch eine größere Null. Sein Denken ist nicht scharf, sondern spitzfindig.«

Schließlich die übliche Anti-Wehner-Suada, in welcher der ehemalige kommunistische Funktionär seinen ganzen Hass gegen seinen früheren Kampfgenossen ausspie. Wehner, der »ebenso schlau wie unintelligent« sei, habe »objektiv« seine »Visitenkarte im Kreml bereits abgegeben. Diese Tatsache ist wichtiger als alle subjektiven Belange: Hat Wehner ehrlich oder scheinbar mit Moskau gebrochen? Ich nehme sogar an, dass er subjektiv ehrlich mit Moskau gebrochen hat, als Moskau ihn 1942/44 fallen ließ und [den KPD-Landesleiter in Schweden Karl] Mewis, den Schwiegersohn von [Franz] Dahlem, in Skandinavien stützte. Wehner ist ein typischer Möchtegerngroß, er ist gewiss nicht ›von des Gedankens Blässe angekränkelt‹, ideologische Gesichtspunkte spielen bei ihm keine entscheidende, und jedenfalls keine primäre Rolle. Er ist maßlos ehrgeizig und, da weder durch Ideologien noch durch kritische Intelligenz belastet, hat er den Stoff dazu, ein ›Führer‹ zu werden. Es besteht dabei eine gewisse Parallelität zwischen Wehner und Stalin, cum grano salis, versteht sich.« Adenauer interessierte sich für diesen gefährlichen Mann, dem er »tiefstes Misstrauen«[36] entgegenbrachte, stets ganz besonders. Herbert Wehner galt ihm als Paradebeispiel »für gewisse kommunistische Elemente« in der Opposition.[37]

Bald nach dieser Abrechnung Wollenbergs ging im Kanzleramt ein detaillierter Überblick Ortloffs über die jüngste Vorstandssitzung der SPD ein.[38] »Wortführer Wehner« habe erklärt, stand darin zu lesen, »es sei an der Zeit, nunmehr diplomatische und wirtschaftliche Beziehungen zu den Ostblockstaaten aufzunehmen. Darüber hinaus müssten politische Kontakte auch zu den Instanzen der Zone gefunden werden. Nur so könne ein Modus Vivendi für eine Demokratisierung der SBZ und eine spätere Wiedervereinigung gefunden werden. Die vom Parteivorstand als sensationell empfundene Version wurde lediglich von [Heinz] Kühn unterstützt. Die Westemigranten Ollenhauer und Heine lehnten die Forderungen Wehners mit [Erwin] Schoettle und [Waldemar von] Knoeringen auf das Schärfste ab« – Anstreichung am Rande: »Sämtliche Teilnehmer der Sitzung waren sich darüber einig, dass die Forderungen Wehners äußerst explosiv wären und daher unter keinen Umständen bekanntgegeben werden dürften. Sie wurden in den Referentenbesprechungen des Parteivorstandes vom 14. Mai daher auch nicht erwähnt.« Das konnte nur ein Referent wie Siegfried Ortloff wissen und verraten, und zwar noch am Tage der Besprechung selbst.

Eine weitere, ebenfalls mit einem entschiedenen Strich auf dem Rand des Dokuments markierte Information für das Kanzleramt betraf die Wehrpflicht: »Im Parteivorstand herrscht starke Verärgerung über die Empfehlung des SPD-Sicherheitsausschusses für ein Berufsheer, die darüber hinaus auch noch der Öffentlichkeit bekanntgeworden sei. Es wurde beschlossen, diese Thesen noch einer eingehenden Diskussion zu unterziehen, ehe man sie dem Parteitag in München [10.–14.7.1956] vorlegt. Gemeinhin bestand die Ansicht, dass man zu der Formel ›Berufsheer und Miliz‹ kommen werde.« Zum BND sei vom stellvertretenden SPD-Vorsitzenden erklärt worden, er werde bindende Zusicherungen verlangen, »wonach dem Gehlen-Dienst nicht die gleichen Freiheiten eingeräumt werden sollten wie den Geheimdiensten der Amerikaner und Briten in Deutschland. Es sei unmöglich, dass der Gehlen-Dienst etwa zu gleichen Maßnahmen greife wie die alliierten Dienste mit der Einrichtung des Abhörtunnels an der Sektorengrenze in Berlin.«

Das sogleich nachgeschobene geheime Bulletin des BND über die SPD-Vorstandssitzung Ende Juni, das mit nur einem Tag Abstand niedergeschrieben wurde, dürfte im Bundeskanzleramt ebenso willkommen gewesen sein.[39] Der Auslandsnachrichtendienst wusste sogar schon vor der Sitzung, es habe »die Auseinandersetzung zwischen Herbert Wehner und Fritz Heine in der Frage der Ost-Kontakte Ausmaße angenommen, die zu lebhaften Befürchtungen hinsichtlich des bevorstehenden Parteitages in München Anlass gaben.« Dem folgten laut Bericht ähnliche Auseinandersetzungen in der Sitzung selbst, wo die »Kontroverse zwischen Wehner und Heine in scharfer Form erneut ausgetragen« worden sei – im authentischen Protokoll der Partei findet sich darüber so gut wie nichts. »Beide hatten Exposés als Grundlage für die vom Parteivorstand beabsichtigte Resolution ausgearbeitet, die dem Parteitag zur Beschlussfassung vorgelegt werden soll«, meldete der BND. »Bei der Aussprache ergab sich, dass keine Meinungsverschiedenheiten hinsichtlich der vom Parteivorstand zu fordernden Aktivierung der diplomatischen Beziehungen zu Moskau vorhanden sind. Geringfügige Differenzen zeigten sich jedoch, als Wehner auch die Aufnahme diplomatischer Beziehungen zu sämtlichen Satellitenstaaten, einschließlich Rotchinas, forderte. Zu erheblichen Meinungsverschiedenheiten kam es jedoch in der Frage der Kontakte zur DDR. Wehner präsentierte erneut seine Forderung, wonach Gespräche auch mit amtlichen Stellen geführt werden müssten, die vom Ministerrat der DDR hierzu ermächtigt seien. Er verlange allerdings nicht, dass man sich mit Ulbricht oder Pieck an einen Tisch setze. Die Stimmung im Parteivorstand neigte zum Schluss der Aussprache mehr der Auffassung Wehners als der Heines zu. Ein Ausschuss, bestehend aus Wehner, Heine, Eichler soll bis zu der für Montag, den 9. Juli, in München vorgesehenen gemeinsamen Sitzung von Parteiausschuss und Parteivorstand den Versuch unternehmen, die Exposés von Wehner und Heine auf einen Nenner zu bringen.«

Das waren wertvolle Fingerzeige, konnte der Bundeskanzler Adenauer daraus doch entnehmen, wie konfliktentschlossen Herbert Wehner zu Werke ging. Für ihn war in der Deutschlandpolitik nach den Fehlschlägen des Vorjahres inzwischen schlicht ein toter Punkt erreicht. Der Parteitag betonte dann die Vier-Mächte-Zuständigkeit für Gesamtdeutschland und billigte zugleich »die SPD-offizielle Gültigkeit der Wehner-Konzeption vom Ausbau innerdeutscher Verbindungen unterhalb der Anerkennungsschwelle«.[40]

Der SPD-Parteitag in München

Zu dem Mitte Juli 1956 in München stattfindenden Bundesparteitag der SPD, von dem Siegfried Ziegler alle relevanten Dokumente beschaffte,[41] findet sich in der Überlieferung der CDU-Bundesgeschäftsstelle ein umfassendes Dossier von einigem analytischen Tiefgang.[42] Es unterscheidet sich in seiner Form etwas von den gängigen BND-Materialien, dürfte aber aus derselben nachrichtendienstlichen Quelle stammen. Das 18-seitige Memorandum mit umfänglichem Anhang, das wegen seiner Herkunft, die nicht sicher geklärt werden kann, hier nur punktuell wiedergegeben sei, ging zunächst auf »die Situation vor dem Parteitag« und die Vorbereitungen dafür ein. Hauptproblem sei nach wie vor die mangelnde Reformbereitschaft in der Partei, hieß es. Entscheidendes Hindernis sei »das Führungs- und Geführten-Verhältnis in der SPD«, das freilich der »geistigen Struktur« ihrer Mitglieder entspreche. Der beständig hervorgekehrte »Wille zur Macht« sei der »Machtwille einer Partei, die um ihre Existenz kämpft. Die Führung weiß, dass die Partei einen neuerlichen Misserfolg bei den Wahlen kaum ohne Spaltung überstehen würde.«

Der organisatorische Ablauf des Parteitags sei glänzend gewesen, betonte das Memorandum. Inhaltlich habe die in der Sozialdemokratie ungelöste Wehrfrage die Debatte beherrscht, die vom Vorstand mit einer unbestimmten Resolution in der Schwebe gehalten worden sei. Danach habe es praktisch keinen ernstlichen Streitpunkt mehr gegeben. Der Parteitag zwei Jahre zuvor sei Manöverkritik gewesen, die Zusammenkunft in »München sollte einen neuen Manöverplan bringen«. Jetzt befinde sich die SPD nach ihrem eigenen Urteil derart im Aufschwung, »en marche«, dass sie auf eine abschließende Pressekonferenz verzichtet habe, um die positive Berichterstattung, ja die »Hochstimmung« der deutschen Medienvertreter nicht zu trüben. Dem hätten die Wahlen zum Parteivorstand in etwa entsprochen. Heinz Kühn sei durchgefallen, Willy Brandt sehr frostig quittiert worden, »als er in seiner Diskussionsrede als Einziger des gesamten Parteitages von den ›Freunden im Westen‹ sprach. (›Ich sage trotz vieler Meinungsverschiedenheiten absichtlich Freunde im Westen.‹)«

Insgesamt drückte sich nach Ansicht des Informanten in der Zusammensetzung des Vorstands »die starke Machtposition aus, die die SPD-Bundestagsfraktion inzwischen errungen hat. Ollenhauer, Wehner, Erler und von Knoeringen dürften zurzeit die stärksten Figuren in der SPD sein. Sie konnten praktisch alles sagen, ohne Kritik befürchten zu müssen. Erler wird als der kommende Parteiführer angesehen«. Der eindrucksvolle Redner Carlo Schmid habe mehr Stimmen erhalten als zwei Jahre zuvor, »zum zweiten Vorsitzenden wollte man ihn jedoch nicht machen; das hätte Wehner auf den Plan gerufen«. So weit nach rechts habe man nicht gehen wollen.

Die Rede von Erich Ollenhauer sei insofern »opportunistisch« gewesen, befand der Berichterstatter, weil die SPD neue Wählerschichten erschließen müsse, sich alle Koalitionsmöglichkeiten offenhalten und die Dilemmata der deutschen Außenpolitik, namentlich in der Frage der Wiedervereinigung, »demagogisch als ein Versagen der Bundesregierung« brandmarken wolle. Breiten Raum nahm die Befassung mit den Ausführungen von Carlo Schmid und Willy Brandt ein. Von ihnen sei eine Art moderne sozialistische Utopie skizziert worden, die sich vor allem auf die neuen Möglichkeiten von Wissenschaft und Technik gründe. »Öffentliche Gesittung und Demokratie ist allein unter dem Sozialismus möglich«, habe es geheißen, wobei beide hinsichtlich einer künftigen Wirtschaftsordnung allerdings unklar geblieben seien. »Die alte Missionsidee des Marxismus, den technischen Fortschritt mit dem ›sozialen und politischen Fortschritt‹ zu verschmelzen, ist neu belebt.«

Eine gute Ergänzung bot Erich Wollenberg mit einem langen Bericht zu der Unterredung, die er nach dem Parteitag mit dem Kölner Bundestagsabgeordneten Heinz Kühn geführt hatte, einem entschiedenen Parteireformer.[43] Die Position des von Adenauer aufmerksam beobachteten Kühn fasste er so zusammen: »Die entscheidende Frage einer jeden Politik ist die Frage der Macht. Die gesamte Taktik der SPD im kommenden Wahlkampf muss also unter dem Gesichtspunkt der Machteroberung, d.h. der Schaffung eines solchen Kräfteverhältnisses im Bundestag betrachtet werden, das die Übernahme der Bundesregierung durch die SPD ermöglicht. Das Monopol der CDU/CSU wird im kommenden Bundestag zweifellos nicht mehr bestehen, sie wird nicht mehr die absolute Mehrheit der Abgeordnetensitze erhalten [...] Es steht heute schon fest, dass ein mehr oder weniger großer Teil der bisherigen CDU/CSU-Wähler den Glauben an die Unfehlbarkeit Adenauers verloren hat, und die Stärke der CDU/CSU war zum großen Teil der Autorität Adenauers zu verdanken. Jetzt hört man auch in Kreisen der treuesten CDU/CSU-Wähler, dass ›die Sturheit Adenauers‹ zu einem Hemmschuh der deutschen Wiedervereinigung geworden ist und à la longue die Entwicklung der deutschen Industrie und Wirtschaft unerträglich hemmen muss. Die industriellen Kreise sind für freie Beziehungen zum Block der Ostländer. Gerade in diesen Kreisen wird Adenauer Wählerstimmen verlieren. Die große Umwandlung, die in der Sowjetunion sich seit dem Tod Stalins vollzogen hat und die von Adenauer stur geleugnet wird, wird noch wesentlich zum Stimmenverlust der CDU/CSU beitragen. Nach den Neuwahlen wird es zwei Regierungsmöglichkeiten in Deutschland geben: eine von der CDU/CSU geführte Koalition *und* eine von der SPD geführte Koalition. Der Wahlkampf muss folglich unter zwei Gesichtspunkten von der SPD geführt werden: 1. weitmöglichste Stärkung der SPD und 2. weitmöglichste Chance für eine unter der Leitung der SPD stehende Regierungskoalition SPD/BHE/FDP.«

Wollenberg erkannte darüber hinaus feine Unterschiede der Wahlkonzeption im Lager der Reformer: »In dieser *taktischen* Frage«, schrieb er, »unterscheidet sich der Standpunkt Wehners von dem Kühns und seiner näheren Anhänger. Wehner will den Schwerpunkt der heutigen SPD-Politik und ihres Kampfes auf die Voraussetzungen einer Koalitionsregierung unter Führung der SPD legen, Kühn auf die parlamentarische Stärkung der SPD durch Stimmen- und folglich Abgeordnetenzuwachs durch die Wahlen. Daher allein wendet sich Wehner gegen die von Kühn geforderte Verpflichtung der SPD, die Wiederaufrüstung der Bundesrepublik rückgängig zu machen, daher gibt er sich ›rechter‹ als er in Wirklichkeit ist. Zwischen Wehner und ihm (Kühn) bestehen keinerlei ernste prinzipielle Differenzen, im Gegenteil, sie sind sich in allen großen politischen Fragen einig, besonders darüber, dass die Wiedervereinigung Deutschlands nur möglich ist, wenn Westdeutschland den Nato-Block verlässt. Kühn ist – im Gegensatz zu Wehner – der Ansicht, dass die SPD zunächst alles darauf konzentrieren muss, ihre parlamentarische Basis gegenüber der CDU/CSU und gegenüber ihren künftigen Koalitionspartnern zu verstärken. Man dürfe die starken anti-militaristischen und Anti-Nato-Tendenzen im bürgerlichen Lager, einschließlich CDU/CSU, nicht unterschätzen; die kompromisslose anti-militaristische und Anti-Nato-Haltung der SPD würde daher die Sympathien größerer Wählermassen gewinnen, ohne eine kommende Koalition zu gefährden. Mit dem Ausscheiden Adenauers aus der aktiven Politik muss früher oder später gerechnet werden. Dann wird es zur Spaltung der CDU/CSU kommen. Falls nach den Wahlen eine unter SPD-Führung stehende Koalitionsregierung (SPD/BHE/FDP) gebildet wird, würde sich die CDU/CSU auch dann spalten, wenn [sie] Adenauer als Chef der Partei noch nicht ausschaltet. Das würde der SPD ermöglichen, auf die sehr problematische Abhängigkeit von BHE und FDP nicht mehr angewiesen zu sein, sondern ihre Koalitionsregierung auf ein Bündnis mit der linken CDU/CSU, eventuell unter Führung von Arnold, zu stützen.«

Das waren Gedankenspiele einschließlich mancher Fehlprognose, gewiss, aber doch keine ganz realitätsfernen Erwägungen, denn die Umfragewerte für den Bundeskanzler standen in dem schwierigen Jahr 1956 auf einem Tiefpunkt. Das Meinungsforschungsinstitut in Allensbach hatte in der ersten Jahreshälfte einen Rückgang der Zustimmungsrate für den Kanzler von 56 auf 40% ermittelt.[44] In den Landtagswahlen wurde die CDU mehrfach abgestraft.[45] Und dass die beiden kleinen bürgerlichen Parteien, die der Bundeskanzler in die Regierungsverantwortung eingebunden hatte, sehr unsichere Kantonisten waren, wusste niemand besser als Adenauer selbst, der sich beständig mit ihnen herumzuplagen hatte.

Zentrale Quelle für den Meldungsfluss aus der Oppositionspartei in Richtung BND und von dort ins Kanzleramt war und blieb trotz Wollenberg und anderer Quellen der Sekretär beim SPD-Vorstand, Siegfried Ortloff. Sieben Hinweise erreichten das Kanzleramt in der üblich gewordenen standardisierten Form allein in den letzten vier Wochen des Jahres 1956. Zunächst wurde die überraschende Erklärung Dehlers unter die Lupe genommen, die FDP sei trotz ihres schweren Zerwürfnisses mit dem Kanzler weiterhin dazu bereit, mit der Union zu koalieren, sofern ihr das Außenministerium zugesprochen werde. Der Parteivorstand der SPD, erfuhr Globke, sei »vorerst noch geneigt, die Äußerung Dehlers über eine mögliche Koalition unter Adenauer als eine der üblichen Entgleisungen Dehlers anzusehen«.[46] Er genieße persönlich zwar immer noch Sympathien, werde aber vom Vorstand »politisch weniger ernst genommen denn je. Man würde es bedauern, wenn ihn die sich in letzter Zeit häufenden Unbedachtsamkeiten um den Parteivorsitz bringen würden. Andererseits sähe man darin einen weiteren Stabilisierungsfaktor in Richtung auf ein künftiges Zusammengehen mit der FDP im Bund.« Umfragen zeigten zudem, dass die SPD-Wählerschaft ein sozialliberales Bündnis einer Großen Koalition mit der Union vorziehe. Favorit als Bundeskanzler wäre Carlo Schmid. Trotzdem sei das ein unwahrscheinliches Szenario.

Das ergebe sich »zwangsläufig aus dem hierarchischen Denken im Parteivorstand. Entscheidend werde, so betont man, die Frage sein, ob Wehner oder Eichler dann Aussicht hätten, Staatssekretär im Bundeskanzleramt zu werden. Man gibt offen zu, dass die Führung der Regierungsgeschäfte mehr in der Hand dieses Staatssekretärs als eines Bundeskanzlers Ollenhauer liegen würde.«

Der mit reichlich Anstreichungen des aufmerksamen Lesers im Bundeskanzleramt versehene Bericht fuhr fort, hinsichtlich des wirtschaftspolitischen Kurses einer SPD/FDP-Koalition »sollen klärende Gespräche in der Weihnachtspause zwischen Delegationen beider Parteien stattfinden, die unter Führung von Professor [Heinrich] Deist und [Walter] Scheel stehen werden. Man betont, dass ähnliche Gespräche mit der CDU [geführt] werden könnten, falls diese in der Lage sei, akzeptable Gesprächspartner anzubieten. Das Wahlergebnis in Rheinland-Pfalz wird als neuerlicher Beweis dafür beurteilt, dass der Sieg der SPD gegen die CDU trotz [des Volksaufstands in] Ungarn nicht aufzuhalten sein werde.« Der Kanzleramtschef wird die These von der Unausweichlichkeit eines sozialdemokratischen Wahltriumphes kaum geteilt haben, doch war in den Unionsparteien durchaus Besorgnis verbreitet, der betagte Kanzler könnte bei der Bundestagswahl im kommenden Jahr vielleicht nicht mehr dieselbe Zugkraft entfalten wie beim letzten Urnengang 1953.

Für die Unionsspitze und das Kanzleramt war es daher umso bedeutsamer zu erfahren, wie die Sozialdemokraten ihren Wahlkampf anzulegen gedachten. Hier begann der BND bereits Ende 1956, als die SPD die CDU/CSU in Wählerumfragen erstmals überflügelt hatte, Adenauer und Globke umfassenden Einblick zu geben. Neben der politischen Bilanz, der Programmatik und den verfügbaren Mitteln würde es auch 1957 auf die Wahlkampfführung ankommen, die wegen des redlichen, aber von jeglichem Charisma unberührten Spitzenkandidaten Erich Ollenhauer kein einfaches Stück Arbeit sein würde.

Maßgeblicher Wahlstratege in der SPD-Zentrale war Presse-

und Propagandachef Fritz Heine, der allerdings bereits nach der zweiten Bundestagswahl wegen seines traditionellen Verständnisses von Wahlwerbung in die Kritik geraten war. »Entgegen der Erwartungen des Parteivorstandes ist Heine nur wenig beeindruckt von seinem Studium der amerikanischen Wahlkampagne zurückgekehrt«, erfuhr man im Kanzleramt und in der CDU-Zentrale.[47] »Er habe, so sagte er, die Überzeugung gewonnen, dass nur sehr weniges von der amerikanischen Propagandatechnik übernommen werden könne. Er fühle sich im Übrigen hierin von der in letzter Zeit immer wieder festgestellten Haltung der Bezirke bestärkt, die eine allzu starke Modernisierung der Werbung ablehnten. Die amerikanische und die deutsche Mentalität seien zu verschiedenartig, um die gleichen werbepsychologischen Maßstäbe anzulegen.« Wie vielen anderen fehlte Heine das ausreichende, für seine Schlüsselstellung jedoch unbedingt erforderliche Gespür für die rapide gesellschaftliche Modernisierung und Verwestlichung, welche die bundesrepublikanische Gesellschaft inzwischen erfasst hatte.

Die SPD war im Hinblick auf die Bundestagswahl optimistisch, ein Wermutstropfen war freilich der Ausfall des populären Bundestagsvizepräsidenten Carlo Schmid, über dessen Erkrankung der BND eingehend berichtete.[48] Schmid werde für den Bundestagswahlkampf ebenso wenig zur Verfügung stehen »wie für eine mögliche Regierungsbildung nach 1957«, hieß es. Der Parteivorstand erwäge daher, die »gegenüber der intellektuell eingestellten Wählerschaft« entstandene Lücke mit dem brillanten bayerischen Landesvorsitzenden Waldemar von Knoeringen zu füllen. Er sei im Übrigen wie Schmid »ein eingeschworener Verfechter der Großen Koalition«. In dieser Frage bestehe eine große Differenz zwischen Vorstand und Fraktion, die wegen der Führungskrise der FDP nun wieder stärker zur CDU hinneige. Gleichwohl begrüße man die Übernahme des Parteivorsitzes bei der FDP durch den früheren baden-württembergischen Ministerpräsidenten Reinhold Maier, der sich als politisches Zünglein an der Waage vermutlich geschickter verhalten werde als der abgewählte Thomas Dehler.

DAS ADENAUER-JAHR 1957

Ein ungleiches Rennen

Der Bundeskanzler und CDU-Vorsitzende Konrad Adenauer stimmte seine Mitstreiter im Parteivorstand schon Mitte der zweiten Legislaturperiode auf die kommende Bundestagswahl ein: »Die Wahl des Jahres 1957 ist genauso wichtig, wie es die Wahl des Jahres 1953 gewesen ist«, sagte er: »Sollte das Ergebnis der Wahl im Jahre 1957 so sein, dass die Sozialdemokratie die Führung der Regierungsgeschäfte mit irgendeiner Koalition zusammen übernehmen wird, dann wird – glauben Sie es mir – in verhältnismäßig kurzer Zeit alles das, was wir auf außenpolitischem Gebiet an Vertrauen und Geltung in der Welt erreicht haben, verwirtschaftet sein. Und wenn das verwirtschaftet ist, dann wird es auch unserer Wirtschaft miserabel gehen; denn unsere Wirtschaft ist auf das Vertrauen des Auslandes angewiesen. Das aber darf nicht kommen. Ich denke dabei in erster Linie an das deutsche Volk und nicht in erster Linie an unsere Partei.«[49] Den »Untergang Deutschlands« bei einer sozialdemokratischen Regierungsübernahme zu beschwören, gehörte seit langem zu Adenauers Aufstachelungsrhetorik.

CDU/CSU und SPD traten beide mit dem entschiedenen Willen in das neue Jahr ein, alle Register zu ziehen, um im September ihre Position unbedingt zu behaupten respektive das Blatt endlich zu wenden. Trotz ermutigender Umfragewerte würde das für die Sozialdemokratie wohl auch diesmal kein Spaziergang sein. Der Bundeskanzler konnte am Ende der zweiten Legislaturperiode auf schlecht bestreitbare innen- und außenpolitische Erfolge verweisen, vor allem auf die wiedererlangte wirtschaftliche Prosperität und staatliche Souveränität des Landes. Das offene Geheimnis seiner einfachen Strategie lautete daher genauso wie vier Jahre zuvor: »Demonstration der Erfolge, Verketzerung und Verleumdung des Gegners im Wahlkampf«.[50] Entsprechend massiv ging die Union unter der Führung ihres »demagogischen Patriarchen« (Rudolf Augstein)[51] zu Werke. Umso entscheidender würden die innenpolitischen Informationen des BND über die politische Strategie und die praktischen Wahlkampfvorbereitungen ihres sozialdemokratischen Gegners sein.

Der erste Bericht traf bereits Ende 1956 ein, eine zusammenfassende Orientierung zur Sitzung des Werbe- und Propagandaausschusses der SPD.[52] Hier beriet man die Pläne von Fritz Heine zur Zusammensetzung eines Steuerungsgremiums, das etwa zwei Dutzend Mitglieder haben und aus Vertretern des Vorstands, der Fraktion und den Bezirken sowie aus »Werbeberatern, Graphikern, Verlegern, Journalisten, Meinungsforschern und Psychologen« bestehen sollte. Heine präsentierte dann die ganze Palette der geplanten, hunderttausendfach aufzulegenden Werbematerialien. Die »Broschüre ›Stalins Verbrechen‹«, das »Landprogramm der SPD« oder die Wahlzeitung »Deine Gemeinde« gehörten ebenso dazu wie ein Flugblatt für Rentnerinnen und Rentner oder eine Bildpostkarte mit dem Porträt von Erich Ollenhauer.

Dann folgte eine genaue Übersicht zum Mitteleinsatz: »Die SPD wandte 1953 rund 1034000 DM für den Bundestagswahlkampf auf. Für 1957 stehen 1200000 DM zur Verfügung, die zentral vom Parteivorstand verplant werden können. Weitere eine Million DM sollen die Verbände in eigener Regie im Wahlkampf anlegen. Demgegenüber schätzt der Parteivorstand das Aufkommen der Fördergesellschaften für den Wahlkampf auf rund 80 Millionen DM, die zum allergrößten Teil der CDU zufließen werden.« Hinzu kämen noch Sondermittel der Bundesregierung und die Beträge aus einem Reptilienfonds Adenauers, über den die wildesten Mutmaßungen kursierten.

Dann kamen BND-Informationen zu den 16 Einzelpunkten der geplanten Maßnahmen, die jeweils mit den zu erwartenden Kosten unterlegt waren. Die höchste Summe, 200000 DM, war für die Herstellung von Wahlkampfzeitungen vorgesehen; für technische Geräte setzte man 150000 DM an, für die Herstellung von Wahlplakaten 140000 DM; Flugzeugpropaganda, wofür die CDU 40 Flugzeuge einsetzen wolle, komme für die SPD nicht in

Frage. In kleineren Orten sollten die »Plakatanschlagkosten« dadurch eingespart werden, »dass die Parteimitglieder aufgefordert werden, die Plakate in ihre Wohnungsfenster zu hängen«. Das las sich alles recht armselig. Die in Aussicht gestellten Parolen dürften die CDU-Zentrale ebenfalls nicht in Unruhe versetzt haben: »Sicherheit mit Ollenhauer«, »Deutsche Einheit mit Ollenhauer«, »Finanzpolitisches Plakat: Silberne DM auf schwarzem Grund. Slogan: Sie muss wieder mehr wert sein«. Drei Paare unterschiedlichen Alters sollten mit der Botschaft hervortreten: »Wir wählen Sozialdemokraten«, »Nicht den Omnibus verpassen«, »Nie wieder Kommiss«.

Bald darauf ging bei Globke der Ortloff-Bericht über eine SPD-Vorstandssitzung ein, die sich ebenfalls mit der Wahlkampfvorbereitung und damit befasst hatte, was der Parteiführung an Informationen über die Pläne der konservativen Konkurrenz vorlag.[53] »Ollenhauer analysierte eingangs die Wahlchancen, die er nach wie vor als gut bezeichnete«, erfuhr der Staatssekretär. Soziale Themen halte der Parteichef für den wichtigsten Agitationspunkt. Die Frage laute allerdings, ob man als Opposition damit punkten könne, nachdem die Regierung – mit Unterstützung der SPD – soeben die große Sozialreform mit ihrem Kernstück der dynamischen Rente auf den Weg gebracht habe. Die Planer hielten fest, dass »Wahlversammlungen zwar relativ wirkungslos seien, jedoch durchgeführt werden müssten, um das Selbstvertrauen der Funktionäre im Lande zu stärken«. Einigkeit bestand darüber, dass vor allem um die »labilen Wähler« zu werben sei. Die Propaganda müsse sich auf »vier Themen beschränken: Preise, Löhne, Wiedervereinigung, Frieden. Leitmotiv: SPD schafft Sicherheit (außenpolitisch-sozialpolitisch), Konzentration auf die Herausstellung der eigenen positiven Forderungen und Leistungen, so wenig Polemik als möglich, und wenn, dann nur als Antwort und hier ausschließlich Beschränkung auf CDU/CSU. FDP- und BHE-Propaganda nicht beachten.«

Noch wichtiger, als die Zuversicht der SPD neuerlich bestätigt zu bekommen, war für die Wahlkampfleitung der Union zu erfahren, welche Informationen den Sozialdemokraten über die Unionsstrategie vorlagen. »Haupttendenzen der CDU« lautete der Tagesordnungspunkt dazu. Insgesamt bereite die Union eine regelrechte Materialschlacht vor: »80 Propaganda-Wagen, Flugzeugpropaganda, neuer Adenauer-Film, Film über Aufstieg der Bundesrepublik, CDU-Parteiwerbefilm, tendenziöse Spielfilme [...] Stärkste Einschaltung des Bundespresseamtes (Reptilienfonds). Intensive Pressearbeit auf dem Sektor der Generalanzeiger und Heimatpresse (public-relation-parties), Verleumdungsaktionen, vor allem auf Wehner konzentriert.« Letzterer Hinweis war am Rande des Berichts ebenso angestrichen wie die Schätzung des SPD-Parteivorstands, die CDU könne »sicher mit 80 Millionen rechnen«. Das war eine ziemlich genaue Vorahnung dessen, was die SPD in den kommenden Monaten zu erwarten hatte.

Der Union gehe es darum, befand der Vorstand schließlich, den Angstkomplex in der Bevölkerung zu verstärken und Adenauer als denjenigen herauszustellen, der die »Gefahr aus dem Osten« bannen könne. »Die Sicherheitsthese soll hinsichtlich der Wehrpflicht noch insofern abgestützt werden, als darauf hingewiesen werden kann, dass die Wehrpflicht das Halbstarken-Problem beseitige.« Verbreitete Jugendkrawalle hielten die Öffentlichkeit gerade in Atem. Weiter hieß es: »Generalnenner der CDU-Propaganda gegen SPD: SPD hilft dem Bolschewismus.« Hinzu kämen dann noch die Herausstreichung politischer Erfolge (Wirtschaftswunder, Westbindung, Rückgliederung des Saarlands) und eine Fülle von Zukunftsversprechen. »Psychologische Propagandaerkenntnis: Adenauer zieht immer noch mehr als er belastet«.

1957 habe der Wahleinsatz der Unionsparteien den der Sozialdemokraten tatsächlich um »ein Vielfaches« überstiegen, resümiert der Historiker Frank Bösch, finanziell mindestens um das Dreifache.[54] Wahlentscheidend war das freilich alles nicht: »Vor der Erfolgsbilanz der Außen-, Wirtschafts- und Sozialpolitik wurde der Wähler vor die einfache Frage gestellt, ob er von der Adenauer-Regierung weiter regiert zu werden wünsche oder aber von Parteien, deren Kurs nicht deutlich war«, bemerkt Hans-Peter Schwarz zu Recht.[55]

Wie sollten die von massiven inneren Spannungen in Atem gehaltenen und von einem redlichen, aber blassen Kandidaten repräsentierten Sozialdemokraten gegen einen in schwieriger Zeit seit zwei Legislaturperioden regierenden, mittlerweile über die Grenzen der Bundesrepublik hinaus geachteten und obendrein volkstümlichen Patriarchen ankommen, der sich bei der Bekämpfung seines politischen Gegners einerseits ruchloser Methoden bediente – die Ausforschung der SPD-Spitze durch den BND war dabei die eklatanteste Grenzüberschreitung – und sich andererseits mit dem Versprechen »Keine Experimente!« als Garant umfassender Sekurität präsentierte? So einfach diese Frage im Rückblick zu beantworten ist, für die wahlkämpfende Adenauer-CDU war es neben anderen Vorteilen auch der breite Strom nachrichtendienstlicher Einzelinformationen, aus denen sich ein präzises Lagebild zur gegnerischen SPD zusammenfügen ließ und das sie sich im Wahlkampf zunutze machen konnte.

Wahlkampfhelfer BND

Im Januar 1957 begann die SPD-Führung die Weichen für ihren Wahlkongress in der Dortmunder Westfalenhalle zu stellen. Der dreitägigen Sitzung von Parteivorstand, Parteiausschuss und Kontrollkommission Ende des Monats war neuerlich eine Sitzung des Werbeausschusses vorgeschaltet. Aus beiden Beratungen erstattete BND-Agent Siegfried Ortloff dem Kanzleramt auf beinahe zehn Schreibmaschinenseiten umgehend Bericht. Im Werbeausschuss habe Fritz Heine zunächst praktische Fragen angeschnitten, und er listete auf zwei Seiten gleich alles auf, was die SPD-Zentrale für ihre Untergliederungen im Angebot hatte (»Puppenfilm nach amerikanischem Muster«, »Leuchtschrift-Text-Plakate«, »Frauenflugblatt«, usw.).

Was sich an »CDU-Wahlkampf-Plänen« abzeichnete, habe Heine laut Orloff so zusammengefasst: »Hauptangriff auf politischen Flugsand, den CDU mit 40 v.H. der Wählerschaft beziffere; weniger Argumente als Atmosphäre (Beispiel: Plakat 3 Bundeswehrsoldaten stemmen sich gegen die rote Flut – Unterschrift ›Wir schützen Euch‹), Gegensätze gegenüber der SPD scharf überbetonen; langer und äußerst harter Wahlkampf; [Otto] Lenz: Appell an Sicherheit, Ruhebedürfnis und Einzelegoismus, SPD ist Störenfried, da gegen Nato und wirtschaftliche Stabilität, keine sozialistischen Experimente.« Ein Teil des Wahlkampfs werde von Hilfs- und Tarnorganisationen, Unternehmern und Persönlichkeiten des öffentlichen Lebens finanziert. Insgesamt habe die CDU, die tatsächlich viel größeren finanziellen Spielraum hatte, bereits an die 60 Millionen DM in ihrem Wahlfonds.

»Lange Debatte im Werbeausschuss über die Anlage SPD-Wahlkampf«, fuhr die umfängliche Information fort: »Feststellung, dass sämtliche Vorbereitungen auf einen Wahlkampf der positiven Argumente ausgerichtet seien. Außerdem sei die SPD längst keine demagogische Partei mehr. Eine Umstellung auf stärkere Aggressivität gegenüber der CDU würde unendliche finanzielle Mittel erfordern, die zum größten Teil bereits in den laufenden Vorbereitungen fest investiert seien. Der Ausschuss kritisierte Heine, dass er die Notwendigkeit, in der Propaganda aggressiver gegen die CDU zu sein, überhaupt nicht eingeplant habe. Der Ausschuss forderte wenigstens einige Schwerpunktangriffe und deren sofortige Vorbereitung. Heine warnte erneut vor politischem Übernehmen.«[56] In dieser Kontroverse kündigte sich bereits das Scherbengericht an, das über Fritz Heine und die Wahlkampfführung des Parteivorstands nach den Wahlen hereinbrechen sollte. In der Unionsspitze wurden die Mitteilungen des BND genau registriert. Adenauer, der selbst kleinsten Details des Wahlkampfs seine Aufmerksamkeit zu schenken pflegte, hatte dieses Papier, wie seine Bearbeitungsspuren zeigen, genau studiert.

Die entscheidenden Informationen, die er dann auch nutzte, erhielt Adenauer jedoch in dem Bericht Ortloffs über die dreitägige Sitzung der Partei-Spitzengremien in Dortmund.[57] In der Sitzung des CDU-Bundesvorstands am 7. Februar 1957 setzte der Kanzler den Bericht gezielt ein. Nachdem er seine Parteifreunde mit den wichtigsten Ergebnissen der SPD-Beratungen vertraut gemacht hatte, sagte er laut Protokoll: »Ich muss mit Vorsicht verlesen, damit nicht die Quelle verraten wird. Das werden Sie verstehen.«[58] Nicht immer war Adenauer so unvorsichtig, im Kreise seiner Parteifreunde fühlte er sich jedoch frei genug, die BND-Informationen zum Besten zu geben.

Der CDU-Chef fasste diese Erkenntnisse vor dem Gremium folgendermaßen zusammen: »Ich komme zurück zur Unterhaltung der Sozialdemokraten hinsichtlich des Wahlkampfes. Sie wollen an die Spitze stellen die innenpolitischen Probleme, insbesondere Preise und Löhne. Sie wollen, auch wenn die CDU sich bemüht, anders zu verfahren, die Außenpolitik möglichst zurückstellen. Dass für uns die Preise und Löhne eine große Bedeutung haben, ist ganz klar. Vielleicht werden die Herren Kollegen Erhard [Bundeswirtschaftsminister] und Lübke [Bundesminister für Ernährung, Landwirtschaft und Forsten] im Laufe der Debatte etwas dazu sagen. Dass die Außenpolitik, die das Ganze doch trägt, von der fundamentalsten Bedeutung ist, das ist auch klar. Dass wir da der Sozialdemokratie keinen Pardon geben können, ist wohl auch klar.«

Der von Adenauer referierte BND-Bericht aus den Beratungen der SPD-Spitzengremien fuhr fort: »In der Bundestagssitzung vom 31. Januar 1957 bzw. 1. Februar 1957 werde die CDU bemüht sein, die SPD in die Defensive zu drängen. Die SPD müsse daher hier eigene Vorstellungen offensiv entwickeln und bis zur Bundestagswahl durchhalten.« Der Kanzler wiederholte dies mehr oder weniger wörtlich und kommentierte: »Die SPD sagt weiter: ›In der Bundestagssitzung vom 31. Januar und 1. Februar werde die CDU bemüht sein, die SPD in die Defensive zu drängen.‹ Das ist ihr auch gelungen. ›Die SPD müsse ihre eigenen Vorstellungen offensiv entwickeln und bis zur Bundestagswahl durchhalten.‹ Das ist ihr nicht gelungen. Nichts war von eigenen Vorstellungen zu hören.«

Wiederholt las der Regierungschef dann noch Wort für Wort aus der Meldung seines Auslandsnachrichtendienstes vom 30. Januar vor, die er kurzerhand in die Vorstandssitzung der CDU mitgenommen hatte. Die verlesene Passage stimmt in beiden Dokumenten überein: »Die anglo-französische Europapolitik sei von antiamerikanischen Ressentiments getragen. Obgleich die SPD immer gegen die Amerikanisierung Europas eingetreten sei, werde sie sich einem antiamerikanischen Komplex in den Beziehungen der Westeuropäischen Union zu den USA widersetzen.« Das amüsierte den CDU-Chef: »Das ist geradezu ›herrlich‹«, rief er seinen Vorstandskollegen zu: »Wenn einer so etwas vor vier Jahren gesagt hätte, würde man ihn ausgelacht haben, dass sie, ausgerechnet die Sozialdemokratie, bei uns zum Schutze Amerikas eintrete gegenüber unseren antiamerikanischen Absichten. Gestern hörte ich vom Kollegen Krone, dass man in Amerika davon spricht, es scheine fast, als ob der deutsche Wahlkampf auf amerikanischem Boden ausgetragen werde.« Einen wirklichen Trumpf hatte die SPD mit ihren Überlegungen in der Tat nicht in Händen, nicht nur nicht, weil der Bundeskanzler in den Vereinigten Staaten hofiert und als Garant der neuen deutsch-amerikanischen Partnerschaft gefeiert wurde. Die SPD war mit ihrem Widerstand gegen die Westintegration und deren unvermeidliche Konsequenzen mittlerweile vollständig ins Abseits geraten.

Adenauer, der die Wahlkampfvorbereitungen seiner Gegner stets genauestens zu verfolgen pflegte, trug noch weitere fast wortgleiche Passagen vor: »›Die beiden wehrpolitischen [BND-Bericht: großen außen- und wehrpolitischen] Blöcke befinden sich in zunehmender Auflösung. Die militärische Blockpolitik der Bundesregierung nützt daher nicht der deutschen, sondern nur der Sicherheit der anderen [BND-Bericht: nur ihrer eigenen Sicherheit]. Einziger Ausweg: umfassendes Sicherheitssystem unter Einschluss des wiedervereinigten Deutschlands.‹ Das kennen wir alle«, so der CDU-Vorsitzende. »Wir werden uns noch gesondert darüber unterhalten, wenn wir das Material bekommen. Jetzt kommt ein wunderbarer Satz. Deshalb lese ich ihn vor: ›Die Deutschlandfrage vor die UNO bringen bedeutet, neue moralische Kritik an Moskau ausüben [BND-Bericht: auslösen].‹ Das ist auch ›wundervoll‹, um Gottes Willen keine moralische Kritik an Moskau üben. Das andere sind Einzelheiten.«

Schließlich gab Konrad Adenauer seinen Parteifreunden noch Ollenhauers Hinweise auf die Sondierungen zwischen der SPD und den Freien Demokraten wieder: »Offenbar haben verschiedene Gespräche mit Herren von der FDP stattgefunden, und zwar mit Herren, die die Koalition mit der SPD wollen. Es wird gesagt, es gäbe aber auch Leute da, die nicht dafür seien. Daher: ›Beibehaltung der Erklärungen des Münchener Parteitages, wonach die SPD jede Partei unterstützen wird, die gegen Adenauer auftritt.‹ Ich hätte nie in meinem Leben daran gedacht, dass ich jemals eine solche Wahlfigur sein würde. Jede Partei wird unterstützt, die gegen mich ist!« Es folgten weitere Zitate und schließlich die eingangs zitierte Schlussbemerkung des Vorsitzenden, er müsse aus Gründen des Quellenschutzes vorsichtig sein mit dem Verlesen von Zitaten aus geheimen Berichten.

Dem Bundeskanzler erschienen nicht sämtliche Positionen Ollenhauers zitierenswert, etwa dass der SPD-Chef gesagt hatte: »Der Stalinismus ist nach der Gomulka-Wahl [zum Parteichef der Polnischen Vereinigten Arbeiterpartei im Herbst 1956] praktisch tot«, einige starke Worte Chruschtschows änderten daran nichts. Dann hatte der Sozialdemokrat gemeint, den Rahmen der Westverträge werde man nicht einfach verlassen können. Diese »seien zunächst rechtens. Auch eine SPD-Regierung müsste sie erfüllen, jedoch Revision im Rahmen der gegebenen Vertragsmöglichkeiten anstreben.«

Ein weiteres Dilemma ergab sich laut Ollenhauer bei der Wehrpolitik, zumal einer demokratieverträglichen: »Wehrpflicht wird bei SPD-Wahlsieg abgeschafft. Berufsheer erfüllt Nato-Verpflichtungen. Zur Frage des Berufsheeres soll jedoch auf keinen Fall eine Zahlenangabe über die notwendige Stärke einer solchen Armee gemacht werden. (Hier ergibt sich eine Möglichkeit, die SPD festzulegen und in die Defensive zu drängen). CDU werde den Sicherheitsfaktor propagandistisch sehr stark herausstellen und damit einer tatsächlich im Volk vorhandenen Grundstimmung entgegenkommen.«

Es überrascht nicht, dass ein Absatz in dieser ausführlichen Kanzler-Orientierung über die Meinungsbildung im SPD-Parteivorstand durch Anstreichungen von höchster Stelle besonders herausgehoben wurde. »Sachlicher Wahlkampf notwendig! Positive Forderungen und Leistungen der SPD herausstellen!«, erfuhr der CDU-Vorsitzende zunächst, bevor ihm sein Auslandsnachrichtendienst einen noch tieferen Blick in das sozialdemokratische Nähkästchen gewährte: »Vor der Wahl: Einrichtung eines Berliner Büros zur Vorbereitung der Übersiedlung des Parteivorstands. Dieser Beschluss ist rein taktischer Natur. Er entstand aus dem Augenblick heraus und entsprang dem dringenden Wunsch der Berliner. Bis heute ist man sich nicht einmal klar darüber, welche Aufgaben das Büro haben soll. Aus optischen Gründen soll mit der Leitung des Büros ein westdeutscher Sozialdemokrat beauftragt werden.«

In der Diskussion des Ollenhauer-Referats, erläuterte der BND weiter, sei besonders der nordrhein-westfälische Bundestagsabgeordnete Heinz Kühn »für feste Abmachungen mit junger Führungsschicht der FDP« eingetreten. Der SPD-Chef sagte zu, er werde Kontakt zum FDP-Vorsitzenden Reinhold Maier aufnehmen, falls dieser seine Bereitschaft dazu erkennen lasse. (Diese Kontakte wurden dann ebenfalls ein nachrichtendienstliches Aufklärungsziel des BND.[59])

Abschließend referierte die umfängliche Kanzler-Orientierung eine Stellungnahme des stets unter besonderer Beobachtung stehenden Herbert Wehner. Der habe sich dagegen ausgesprochen, »dass die Kriegsdienstverweigerung zu einem zentralen Punkt des Wahlprogramms gemacht werde. Es handele sich um ein menschliches Problem, dem man mit Sympathie entgegentreten müsse. Die Kriegsdienstverweigerer sollten den Schutz der Partei genießen.«

Reinhard Gehlens Top-Agent in der SPD-Spitze blieb dem SPD-Vorsitzenden auch auf den Fersen, als er einige Tage später vor sozialdemokratischen Chefredakteuren sprach.[60] Vom linken Flügel sei keinerlei Einwirkung in Richtung einer möglichen Großen Koalition zu erwarten, hieß es, Ollenhauer hoffe aber, dass die FDP bei entsprechenden Ergebnissen zu einem Bündnis bereit sei. Propagandistisch solle man sich derzeit ganz auf »die Ablehnung von Euratom und gemeinsamem Markt« konzentrieren. (Die Verträge darüber wurden einige Wochen später von den sechs Signatarstaaten unterzeichnet.) Die Rentenreform werde »als Wahlgeschenk« leider ausschließlich der Union zugutekommen. »Die SPD-Parole ›Sicherheit für alle‹ ist bei der CDU und vor allem bei Dr. [Otto] Lenz mit Entrüstung aufgenommen worden. Lenz behauptet, die SPD habe diese Parole der CDU ›gestohlen‹.« Das sei seiner, Ollenhauers, Auffassung nach aber nur »ein Beweis dafür, wie zugkräftig die Parole sei. Sie werde unter allen Umständen im Wahlkampf durchgehalten werden«. Eine Kampagne der CDU zur Mitgliederwerbung sei nach seinen Informationen »total zusammengebrochen«. 300 000 neue Mitglieder habe man gewinnen wollen, 8000 seien es am Ende gewesen. Ein eingehenderes Briefing zur Gegenpartei konnte sich ein Wahlkämpfer nicht wünschen.

Während die Beziehungen zwischen Siegfried Ziegler und Siegfried Ortloff mittlerweile so eng geworden waren, dass sie miteinander verkehrten, als seien sie Kollegen in derselben Behörde, hatte Ziegler seine anfängliche Immediatstellung bei Gehlen schon seit Längerem eingebüßt. Erst im März 1957 wandte er sich wieder einmal persönlich an den BND-Präsidenten.[61] Zunächst konnte er mitteilen, dass sich die Zusammenarbeit mit dem SPD-Ostbüro sehr gut entwickle und Ortloff ihm aus dessen Fundus »16 militärische Mitteilungen« überlassen habe. Aus der Innenministerkonferenz vier Tage zuvor, über die er von seinem Freund in der SPD-Zentrale ebenfalls wichtige Dinge erfahren habe, wolle er dem »Doktor« gerne mündlich Vortrag halten.

Das war nicht mehr so einfach wie früher, denn Gehlen entzog sich inzwischen dem Tagesgeschäft bei der Ausforschung der SPD-Spitze und vermied aus Vorsicht immer entschiedener den persönlich-operativen Kontakt zu Siegfried Ziegler. Er begann seinen Stellvertreter Hans-Heinrich Worgitzky dazwischenzuschalten, ohne deswegen jedoch die Regie der Geheimoperation gegen die Sozialdemokratie aus der Hand zu geben. Seinen nächsten Bericht über ein Treffen mit Ortloff leitete Ziegler denn auch nolens volens an Gehlen *oder* Worgitzky.[62] Damit hatte er seinen Chef als unmittelbaren Ansprechpartner verloren.

Der zu einem offenen Buch gemachte SPD-Vorstand war zu keiner Zeit in der Lage, der gegen ihn gerichteten Unternehmung auf die Spur zu kommen, ein unbestimmtes Gefühl, womöglich Opfer von Geheimnisverrat zu sein, beschlich die sozialdemokratischen Spitzenfunktionäre jedoch gelegentlich immer wieder einmal. Fritz Heine etwa warnte die Bezirkssekretäre im Frühjahr 1957 vor einer möglichen Ausspähung. Man stelle in letzter Zeit in verstärktem Maße fest, schrieb er, dass gewisse Informationen »in gegnerischen Publikationen erscheinen«; teilweise gingen sie auf seine eigenen Rundschreiben an die Bezirkssekretariate zurück. »Es wird schwer möglich sein, festzustellen, wo das Loch ist, durch das die Mitteilungen außerhalb unseres Kreises gelangen«, fuhr das Vorstandsmitglied fort und appellierte an seine Parteifreunde: »Ich wäre sehr dankbar, wenn Du persönlich den Versuch machen würdest, alles zu tun, was in Deinen Kräften steht, um mögliche Indiskretionen zu vermeiden.« Auf der Empfängerliste der 32 Genossen in der SPD-Zentrale, die dies dringliche Rundschreiben zur Kenntnis erhielten, stand auch der Name von Siegfried Ortloff.[63]

Ein gesteigertes Interesse der politischen Inlandsspionage des BND wie des Bundeskanzlers galt dem immer stärker in den Vordergrund tretenden Herbert Wehner, einem »unlösbaren Rätsel«, wie Gehlen später einmal schrieb.[64] Seine Aufklärungsbemühungen schlugen sich in einer Fülle von Hinweisen für das Bundeskanzleramt nieder, namentlich Erich Wollenberg goss ständig Öl ins Feuer. Wehner war wegen seiner herausgehobenen Rolle in der Vorkriegs-KPD und seines Moskauer Exils natürlich auch ohne diese nachrichtendienstliche Verstärkung bei einem Teil der Bevölkerung und namentlich der Union ein immerwährender Verdachtsfall. Bundeskanzler Adenauer provozierte oder duldete die Rufmordversuche, da er Wehner für einen »Einflussagenten Moskaus« hielt.[65]

Es half dem im Herbst 1946 aus dem schwedischen Exil nach Deutschland zurückgekehrten Herbert Wehner wenig, dass er nicht nur in Worten, sondern auch in seiner politischen Praxis als Hamburger Publizist und Politiker deutlich machte, dass er mit dem Sozialismus sowjetischer Prägung während des Krieges gebrochen hatte – sei es, dass er betonte, Sozialismus sei untrennbar mit Freiheit verbunden, sei es, dass er eine prononciert pro-westliche Haltung einnahm.[66] Sogar das Ostbüro der SPD hatte die Vergangenheit des einstigen KPD-Funktionärs »Kurt Funk« einer Prüfung unterzogen. Die SED, die ihn als einen Hauptfeind betrachtete und deren Herrschaftsgebiet Wehner schon in seiner ersten großen Bundestagsrede als »Sowjet-Preußen« bezeichnet hatte, wühlte genauso unverdrossen in seiner Vergangenheit wie der BND.

Was Wehner in der westdeutschen Politik erwarten würde, hatte ihm bereits sein Förderer Kurt Schumacher prophezeit, und auch er selbst ahnte, man werde ihm »manchmal täglich bei lebendigem Leibe die Haut vom Leibe reißen«. Schon 1950 waren Flugblätter mit der Behauptung aufgetaucht, der SPD-Abgeordnete habe sich während des Exils an die schwedische Polizei verkauft. Adenauer betraute Wehner einerseits durchaus mit diplomatischen Missionen, andererseits instrumentalisierte er dessen gebrochene Vergangenheit für parteipolitische Zwecke, wenn es ihm nützlich erschien.[67]

Schlussspurt: Geheime Informationsflut für die CDU-Führung

Die politische Geheimoperation des BND gegen die SPD-Spitze erreichte in dem halben Jahr vor der Bundestagswahl 1957 eine hohe Frequenz. Zu allen möglichen Themen und Ereignissen trafen Mitteilungen im Bundeskanzleramt ein, allein im Mai mindestens zehn schriftliche Meldungen. Es begann mit der Information, dass zwischen dem Parteivorsitzenden Erich Ollenhauer und dem sozialdemokratischen Wirtschaftsexperten und Bundestagsabgeordneten Heinrich Deist in der Frage der Kontrolle bzw. Sozialisierung der Industrie entgegen dem Eindruck in der Öffentlichkeit kein wirklicher Dissens bestehe.[68] Es habe allerdings ein ziemliches Hin und Her gegeben: »Es scheint der Parteiführung auch diesmal nicht zu gelingen, die Frage der Sozialisierung aus dem Wahlkampf herauszuhalten. In allen bisherigen Erörterungen der Parteigremien über wahltaktische Fragen wurde versucht, diese Fragen in den Hintergrund zu drängen.« Zwei weitere Meldungen vom selben Tag befassten sich mit Unterschlagungen im SPD-Ostbüro, die der Parteivorstand unter der Decke halten wolle.[69]

Ein ausführlicher Bericht über die jüngste Zusammenkunft der SPD-Führung folgte einige Tage später.[70] Bundeskanzler Adenauer strich besonders eine Passage an, die von einer vertraulichen Information eines *dpa*-Vertreters bei der UNO sprach. Präsident Eisenhowers unwillkommener Vorschlag zu einer militärisch verdünnten Zone in Europa, hieß es darin, sei unmittelbar auf ein Schreiben des sowjetischen Regierungschefs Bulganin zurückzuführen, der betont habe, eine Aufrüstung der Bundesrepublik mit atomaren Waffen werde von den osteuropäischen Signatarstaaten des Warschauer Paktes als eine akute Bedrohung angesehen; sie könne zu einer Auseinandersetzung dieser Staaten mit der Bundesrepublik führen. »Im Parteivorstand wurde diese Information sehr ernst genommen.« Das Gremium sei besorgt, hieß es weiter, der Kanzler und die Union würden das im Wahlkampf ausnützen und der SPD die Frage stellen, ob sie den Vorschlägen des US-Präsidenten um den Preis der Wiedervereinigung folgen wolle oder nicht.

Zwei Tage später war die Debatte über die von der Bundesregierung befürwortete Ausstattung der Bundeswehr mit Atomwaffen im Rahmen des Nato-Bündnisses Thema eines Ortloff-Berichts. Darin hieß es, im Propagandareferat der SPD sei man der Ansicht, »die Atomfurcht« tauge nur noch eingeschränkt für die Wahlpropaganda.[71] Namentlich die Rede von Eugen Gerstenmaier – Widerstandskämpfer, stellvertretender CDU-Vorsitzender und Bundestagspräsident – in der kürzlichen Bundestagsdebatte habe den Standpunkt der Union so präzisiert, dass man dagegen kaum anrennen könne, »ohne in den Verdacht zu kommen, einer völligen Aufweichung des Westens das Wort zu reden [...] Man hält allerdings schärfere Konflikte zwischen Adenauer und Gerstenmaier für durchaus möglich und wird alles tun, um sie auszunutzen.« An den Rand dieser Passage setzte der Bundeskanzler einen dicken Doppelstrich.

Zwei Mitteilungen vom selben Tage über die Beziehungen zwischen den Sozialdemokraten und dem DGB fanden ebenfalls reges Interesse.[72] Man sei unzufrieden mit dem neuen Vorsitzenden Willi Richter, der auch nicht besser sei als sein Vorgänger Freitag, da die Gewerkschaften immer noch einen »politisch zu neutralen Kurs« steuerten; das werde sich auf die Wahlen auswirken. Die zweite Meldung ging auf den Kassierer der Eisenbahnergewerkschaft ein – kein Detail war in den Wochen vor der Wahl zu nebensächlich – und schrieb ihm »eine beachtliche Rolle« in den Finanzbeziehungen von SPD und DGB zu, die Adenauer immer genau verfolgte; entsprechend dick seine Hervorhebung auf dem Papier.

Nicht weniger erhellend waren für die CDU-Spitze Hinweise auf die Wahlkampftaktik der Ollenhauer-Partei und ihre internen Differenzen darüber. Eine BND-Meldung über die sozialdemokratische Zeitung *Der Flüchtling,* die in den Lagern regelmäßig verteilt werden sollte, weil die SPD auf diesem Wege an die für sie bisher schwer erreichbare Gruppe »herankommen« wollte, war für Adenauer so wichtig, dass er seinen Kanzleramtschef eigens darauf aufmerksam machte.[73] Globke reagierte sogleich und fragte unter Zitierung der Meldung im Namen des Bundeskanzlers beim Bundesgeschäftsführer an, »was die CDU auf diesem Gebiet zu tun beabsichtigt«.[74]

Hinzu kamen detaillierte Hinweise auf eine »erregte Diskussion« im erweiterten Parteivorstand der SPD, bei der es um eine von

Fritz Heine geplante Artikelserie für den *Vorwärts* gegangen war.[75] Titel sollte »Zwielicht um den Bundeskanzler« sein. Der Auftakt sei »mit einer Attacke gegen Staatssekretär Globke« zu machen, wie es hieß: »Im Anschluss daran sollten diejenigen Personen folgen, von denen Heine annimmt, dass sie durch die persönliche Intervention des Bundeskanzlers in ihrer Karriere gefördert worden sind. Professor Carlo Schmid stellt sich mit Nachdruck gegen die Absicht von Heine, insbesondere unter Hinweis darauf, dass die CDU mit Beweismaterial gegen die SPD aus denjenigen Ländern kontern könnte, in welchen die SPD eine für sie günstige Personalpolitik betrieben hätte. Er wies besonders auf die ihm bekannten intimen Vorgänge in der hessischen Regierung hin. Sein Standpunkt wurde unterstützt von dem Bundestagsabgeordneten Erler, der auf den Widerspruch zwischen der Forderung von Heine, dass der Wahlkampf fair geführt werden müsse, und seine vorgenannten Absichten hinwies.« Fünf von acht anwesenden Vorstandsmitgliedern hätten gegen die Idee Heines gestimmt.

Details zur Haltung der SPD in Fragen der Wirtschaftsordnung und zu konkreten wirtschaftspolitischen Initiativen erfuhr man im Palais Schaumburg im Schlussspurt des Wahlkampfs ebenfalls. Da sich die CDU für die Privatisierung des Volkswagenwerks stark machte und die Bevölkerung mit der Ausgabe von »Volksaktien« dafür gewinnen wollte, meldete der BND aus der SPD, die Union ziele mit diesem nicht zu realisierenden Vorschlag darauf ab, »die Frage der Sozialisierung durch die Hintertür in die Wahldiskussionen zu bringen«.[76] Da die maßgebenden Wirtschaftspolitiker der Sozialdemokratie der Auffassung seien, »dass die Wahlen weitgehend unter dem Aspekt stattfinden würden, ›Sollen wir in dieser Situation, in der alles drin ist, die Pferde wechseln?‹, sei es für die SPD ratsam, nicht mit wirtschaftlichen Reformvorschlägen – vor allem von der Tragweite der Sozialisierung – in Erscheinung zu treten.« Als die niedersächsische Landesregierung die auf dem CDU-Parteitag erhobene Forderung nach einer Privatisierung von VW umgehend ablehnte, habe im SPD-Parteivorstand »Hochstimmung« um sich gegriffen. »Man hatte eine derartig energische und zudem schnelle Reaktion aus Hannover nicht erwartet.«[77] In der von der FDP angestoßenen Diskussion, den Begriff der Produktionsmittel aus dem Vergesellschaftungsartikel des Grundgesetzes zu streichen, der die CDU in eine gewisse Verlegenheit setze, sehe der Parteivorstand die Möglichkeit, so eine weitere Mitteilung, »ihre Agitation gegenüber denjenigen CDU-Wählern zu verstärken, die der gewerkschaftliche Flügel der CDU bisher angezogen habe. In der Behandlung des FDP-Antrages werde die SPD keinesfalls die Sozialisierungsmöglichkeit für Produktionsstätten fordern, sondern lediglich von Notständen sprechen, die aus Sicherheitsgründen Ausnahmeregelungen zulassen müssten.«[78]

Da der BND Adenauers Anteilnahme an allen Einzelheiten der gegnerischen Wahlkampfführung kannte, bemühte er sich hier um eine möglichst breite Abdeckung. Allein zu einer sozialdemokratischen Chefredakteurskonferenz Ende Mai in Bonn lieferte er einen Bericht von nicht weniger als sechs Schreibmaschinenseiten Länge. Verbunden war das wie häufig mit Informationen zum Vorstandsmitglied Fritz Heine. In der »Baracke« verlaute nämlich, der SPD-Propagandachef bewerbe sich um die Leitung der »Konzentration GmbH«, einer Holding sozialdemokratischer bzw. SPD-naher Verlage.[79] »Es ist möglich«, wusste Ortloff, »dass Heine mit seiner Ankündigung der an der Wahlkampfführung bereits jetzt lautwerdenden Kritik des Werbe- und Propagandaausschusses der Partei begegnen will.«

Die anschließende Analyse gab einen aktuellen Einblick in das Innere der SPD-Führung: »Dieser Vorgang macht etwas von den Veränderungen deutlich, die in der letzten Zeit innerhalb der entscheidenden Gruppe des Parteivorstands, den ehemals Londoner Emigranten, zu beobachten ist. Die Aussicht, dass einige von ihnen in die ministerielle Verantwortung kommen könnten, hat offensichtlich zu inneren Spannungen geführt, die es vor einem halben Jahr noch nicht gab. Auch hieraus wäre Heines Wunsch verständlich, seinen Fleiß, er ist einer der fleißigsten Arbeiter im Hause, durch eine gut bezahlte Stellung honorieren zu lassen. Der Geschäftsführer der ›Konzentration‹ bezieht monatlich etwa 4000 DM. Politisch wird so argumentiert, dass die zur Zeit nur wirtschaftlich in der ›Konzentration‹ zusammengefassten Zeitungsbetriebe über ihre materielle Abhängigkeit von der SPD hinaus auch eine stärkere politische Orientierung erhalten sollten. Heine schwebt vor, so etwas wie ein sozialdemokratischer Hugenberg zu werden.«

Zwei Tage später gab der Auslandsnachrichtendienst dem Bundeskanzleramt Einblick in die geplante »Wahlrevue der SPD«.[80] Kurz vor dem Wahltag sei sie als ein großer Wahlschlager vorgesehen, dem man eine starke Breitenwirkung verschaffen wolle, hieß es: »Die SPD will hier alles aus der Welt der Kunst, des Kabaretts, des Sports, des Films und der Artistik zusammenbringen, was einen Namen hat und bereit ist, sich als Sozialdemokrat zu bekennen. Durch die Wahlrevue soll der Öffentlichkeit klargemacht werden, dass auch Prominente von Film, Bühne und Funk Mitglieder der SPD sind und damit die Aversion gegen die Sozialdemokratie von der emotionellen Seite her überwunden werden.«

Von einem weiteren Großereignis wurde dem Kanzler gleich darauf in einer umfassenden Meldung mit Informationen berichtet,[81] die der Unionsführung anders kaum zugänglich gewesen wären. Es ging um ein Treffen von etwa 100 führenden sozialdemokratischen Publizisten. Die SPD müsse auf irgendeine Überraschung, von woher auch immer, zugunsten der CDU gefasst sein, habe der Parteivorsitzende die Medien-Leute in seiner Rede gewarnt. Die westlichen Mächte unterstützten Adenauer stark, vielleicht plane er sogar eine zweite Moskau-Reise. Ollenhauer empfahl der Crème der SPD-Presse sodann, die Vereinbarungen über den Gemeinsamen Markt und die Euratom, welche die Bundesregierung noch vor Beendigung der Legislaturperiode unbedingt unter Dach und Fach bringen wolle (und auch brachte), als »Behinderung der Wiedervereinigung« zu interpretieren. Eine Ablehnung der EWG und des Euratom-Vertrags sei freilich »völlig ausgeschlossen, da taktisch ungeschickt vor der Wahl«. Allerdings werde die Partei eine »Aktion à la Paulskirche« starten, die sich für eine friedliche Nutzung der Atomenergie, aber gegen eine Atombewaffnung der Bundeswehr einsetzen werde. Demnächst verabschiede der Vorstand das Wahlprogramm, das auf dem geplanten Wahlparteitag in Dortmund verkündet würde.

Es gab noch eine detailreiche Nachlieferung zu diesem Treffen, aus der unter anderem hervorging, dass der SPD-Pressedienst 2121 Abonnenten habe und damit als der größte Europas anzusehen sei, dass Heine eine Umfrage bei den Redakteuren gestartet habe, ob bei der Atomfrage, auf die von der Bevölkerung »nicht in dem erwarteten Umfange« reagiert worden sei, wenigstens eine erhöhte Leserbriefzahl festzustellen sei, und dass der Propagandachef der Sozialdemokraten ausdrücklich betont habe, es werde alle Anstrengung nötig sein, um bei den Bundestagswahlen einen Sieg zu erringen.[82]

Die Erfolgsgewissheit der SPD begann sich immer stärker zu verflüchtigen, je näher der Wahltermin rückte. Das schlug sich im Sommer in den geheimen Kanzler-Orientierungen deutlich nieder.[83] In der Sitzung des Werbeausschusses Mitte Juni 1957 habe es »scharfe Kritik an der ›bisherigen passiven Haltung des Parteivorstands in allen Fragen der Publizistik und der Wahlpropaganda‹« gegeben, meldete der Gehlen-Dienst: »Die SPD sei vollständig in die Defensive gedrängt. In den Bezirken wachse ›eine Art revolutionäre Stimmung gegen den stets zögernden und zu keinerlei offensiven Aktionen entschlossenen Parteivorstand‹. Heine erwiderte, er sei zwar selbst ein ›Anhänger der offensiven Taktik‹, habe sich jedoch an die Direktiven des Parteivorstands gehalten. Er sei jedoch bereit, die Kritik des Werbeausschusses in der nächsten Sitzung des Parteivorstands vorzutragen. Mitglieder des Ausschusses bezweifeln jedoch, dass man im Parteivorstand auf Heine hören werde. Seine Stellung habe sich in den letzten Monaten erheblich verschlechtert.« Wahrscheinlich würden die Bezirke nun von sich aus auf eine »aggressivere Propaganda umschalten«.

Es folgten allerlei Einzelinformationen zu der Diskussion über mehr oder weniger gelungene Wahlkampffilme zur deutschen Teilung (»nicht besonders überzeugend«), zu den Gefahren einer atomaren Bewaffnung (»zu kitschig«) und zu Textplakaten aller Größen – »Keine Wehrpflicht«, »Runter mit den Preisen«, »Diesmal SPD« – in einer Auflage von mehr als zwei Millionen Stück. Unter starken Beschuss kam die SPD-Wahlkampfillustrierte. Sogar hier horchte der CDU-Chef auf. Ganz besonderen Anlass zur Kritik hätten einige Inhalte gegeben, vermerkte der Bericht: »Kritisiert wurde vor allem, dass weder die Frauen noch der Sport angesprochen worden seien. Auch fehle es an dem heute unumgänglichen ›Schuss Sex‹« (Anstreichung des Kanzlers). Der Vertreter des Verlags verteidigte sich damit, »dass zahlreiche Schauspieler, die er als Illustrationsmodelle zu engagieren versucht habe, ihre Mitwirkung verweigert hätten« (Anstreichung des Kanzlers). Auch die Anzeigenaktion, mit der die Illustrierte hätte finanziert werden sollen, sei »völlig gescheitert.« Einigen Ausschussmitgliedern war überdies aufgefallen, dass die in Millionenauflage erscheinende CDU-Illustrierte ein ursprünglich enthaltenes Ollenhauer-Bild »ausgewechselt und durch ein besonders ungünstig erscheinendes ersetzt habe« (dritte Anstreichung des Kanzlers). Noch weitere aufregende Details servierte man Adenauer, etwa die Nachricht über die Auslieferung von 48 000 Spielbällen für Kinder mit dem Aufdruck »SPD bringt Sicherheit«.[84]

Dann wieder höhere Politik: »Die Debatte über die Ratifikation des Gemeinsamen Marktes wird durch die Tatsache gekennzeichnet sein«, wusste der BND von Ortloff, »dass Ollenhauer und eine Reihe prominenter Abgeordneter nicht anwesend sein können, da sie an der Sitzung der Generalversammlung in Wien teilnehmen müssen.« Dort rechne man mit einer Absprache der Internationale über »die sozialistische Haltung«.[85] Irritationen habe im Vorfeld vor allem die Äußerung des linken Labour-Politikers Aneurin Bevan hervorgerufen, die internationale Arbeiterbewegung werde »nicht die Kastanien für die deutsche Wiedervereinigung aus dem Feuer holen«. Der SPD-Vorsitzende habe nämlich geglaubt, »dass es ihm gelungen sei, in den vergangenen Jahren die antideutschen Stimmungen, vor allem aber die Ablehnung der Außenpolitik der deutschen Sozialdemokratie weitgehend ausgeräumt zu haben. Das Entsetzen war jetzt umso stärker, als gerade von England derartige Erklärungen hörbar werden, zumal Ollenhauer nach der außenpolitischen Aktivität [Hugh] Gaitskells glaubte, einen neuen Bundesgenossen in der Internationale gefunden zu haben, mit dem er die europäischen und Nato-Kräfte unter [Paul-Henri] Spaak und den Franzosen zurückzudrängen hoffte.«

Tags darauf liefen im Palais Schaumburg neuerlich Hinweise zu außenpolitischen Positionen der Sozialdemokratie ein: »Die Bundestagsfraktion der SPD«, so wurde gemeldet, »ist nunmehr endgültig auf die Annahme des Gemeinsamen Marktes und des Vertrages über Euratom festgelegt. Die Vorbehalte, die in der Aussprache gemacht werden sollen, sind lediglich als taktische Rückzugsgefechte gegenüber der ursprünglich zum größten Teil ablehnenden Haltung der Fraktion insbesondere in der Frage Gemeinsamer Markt anzusehen. Deist trug in der Fraktion vor, dass nach den Gesprächen mit dem Bundeswirtschaftsministerium sowohl die politischen als auch die wirtschaftspolitischen Bedenken der SPD im Großen und Ganzen als ausgeräumt zu gelten hätten.«[86]

»Die Stimmung im SPD-Vorstand wird von Tag zu Tag schlechter«

Wenige Wochen vor den Bundestagswahlen verdüsterte sich die Lage der SPD zusehends. Die Christdemokraten standen in Umfragen wieder an der Spitze der Wählersympathien. Das ging freilich keineswegs darauf zurück, dass sich der SPD-Parteivorstand klar für eine »sachlich-positive« und gegen eine aggressiv »negative« Wahlkampfstrategie entschieden hatte. Bereits die blutige Niederschlagung des Ungarn-Aufstands durch sowjetische Truppen im Vorjahr schien nicht nur dem Adenauer'schen Beharren auf einem starken westdeutschen Wehrbeitrag Recht zu geben, sie durchkreuzte auch die von den Sozialdemokraten beabsichtigte Schwerpunktsetzung auf innenpolitische Themen. Von seinem neuerlich mit allen erdenklichen Ehren absolvierten USA-Besuch hatte der Kanzler außerdem die Zusage mitgebracht, dass Washington sich trotz mancher Entspannungsanzeichen bei allen internationalen Fragen, welche die Wiedervereinigung berührten, mit der Bundesregierung konsultieren werde. Obendrein war mit der im April veröffentlichten »Göttinger Erklärung« von 18 führenden Atomwissenschaftlern, die den Verzicht auf Atomwaffen forderten, neuerlich ein Thema internationaler, ja globaler Dimension in den Vordergrund getreten.

Entsprechend geringe Resonanz fand der im Sommer mit großem Aufwand inszenierte Wahlkongress der SPD in der Dortmunder Westfalenhalle. Der lange Katalog innen- und außenpolitischer Einzelforderungen stand unter dem etwas schwerfälligen Kampfmotto »Sicherheit für alle durch Wiedervereinigung Deutschlands in Frieden und Freiheit, durch soziale Gerechtigkeit, durch geistige Freiheit, durch Festigung der Demokratie nach innen und außen«.[87] Das war etwas weniger leicht fasslich als das schlichte »Keine Experimente!« der Union. Als Konrad Adenauer im Juli dann neuerlich den Untergang Deutschlands bei einem sozialdemokratischen Wahlsieg zu beschwören begann, verschärfte die SPD ihre Gangart zwar ein wenig, musste aber darauf achten, nicht in Widerspruch zum favorisierten Stil positiver Sachlichkeit zu geraten. Der hessische Ministerpräsident Georg August Zinn, den Adenauer für einen der »begabtesten Sozialdemokraten« hielt,[88] hatte Heine mittlerweile die wenig aufmunternde Botschaft überbracht, die SPD stehe in den Umfragen nur noch bei 30 bis 31 %.[89] Hinzu kam, dass von Ollenhauer als einem »Urtyp des sozialdemokratischen Funktionärs keine werbende Kraft ausging«, wie es der Sozialwissenschaftler Theo Pirker in seiner Studie zur Nachkriegsgeschichte der Sozialdemokratie zurückhaltend formulierte.[90]

Die Krise der SPD-Propaganda entging dem BND genauso wenig wie den führenden Genossen und den einfachen Parteimitgliedern.[91] Nach Erkenntnissen des Dienstes[92] gab es bereits »Krisenerscheinungen« in den verantwortlichen Parteigremien: »Man ist sich heute klar darüber, dass die wirtschaftliche Prosperität und die politische Entwicklung durchaus nicht die Situation schaffen, in der es allein gelingen kann, die festgefahrenen politischen Fronten aufzulösen und den gewaltigen Sprung zu schaffen, der die SPD an die Macht bringt. Man denkt heute im Parteivorstand sehr viel realistischer.« Seine Nervosität veranlasse Propagandaleiter Fritz Heine, »schon jetzt Verantwortliche zu suchen, die er opfern kann, wenn der Wahlsieg ausbleibt«. Überhaupt sei sehr oft die Kritik zu hören, »dass die Propagandaabteilung nur wenig Sinn für die tatsächlichen Gegebenheiten habe und von Heine wirksame Ideen für die sozialdemokratische Werbung und Propaganda nicht ausgehen. Eine gewisse Entfremdung zwischen Heine und Ollenhauer scheint sich anzubahnen.«

Die gelinde Verzweiflung, von der die SPD-Führung kurz vor den Wahlen ergriffen wurde, zeigte sich in der Diskussion, die Heine mit seinen engsten Mitarbeitern hatte. Diesen sei bekannt geworden, »dass die CDU in der letzten Phase des Wahlkampfes ein Plakat zu kleben beabsichtige, das eine besonders ungünstige Aufnahme von Ollenhauer mit dem Slogan zeigen werde: Soll *der* Bundeskanzler werden? Er habe nunmehr Ollenhauer vorgeschlagen, auf eine ursprünglich von Kühn, MdB, entwickelte Idee zurückzukommen. Kühn hatte bereits vor geraumer Zeit angeregt, ein Plakat zu entwerfen, das ein Bild Adenauers mit besonders entstellten Zügen neben einem Atompilz zeigen sollte. Das Bild sollte das hohe Alter des Kanzlers besonders deutlich zum Ausdruck bringen. Unter dieser Anordnung eine Gruppe von Kindern mit dem Slogan: Er will Atom, sie wollen leben. Heine glaubt jedoch nicht, dass der Parteivorstand sich zu diesem aggressiven Plakat entschließen könnte.«

Acht Wochen vor dem Wahltermin, als der Aufwind für Adenauer allgemein fühlbar war, ging im Palais Schaumburg und bei der Unionsführung eine Einschätzung der BND-Inlandsspionage ein, die »Pessimistische Beurteilung der Wahlaussichten« überschrieben war.[93] Sie hielt fest, die Chancen für die SPD würden »im Parteivorstand zunehmend pessimistischer beurteilt, nachdem

Emnid ermittelt hat, dass die Zahl der Meinungslosen bereits jetzt auf 15 % zusammengeschrumpft sei und andererseits nur mit einer Wahlbeteiligung von 85 % gerechnet werden könne. Das bedeutet nach Auffassung des Parteivorstands, dass kaum noch wesentliche Wählerkontingente zu erfassen seien.« Carlo Schmid sei der Meinung, die ganze bisherige Politik des Parteivorstands bis zum Dortmunder Wahlkongress müsse »als total gescheitert angesehen werden«.

Je näher der Wahltag rückte, desto grober wurden die gewählten Kampfinstrumente, namentlich beim Bundeskanzler und CDU-Vorsitzenden selbst. Doch auch in der SPD gab es Überlegungen, was man an Abträglichkeiten für die andere Seite noch finden konnte oder doch besser ignorieren solle. Eine mit Intimitäten gespickte Meldung Ortloffs zeigte Hans Globke, was die Gegenseite, unabhängig vom Wahrheitsgehalt, so alles wusste.[94] Im »Propagandabüro der SPD« gebe es Überlegungen, ob man nun nicht doch endlich einen Gang nach oben schalten solle, wenngleich es keineswegs sicher sei, ob der Vorstand dafür zu gewinnen wäre. Der sei nämlich bisher bestrebt, »die CDU in die Rolle des Verleumders zu bringen. (Die SPD führt bereits fünf Verleumdungsprozesse gegen Wahlredner und Kolporteure unter anderem wegen der Behauptung, Ollenhauer sei Jude.) Man behauptet im Propagandabüro unter anderem, im Besitz von Materialien gegen den Bundesinnenminister Schröder zu sein, wonach auch Schröder ein intimes Verhältnis zu einer seiner Sekretärinnen in seiner Zeit in Düsseldorf hatte. Schröder habe ihr ein Heiratsversprechen gegeben, dann aber gebrochen mit der Begründung, dass er seine Frau als Halbjüdin für die Entnazifizierung brauche. Diese Mitteilung stammt von dem heutigen Polizeipräsidenten in Dortmund. Es bereitet aber allem Anschein nach Schwierigkeiten, die Einwilligung des Polizeipräsidenten zur Veröffentlichung zu bekommen, da man auf Seiten der Koalition auch Material gegen ihn habe.«

Auch zu Wohnungsbauminister Preusker gebe es ein Stück schmutzige Wäsche, fuhr der Bericht fort: »Aus Kreisen der FDP hat die SPD außerdem die Kopie des Briefes von Frau Preusker an Blücher, den damaligen Vorsitzenden der FDP, erhalten, aus dem hervorgeht, dass sie Blücher um Hilfe bittet. Ihr Mann bringe das Geld mit anderen Frauen und Mädchen durch, ohne für die Familie zu sorgen. Der SPD ist bekannt, dass Preusker seit Jahren mit seiner Freundin zusammenlebt.« Ein Ziel der SPD-Propaganda sei es übrigens, »die streng religiösen Kreise innerhalb der CDU anzuspitzen und einen Bruderzwist innerhalb der bürgerlichen Parteien zu entfachen. Die SPD will dabei nicht selbst in Erscheinung treten, sondern durch ihre Wahlorganisation und unabhängige Zeitungen, denen man das Material zuspielt, und eine geschickte Flüsterpropaganda die Verbreitung erreichen. Erste Gespräche mit dem ›Spiegel‹ haben stattgefunden, der aber erklärte, dass er bis heute noch kein Material habe.« Die SPD, schloss das Papier, müsse unbedingt vermeiden, »selbst in den Vordergrund zu treten, da allein zwei der sieben Mitglieder des Geschäftsführenden Vorstandes, Eichler und Heine, in wilder Ehe leben.«

Zur Verleumdung Willy Brandts, die den Bundeskanzler jederzeit besonders interessierte, konnte der BND ebenfalls beitragen.[95] Einige Monate bevor Brandt zum Regierenden Bürgermeister von Berlin gewählt wurde, ging im Palais Schaumburg ein Bericht ein, der zunächst auf die Auseinandersetzung Brandts mit dem Lizenzträger des rechtsliberalen *Berliner Monatsechos* verwies, das ihn gerade in mehreren Artikeln wegen seiner Namensänderung, seiner Rolle im Exil und vor allem mit der Behauptung verleumdete, er habe im Spanischen Bürgerkrieg mit der Waffe in der Hand für die kommunistischen Internationalen Brigaden gekämpft und dabei in norwegischer Uniform auf deutsche Soldaten geschossen; das Berliner Landgericht untersagte solche Anschuldigungen später.[96] Diese »Kontroverse« komme nicht von ungefähr. Bereits vor einigen Jahren habe ein in Schweden lebender Emigrant gewarnt, »es gebe gegen Willy Brandt Material, mit dessen Vorlage zu rechnen sei, wenn Brandt in eine führende Rolle aufrücken sollte. Er und andere Emigranten, die im Spanischen Bürgerkrieg auf der

Roten Seite mitgekämpft hatten, werfen Brandt vor, dass er an der Liquidierung von Trotzkis Sekretär [Kurt] Landau beteiligt gewesen sei, da er der kommunistischen Parteileitung ein Memorandum Landaus zugänglich gemacht habe, in der dieser die Arbeit der Parteileitung kritisiert hatte«. Nach eingehenden Untersuchungen und massiver Intervention eines prominenten Gesinnungsgenossen sei Brandt dann wegen Mangels an Beweisen freigesprochen worden.

Das war noch nicht alles. In diesem Zusammenhang sei »weiter von Bedeutung«, dass ihm sogar wohlwollende Kampfgefährten vorhielten, »dass er 1937 bis 1939 für den polnischen Nachrichtendienst gearbeitet und später im Netz der alliierten Nachrichtenorganisationen eine nicht besonders erfreuliche Rolle gespielt habe. In Schweden, nach der Besetzung Norwegens durch deutsche Truppen, habe er eine sehr schäbige Rolle gespielt und kaum einem deutschen Freunde von einst geholfen«. Einer seiner heftigsten Kritiker sei sein Berliner Rivale Franz Neumann, der nach 1945 »eine objektive, aber sehr scharfe Beurteilung von Brandt abgegeben hat«; er halte ihn aus menschlichen und charakterlichen Erwägungen für »völlig ungeeignet«, eine verantwortliche Position in der Partei zu bekleiden.

In den letzten Wochen vor dem Wahltag am 15. September 1957 war ziemlich klar, dass die Sozialdemokraten wohl kaum noch ein wirksames Mittel gegen den politisch erfolgreichen und populären, im Wahlkampf wie gewohnt scharf agierenden Bundeskanzler und CDU-Vorsitzenden finden würden. Der Berichterstattung Ortloffs aus der SPD-Spitze tat das keinen Abbruch. Fortlaufend gingen bei Adenauer und Globke detaillierte Übersichten über die Themen, die Aufmachung und die Auflagenhöhe der SPD-Werbemittel ein, über ihre Aufnahme in den Gremien oder bei prominenten Abgeordneten, über die Auseinandersetzungen, die sich daran entzündeten, genauso wie über die weiteren Planungen der »Baracke«.[97]

Einen dieser Berichte verfügte Globke in korrekter Verwaltungsmanier »zum Vorgang SPD«. Er informierte über einen Brief von Fritz Sänger, Sozialdemokrat seit 1920 und Chefredakteur der *Deut-*

schen Presse-Agentur, in dem dieser Fritz Heine aufgefordert habe, die Partei solle endlich die Samthandschuhe ausziehen, wenn sie gegen Adenauer polemisiere. »Heine hat geantwortet, dass er ihm Recht gebe, jedoch mit Vorstellungen dieser Art beim Parteivorstand nicht durchkomme. Der Parteivorstand sei mehrheitlich nur an einem Wahlkampf interessiert, in dem er für sich die moralische Position des Anständigen in Anspruch nehmen könne.«[98] Es war immer dasselbe, auch wenn der permanente Disput über Stilfragen nur schlecht verdecken konnte, dass die Sozialdemokraten Politik und Persönlichkeit des Bundeskanzlers, der sich im Zenit seines Ansehens befand, herzlich wenig entgegenzusetzen hatten.

Die Beziehungen zwischen SPD und FDP, theoretisch ein denkbares Regierungsbündnis, interessierten Adenauer und Globke besonders. Auch hier konnte sich der Auslandsdienst seiner geheimen Quelle bedienen.[99] Er berichtete, die Liste mit den liberalen Bundestagskandidaten habe bei einigen Mitgliedern des Parteivorstands (der Chef des Kanzleramts fügte zur Verdeutlichung handschriftlich »der SPD« ein) zu einer »deutlichen Ernüchterung« geführt: »Man entnimmt den Listen eine deutliche Bevorzugung ehemals nationalsozialistischer Elemente zu Ungunsten der liberalen Elemente«, hieß es. »Da nach Meinung des Parteivorstands in der FDP die Politik durch die Fraktion gemacht wird, kommt diesem sichtbaren Trend besondere Bedeutung zu. Man hat nichts gegen diese Kräfte, wenn man mit ihnen Adenauer stürzen kann, glaubt aber nicht, dass mit ihnen eine auf Dauer gedeihliche Koalitionspolitik möglich sei. Man meint Rücksicht auf die Stimmen im Ausland nehmen zu müssen, denen eine SPD-Regierung an sich schon nicht passt. Eine Koalition mit Elementen, die im Ausland im Ruf stehen, ein reserviertes Verhältnis zur Demokratie auch nur gehabt zu haben, würde diese Koalition unerträglichen Belastungen aussetzen. Man war überrascht, dass selbst ein Mann wie Augstein, der der FDP doch immerhin einige publizistische Möglichkeiten eingebracht hat, über die diese Partei nicht verfügt, nur so ungünstig platziert wurde. Die Tatsache, dass er sein Mandat zurückgegeben hat, wird auf die Enttäuschung Augsteins zurückgeführt. Dazu kommt, dass man in den letzten Tagen etwas von dem Versuch Reinhold Maiers gehört haben will, ein Gespräch mit Adenauer zustande zu bringen, um bereits vor den Wahlen den Weg in eine bürgerliche Koalition zu öffnen.«

Bald darauf erfuhren der Kanzler und sein Kanzleramtschef, Fritz Heine habe alle wichtigen Publizisten der Partei auf seine Abmachung mit dem FDP-Wahlkampfleiter Wolfgang Döring hingewiesen, »dass es für die Dauer des Wahlkampfes keine Propaganda oder auch nur Polemik gegen die FDP geben dürfe«.[100] Interessant sei namentlich die Äußerung des Vorstandsmitglieds Willi Eichler, wonach die Sozialdemokraten diesen »Burgfrieden« strikt einhalten sollten, weil damit »eine menschliche Vertrauensbasis zu Döring und damit gleichgesinnten Kräften innerhalb der FDP geschaffen werde, die für später einmal von Bedeutung sein könne. Eichler rechnet damit, dass die FDP früher oder später noch einmal auseinanderfallen werde und dann die Kräfte um Döring zur Sozialdemokratie stoßen könnten, wo sie nach wirtschaftspolitischer (Kontrolle der Industrie) und sozialpolitischer Auffassung im Grunde hingehörten. Eichler sieht darin die einzige Chance aus dem ›Turm der 33 %‹ auszubrechen und in bürgerliche Randschichten vorzustoßen.«

Auch an Denunziationen und Kuriosa fehlte es nicht. Einer dieser Hinweise war dem Kanzler sogar eine Ankreuzung am Rande der BND-Meldung wert.[101] Propagandaleiter Heine habe nämlich eine Studie in Auftrag gegeben, »durch die nachgewiesen werden soll, dass auch die CDU Gemeinsamkeiten mit der kommunistischen Außenpolitik habe, und zwar: Festhalten am Status quo, Ablehnung eines dritten Weges zur Wiedervereinigung, Kampf gegen den Sozialdemokratismus«. Deutlicher konnte die Verzweiflung der sozialdemokratischen Wahlkämpfer kaum zum Ausdruck kommen. Als Zugabe erfolgte am selben Tag die Mitteilung, mehrere Angehörige des Auswärtigen Amts seien »im Hause des Parteivorstands tätig, um der SPD beim Wahleinsatz zu helfen. Es handelt sich dabei um Leute, die einen Teil ihres unbezahlten? oder Krankenurlaubs? [sic!] der Partei zur Verfügung gestellt haben. Einer der jungen Leute heißt Gundelar.«[102]

Weitere Petitessen flossen auf dem eingespielten Berichtsweg ins Palais Schaumburg, zum Beispiel die Meldung über den »Einsatz von Schönheitsköniginnen«.[103] Die Jungsozialisten hätten also in den letzten Tagen vor der Abstimmung über den neuen Bundestag noch einen »besonderen Wahlschlager« vorbereitet: »Die bei den Miss-Wahlen in den Ländern siegreichen Mädchen sollen dafür geworben werden, mit den sozialdemokratischen Ministerpräsidenten oder Oberbürgermeistern der Großstädte auf den Korsos und Hauptgeschäftsstraßen zu flanieren. Sie sollen mit Schirmen ausgestattet werden, die Wahlparolen der SPD tragen. Man ging bei dieser Aktion davon aus, dass die Schönheitsköniginnen nach ihrer Wahl in der Versenkung verschwinden und gern jede Gelegenheit ergreifen würden, um in der Öffentlichkeit wieder in Erscheinung zu treten. Sie werden in diesem Fall ein entsprechendes Honorar erhalten.«

Von der *Zeit*-Publizistin Marion Gräfin Dönhoff wurde gemeldet, sie habe gesagt, »sie werde auf jeden Fall mit geschlossenen Augen sozialdemokratisch wählen. Mit geschlossenen Augen, weil sie zwar für den sozialdemokratischen Kurs, aber gegen Ollenhauer als Person sei.«[104] Kein Detail und keine Sottise war neben den tiefergehenden politischen Analysen nebensächlich und banal genug, als dass es Siegfried Ortloff seinen Konfidenten vom Auslandsnachrichtendienst nicht übermittelte und diese es nicht zu Papier und zu Gehör des Kanzleramtschefs Hans Globke gebracht hätten.

Der BND-Präsident nahm sich kurz vor den Wahlen noch einmal Zeit für ein Gespräch mit Siegfried Ziegler.[105] Lange hatte der sich gedulden müssen, um wieder einmal von seinem Chef gerufen zu werden, mit dem er das SPD-Komplott wenige Jahre zuvor geschmiedet hatte. Neben einigen Mitteilungen seines Freundes Siegfried Ortloff zum Ostbüro der SPD ging es zunächst um die Funkaufklärung, wo sich Ambitionen des Verteidigungsministeriums bemerkbar machten. Hier konnte »Dr. König« Gehlen Erfreuliches melden. Der stellvertretende SPD-Vorsitzende Wilhelm Mellies stehe nämlich auf dem Standpunkt, »dass aus innerpolitischen Überlegungen heraus der BND, der dem Bundeskanzleramt untersteht, ein starkes Instrument sein und bleiben muss bzw. noch gestärkt werden müsse, weil durch diese Gewaltenteilung ein sehr viel stabilerer Faktor gegeben sei.« Präsident Gehlen, der wusste, was er seinem sozialdemokratischen Mitarbeiter bei der Belieferung des Kanzleramts mit innen- und parteipolitischen Orientierungen verdankte, entgegnete mit der erfreulichen Eröffnung, dass Ziegler, »vielleicht auch durch Mitwirkung von Mellies«, in Kürze seine Beförderung zum Regierungsdirektor erwarten dürfe.

Das war für Siegfried Ziegler eine willkommene, wenn auch keine überraschende Entwicklung, da bereits alles eingefädelt war. Er hatte nämlich zuvor schon selbst »angeregt, dass Mellies mit [Karl Friedrich] Vialon spricht und sich dafür einsetzt, dass Beamte [für den BND] beschleunigt durchgeschleust werden, im Finanzministerium wie auch beim Bundespersonalausschuss, Vialon sei jetzt Vorsitzender des Personalausschusses.« Auf dessen Frage an Mellies, ob er denn »bestimmte Personen im Auge habe, Antwort Mellies, er kenne die einzelnen Herren nicht namentlich, aber z.B. sei der Leiter der [BND-] Schulen [Ziegler] auch vorgeschlagen worden. Daraufhin hätte Vialon ihn am nächsten Tage angerufen und ihm bestätigt, dass die Sache in Ordnung ginge.« Welche Schlange die SPD-Spitze an ihrem Busen nährte, blieb nicht nur dem ahnungslosen Wilhelm Mellies, sondern auch den anderen Spitzenpolitikern der Sozialdemokratie mehr als ein halbes Jahrhundert lang verborgen.

Eine der letzten Vorwahl-Berichterstattungen des BND hielt die CDU-Spitze vier Wochen vor dem Wahltermin in Händen. Sie deckte eine erweiterte Vorstandssitzung und die Sitzung der SPD-Bundestagsfraktion ab.[106] Vorangestellt war die Bemerkung, dass es auf der gegnerischen Seite zu keinem Strategiewechsel mehr kommen werde: »Es soll eine polemisch schärfere Linie des

Wahlkampfes unter unbedingter Beibehaltung des Programms und der sachlichen Aussage über die Ziele der Partei eingeschlagen werden.« Ollenhauer habe in seinem Referat ausgeführt, dass die »taktische Überlegenheit der CDU im Wahlkampf nicht zu bestreiten sei. CDU bedient sich rücksichtslos des Staatsapparates. Sie ist wie 1953 in den Genuss ausländischer Interventionen zugunsten Adenauers gekommen, deren Höhepunkt die Berliner Viermächteerklärung gewesen sei [Erklärung der drei Westmächte und der Bundesrepublik vom 29. Juli 1957, in der sie sich zu einer gemeinsamen Deutschlandpolitik bekannten]. Berliner Erklärung macht jedes vernünftige Gespräch mit den Sowjets unmöglich. SPD muss Erklärung mit dem Argument bekämpfen, wonach jeder, der sich mit dieser Erklärung identifiziere, sich damit gegen die Wiedervereinigung stelle.« Die USA würden vor dem Wahltag gewiss keine Vereinbarung mit der UdSSR treffen. Das geschehe, um die eigene Position zu stärken, aber auch »aus Sympathie zu Adenauer«. Er, Ollenhauer, habe Informationen, nach denen die Bundesregierung auch Frankreich anstachle, die Füße bis zu den Bundestagswahlen stillzuhalten.

Dann kam der SPD-Chef auf die Wahlaussichten seiner Partei zu sprechen: »Das Meinungsbild habe in den letzten acht Wochen eine leichte Verschiebung erbracht«, räumte er ein. »Groß sei immer noch der Anteil der Unentschlossenen mit 23%. Politisches Hauptziel der SPD: ›Die absolute Mehrheit der CDU brechen.‹ SPD muss versuchen, stärkste Fraktion zu werden. Das sei nicht von vornherein von der Hand zu weisen. Ollenhauer appellierte dringend, persönliche Verunglimpfungen gegenüber Adenauer zu unterlassen. Es gäbe genug sachliches Material, um CDU und Kanzler sehr scharf anzugreifen. Kritik an Wahlkampfführung der SPD soll in Parteigremien bis nach der Wahl zurückgestellt werden.« Dann gab der Vorsitzende seine Kampfparolen für die letzten vier Wochen aus: »Alleinherrschaft der CDU vernichtet die Demokratie; Fortdauer der CDU-Herrschaft verhindert die Wiedervereinigung und verewigt die Spaltung Deutschlands; ein CDU-Sieg bedeutet

Atomrüstung und erhöhte Kriegsgefahr; ein drittes Kabinett Adenauers bedeutet weitere Preissteigerungen«[107] – vehemente Anstreichungen des Bundeskanzlers an mehreren Stellen.

Nach der parteiamtlichen Protokollaufzeichnung der SPD sagte Erich Ollenhauer in dieser Vorstandssitzung: »Wir sollten eine gewisse Sprachregelung einhalten, wie: Brechung der absoluten Mehrheit der CDU und SPD stärkste Fraktion. Nicht zuspitzen sollten wir auf eine persönliche Diffamierung Adenauers, dagegen herausstellen die Atomgefahr und die Spaltung Deutschlands. Wir sollten uns nicht einlassen auf eine Sezierung des Sozialismusbegriffes, sondern die Respektierung des kleinen und mittleren Einkommens erklären. Die Entscheidung darüber, ob wir auch erklären wollen: ›Wer Adenauer wählt, wählt auch Ulbricht‹, sollten wir von der weiteren Entwicklung des Wahlkampfes abhängig machen.«[108]

Wie meist war auch diese Sitzung von Siegfried Ortloff nicht nur vorbereitet worden, wie fast immer nahm er auch an den Spitzenberatungen teil. Manchmal protokollierte er eine Beratung einzeln, manchmal handelte er die Ergebnisse zweier unmittelbar aufeinanderfolgender Sitzungen in einem einzigen Bericht ab. So auch diesmal. Heinz Kühn und Helmut Schmidt (Hamburg), hielt Ortloff über die Diskussion fest, seien mit den Ausführungen ihres Vorsitzenden nicht einverstanden gewesen, sondern forderten, die Gangart jetzt »wesentlich zu verschärfen«.[109] Im SPD-Protokoll ist Schmidts Äußerung mit den Worten wiedergegeben: »Wir müssen aggressiv gegen Adenauer vorgehen.« Diese Tendenz schlug sich dann immerhin im Wahlaufruf nieder.[110] »Heine wurde bei seinen Ausführungen über die Wahlvorbereitungen mit unfreundlichen Zwischenrufen bedacht«, so zusätzlich der BND-Bericht für Globke.[111] »Es wurde ihm ein phantasieloser Wahlkampf vorgeworfen, der durch keinerlei Ideen ansprechend gemacht worden sei.«

Als wenn das nicht genügt hätte, dem Kanzler die desolate Verfassung seines Gegners zu veranschaulichen, traf im Palais Schaumburg kurz darauf eine weitere, gut ins Bild passende Orientierung des BND ein: »Die Diskussion, ob Ollenhauer der geeignete Bundeskanzlerkandidat gegen Adenauer sei, hat jetzt in verstärktem Umfange auch die Partei und den Parteivorstand ergriffen. Einige Mitglieder des Parteivorstands sind der Meinung, dass der Fortgang der Wahlkampagne abgewartet werden sollte. Wenn die Situation sich verschlechtere, sollte an Ollenhauer herangetreten werden mit dem Ziel, noch kurz vor den Wahlen als Bombe eine Erklärung abzugeben, die die Frage seiner Kanzlerschaft offenlässt. Heine ist demgegenüber der Ansicht, dass eine solche Erklärung nicht nur Ollenhauer desavouiere, sondern auch die wahltaktische Stellung der SPD weit mehr verschlechtern als verbessern würde.«[112] Das war gewiss richtig, doch zu retten war jetzt nichts mehr.

Kurz vor dem Wahltag stellte der Auslandsnachrichtendienst dem Kanzleramtschef noch einmal alle für seine Regierungspartei erfreulichen Nachrichten aus der SPD-Spitze zusammen.[113] »SPD: Allgemeiner Stimmungsbericht eine Woche vor der Wahl. (Letzter Stand von heute Vormittag.)« war die von ihrem Empfänger im Palais Schaumburg mit dicken roten Anstreichungen versehene Analyse überschrieben: »Die allgemeine Stimmung im Parteivorstand und im Funktionärsapparat in Bonn wird von Tag zu Tag schlechter«, begann sie. »Ernsthaft glaubt niemand mehr daran, dass es der CDU nicht gelingen könnte, mit Hilfe der Deutschen Partei (DP) eine, wenn auch knappe Mehrheit im neuen Bundestag wiederzugewinnen. Die Hoffnung konzentriert sich nur noch darauf, dass es die CDU nicht erreicht, mit der DP allein eine wirklich dauerhafte und starke Regierungsmehrheit zu erhalten.«

Von der FDP sei auch keine Unterstützung zu erhoffen, so weiter. Die Sozialdemokraten bezweifelten, dass »Maier und Döring stark genug sind, die FDP, für die man höchstens 8% errechnet [7,7% waren es dann], dazu zu zwingen, in eine tolerierende Opposition zu gehen. Man fürchtet, dass es den CDU-abhängigen Kräften der FDP unter dem Eindruck eines relativ schlechten Wahlergebnisses gelingen könnte, Döring entscheidend zu schwächen und Maier damit seines stärksten Erfolgsmannes zu berauben. Kühn will von

Mende erfahren haben, dass Döring eine erhebliche Beschneidung seiner Vollmachten durch den FDP-Vorstand zu erwarten habe, falls die Wahl nicht zumindest das gleiche Ergebnis für die FDP bringen werde wie 1953 [9,5 %]. Man werde Dörings Wahlkampfführung und insbesondere seine Haltung zur Frage einer SPD-FDP-Koalition für eine derartige Niederlage verantwortlich machen.«

Es waren häufig die kleinen, nur von einem Beobachter aus nächster Nähe aufzugreifenden Hinweise, die sprechende Indizien für die desolate Verfassung des politischen Gegners lieferten: »Die defaitistische Stimmung im Parteivorstand ist bereits so weit verbreitet, dass Eichler erklären konnte, er werde in der Nacht vom 15. zum 16. September nicht ins Parteihaus kommen, um sich nicht den peinlichen Fragen der Journalisten auszusetzen. Die SPD plant, erste Rundfunk- und Fernseh-Stellungnahmen durch Ollenhauer, Schmid und Arndt in der Wahlnacht selbst abgeben zu lassen, Tenor wie 1953: SPD hat relativ und absolut an Stimmen gewonnen. Dies trotz des Einsatzes von übermächtigen Propagandamitteln der CDU. Zugleich Kritik am Missbrauch von Regierungseinrichtungen für die CDU-Wahlpropaganda [...] Der Plan, dem Bundeskanzler eine separatistische Tätigkeit in der Vergangenheit nachzuweisen, ist fallengelassen worden, nachdem sich das zur Verfügung stehende Material als nicht ausreichend genug erwiesen hat. In der letzten Woche soll nur noch die Propaganda ›Atomangst‹ intensiviert werden, da diese Aktion nach der Feststellung Heines ›ankomme‹«.[114]

Mit Zweifeln an den demoskopischen Erhebungen wolle sich die SPD-Führung nicht trösten, hieß es in diesem letzten Stimmungsbericht aus der »Baracke« noch. Man müsse ihnen glauben, habe Erich Ollenhauer unterstrichen, »nachdem sich 1953 und während aller Landtagswahlen erwiesen habe, dass die Umfragen bis auf Dezimalstellen genau eingetroffen seien [...] Ollenhauer äußerte nach einem Gespräch mit Arndt, dass die SPD unmittelbar nach der als verloren anzusehenden Bundestagswahl und im Hinblick auf die als aussichtsreich erscheinende Hamburgwahl den

Sturm der Opposition über die Eroberung der Länderregierungen auf den Bund proklamieren müsse. Dies sei der einzige Weg, um ein völliges Absinken in die Lethargie zu verhindern.«

Ihre ausweglose Lage scheine in der SPD sogar ein vorsichtiges Umdenken auszulösen, berichtete Siegfried Ortloff seinen BND-Konfidenten zwei Tage vor dem Wahlsonntag (Anstreichung mit Grünstift).[115] Es lasse sich sagen, »dass die Bereitschaft in der SPD zu einer Koalition mit der CDU stark zugenommen hat. Selbst Leute, die bisher in dieser Koalition einen Verrat an den Zielen und Grundsätzen der SPD gesehen haben, neigen jetzt dazu, in der Koalition mit der CDU die einzige Möglichkeit zu sehen, um der Partei Erschütterungen durch eine Fortdauer der Opposition zu ersparen. Man glaubt zwar nicht an Absplitterungen von nennenswerter Bedeutung, befürchtet aber neue innerparteiliche Diskussionen im Hinblick auf das in Vorbereitung befindliche Parteiprogramm, die den Parteivorstand zwingen könnten, weitere orthodoxe Positionen preiszugeben, während man andererseits eine ›linksradikale‹ außenpolitische Position beibehalten müsse, die den politischen Veränderungen in der Partei nicht Rechnung trage.«

»Ob diese Situation gemeistert werden könne«, so diese Introspektion weiter, »hänge zweifellos von der Stärke des Vorsitzenden der Partei ab. Bisher sei es immer Ollenhauers Stärke gewesen, dass er den Kurs und den Zusammenhalt der Partei durch Übereinkommen mit den Bezirken habe festlegen können. Es frage sich, ob ihm dies weiterhin gelingt, wenn seine Position nach einem negativen Wahlausgang noch weiter geschwächt werde. An eine Ablösung von Ollenhauer denkt jedoch niemand ernsthaft, weil es für ihn keine für die Parteiorganisation akzeptable Alternative gibt. (Aus dieser Einschätzung der auf die Partei zukommenden Situation nach der Wahl hört man immer mehr Stimmen, ob es nicht Wege und Möglichkeiten gebe, um schon bald nach der Wahl in Gespräche mit der CDU zu kommen, bevor sich in der CDU überhaupt eine Meinung durchsetzen könne.) Man hält es für möglich, dass die CDU auf Kosten der kleinen Parteien die absolute Mehrheit in Deutschland bekommt. Für diesen Fall sieht man voraus, dass von den Mitläufern, also den Leuten, die im Laufe der letzten Jahre in die SPD eintraten, weil sie durch die Partei Posten bekommen wollten, ein leichtes Abbröckeln zu verzeichnen sein wird.« Dank solch tiefer Einblicke in das Lager des politischen Gegners konnte die Lage des CDU-Vorsitzenden auf dem Höhepunkt seiner Macht nicht komfortabler sein.

»Dem Herrn Bundeskanzler vorzulegen« (so der Stempel Globkes) war auch die BND-Unterrichtung aus der SPD-Führung am Vorabend des Wahlgangs. Sie zeigte noch einmal die Verzweiflung bei den Sozialdemokraten und einige ihrer Überlegungen, wie die Konsequenzen des Desasters halbwegs aufgefangen werden könnten.[116] »Die tiefgreifende Resignation beim Parteivorstand hat sich seit dem Bekanntwerden des Emnid-Umfrageergebnisses vom 5. September erheblich verstärkt. Man rechnet allgemein damit, dass die CDU am 15. September allein die absolute Mehrheit erringen und mit den Mandaten der DP/FVP (Freie Volkspartei) zu einer regierungsfähigen Mehrheit gelangen wird. Dies sei allerdings, wie man hofft, die einzige Möglichkeit, die es der FDP verbieten könnte, mit der CDU in eine Koalition zu gehen. Man stellt fest, dass selbst Mende wiederholt im Wahlkampf erklärt hat, eine Regierungsbeteiligung der FDP sei für den Fall undenkbar, dass die CDU allein oder mit Hilfe der DP/FDP die absolute Mehrheit erlangen sollte.« In der Spitze der SPD hoffe man, nach einem Sieg der Union wenigstens mit der FDP zu einer »offenen Kooperation« zu gelangen.

Zweites Thema des Berichts von Ortloff waren die immer stärker hervortretenden Spannungen im SPD-Funktionärsapparat: »Von den Bezirken und Unterbezirken wird bereits jetzt eine Reorganisation der SPD-Führungsspitze unter Hinweis auf das Versagen der Partei im Wahlkampf gefordert [...] Am zweckmäßigsten wäre die Einsetzung eines gewählten Direktoriums und die Umwandlung des bisherigen Apparates aus vorzugsweise gewählten Funktionären in reine Parteiangestellte ohne Parteimandate. Allein schon das Direktorium werde, wie Heine argumentiert, nicht zustande zu bringen sein, da man zwar über Carlo Schmid als Vertreter des rechten Flügels, jedoch über keinen Kandidaten für den linken Flügel verfüge. Es würde unmöglich sein, die profiliertesten Vertreter des linken Flügels, Wehner, Kühn und Birkelbach, gegenüber dem rechten durchzusetzen. Im Übrigen haben die verschiedenen Richtungen innerhalb der SPD lediglich das von Ollenhauer dargestellte ›luftleere Vakuum‹ zusammengehalten, etwa im Sinne der Kohäsion. Der Parteivorstand werde nach Heine an sich bereit sein, beim nächstjährigen Parteitag Mellies zur Beruhigung der aufgebrachten Verbände ›zu schlachten‹.«

Kurz vor dem schwarzen Tag, der – als sei die Demütigung vier Jahre zuvor nicht genug gewesen – den Sozialdemokraten die größte Wahlschlappe ihrer Geschichte brachte, erhielt das Bundeskanzleramt noch eine BND-Meldung, die bereits ein kleines Stück Zukunft der Sozialdemokratie abbildete.[117] Es ging um die Machtkämpfe in der Berliner SPD und um die Nachfolge des eben verstorbenen Regierenden Bürgermeisters Otto Suhr. In der geteilten Stadt seien die Wogen so hoch geschlagen, dass sich der SPD-Vorsitzende trotz seiner Wahlkampfverpflichtungen persönlich habe einschalten müssen, hieß es. »Nach wie vor weigert sich Brandt, die Kandidatur anzunehmen«, da er glaube, »›bis zu den Wahlen den für die Partei verfahrenen Karren nicht mehr herausfahren zu können‹«. Und weiter: »Inzwischen hat ein Gespräch Ollenhauer – Brandt stattgefunden, in dem Ollenhauer Brandt gedrängt hat, seine persönlichen Bedenken zurückzustellen. Es ist deshalb anzunehmen, dass Brandts Weigerung dem Zweck dient, persönliche Zusagen zu erhalten, da er als Regierender Bürgermeister von Berlin seine Bonner Ambitionen zurückstecken müsste. Er will offenbar Zusagen für den Fall haben, dass die SPD bei den kommenden Berliner Wahlen ihre Majorität verliert.« Es sei freilich wahrscheinlich, dass der Parteitag der Berliner SPD kurz nach der Bundestagswahl Willy Brandt, den jetzigen Präsidenten des Abgeordnetenhauses, als Regierungschef von West-Berlin nominieren werde. So geschah es. Besser hätten der Bundeskanzler, das Bundeskanzleramt und die

CDU-Führung nicht über das Innenleben und die Strategie der SPD zur Bundestagswahl informiert sein, hätte das deutsche Watergate nicht funktionieren können.

Das sozialdemokratische Desaster bei der dritten Bundestagswahl

Als die Wählerstimmen in der Nacht vom 15. zum 16. September 1957 ausgezählt waren, lagen beinahe 20 % zwischen der Union und den Sozialdemokraten – eine politische Demütigung beträchtlichen Ausmaßes. Bei hoher Wahlbeteiligung hatte die SPD zwar Stimmen hinzugewonnen, aber doch nur 31,8 % erreicht; gegenüber 1949 ein Zuwachs von 2,6 %. Die CDU/CSU dagegen landete bei der historisch einzigartigen absoluten Mehrheit von 50,2 % der abgegebenen Stimmen. Weder die Außen-, die Deutschland- oder die Verteidigungspolitik, wo sich die SPD seit Jahren polarisierend profilierte, noch die detailreichen sozialpolitischen Verbesserungsvorschläge der Sozialdemokraten zogen die Wähler an die Urnen – sondern vor allem die Zufriedenheit der Menschen mit ihrer wirtschaftlichen Lage, gepaart mit einem breiten Vertrauen in die autoritäre, aber in ihrer Zivilität populäre, jedenfalls dezidiert undoktrinäre Vaterfigur Konrad Adenauers, die nach zwei aufgewühlten Dekaden nicht mit Veränderungswillen beunruhigte, sondern »Keine Experimente!« versprochen hatte.

Welche Konsequenzen die SPD aus ihrem Desaster ziehen wolle, werde man abwarten müssen, sagte der bejubelte Bundeskanzler im Parteivorstand der CDU.[118] Da Adenauer über die innere Situation der SPD und ihren innersten Führungszirkel seit langem bestens im Bilde war, prophezeite er, das werde wohl noch einige Zeit dauern. Mit dieser Prognose, in der auch die Hoffnung auf eine fortgesetzte sozialdemokratische Immobilität mitschwang, verschätzte sich Adenauer insofern, als sein zum dritten Mal und so deutlich wie nie geschlagener Gegner diesmal, anders als in der Wahlperiode zuvor, nicht einfach zur Tagesordnung übergehen konnte. Bei den Sozialdemokraten brachen unter dem lange aufgestauten oder besser: von den Funktionären in der »Baracke« zurückgedrängten Reformdruck bald die Dämme.

Doch erst einmal leckte die Sozialdemokratie ihre Wunden. Adenauer wusste, dass so gewaltige Wahlsiege künftig kaum noch zu erreichen sein würden, wenn es die SPD tatsächlich verstand, einen einschneidenden Modernisierungsprozess einzuleiten. Dem Bundeskanzler, der im Parteivorstand gesagt hatte, die SPD sei »hoffnungslos geschlagen«,[119] war ebenfalls klar, dass die Union nicht nachlassen durfte, ihre Widersacher genauestens im Auge zu behalten. Die erwartbare politische und personelle Revolution in der Sozialdemokratie befeuerte den Kanzleramtschef vielmehr, den Gehlen-Dienst noch stärker unter Strom zu halten. Also wurde die Geheimoperation gegen die SPD-Spitze – wie bereits nach dem Wahlsieg 1953 und der Gründung des BND 1956 – neuerlich ausgeweitet. In einem Fernschreiben hatte Reinhard Gehlen »Globus« (so der Tarnname des Kanzleramtschefs) zum Wahlausgang gratuliert: »Ich erlaube mir, Ihnen auch im Namen meiner Mitarbeiter die besten Glückwünsche zu dem großen politischen Erfolg der Bundestagswahlen zu übermitteln«, schrieb er. »Ich wäre dankbar, wenn Sie die Freundlichkeit haben würden, unseren Glückwunsch auch dem Herrn Bundeskanzler zum Ausdruck zu bringen.« Globke antwortete, er habe sich aufrichtig gefreut.[120]

Die Zufriedenheit des Chefs des Bundeskanzleramts mit dem BND wurde nach den »Adenauer-Wahlen« weiter dadurch genährt, dass Pullach die Frequenz seiner Zuarbeit aus dem Aufkommen der Inlandsspionage in dem Vierteljahr nach der katastrophalen Wahlschlappe der SPD noch einmal steigerte. Gut 60 geheime Informationen liefen in den drei Monaten bis zum Ende des Jahres 1957 im Palais Schaumburg aus der sozialdemokratischen Parteizentrale ein, durchschnittlich an jedem Arbeitstag eine. Sie reichten von Berichten über Sitzungen von Parteivorstand und Bundestagsfraktion, die Taxierung des Aufstiegs von Herbert Wehner bis zu Baumaßnahmen der Friedrich-Ebert-Stiftung. Das war ein überaus nützlicher Service für den Bundeskanzler, denn niemand vermochte vorherzusagen, wie die sozialdemokratischen Aufräumungsarbeiten aussehen und wohin sie führen würden.

Während die Presse sich noch in Spekulationen über Abrechnungen, Umstürze und Nächte der langen Messer erging, erfuhr man im Kanzleramt bereits zwei Tage nach einer Sitzung des sozialdemokratischen Parteivorstands von ersten internen Trends.[121] »Die Pressemeldungen über akute Reorganisationspläne der SPD entbehren jeder praktischen Grundlage«, stellte der BND in einer ersten, ziemlich ungesicherten Mitteilung fest. Sie ging auf ein Interview mit Heinz Kühn zurück, der offenbar «seine persönlichen Ressentiments nach seiner Ausschaltung aus dem Parteivorstand bei einer ihm günstig erscheinenden Gelegenheit abreagieren« wolle. Der Parteivorstand habe zwar über eine Reorganisation gesprochen, »aber ohne eine ersichtliche Entschlussbereitschaft, Änderungen herbeizuführen [...] Die Meldung über den Einsatz eines Parteidirektoriums, bestehend aus Ollenhauer, Wehner und Schmid« – einer Palastrevolution also – »ist völlig unzutreffend. Diese Möglichkeit ist im Parteivorstand noch nicht einmal gesprächsweise erwogen worden. Es ist auch nicht beschlossen worden – wie die Presse kombiniert hat –, den Parteitag vorzuverlegen.«

Ein verzagter kritischer Ansatz sei jedoch zu verzeichnen, meldete der Bericht, denn zu Beginn der Aussprache habe Carlo Schmid unter Hinweis auf seine persönlichen Wahlgewinne den Versuch gemacht, Kritik am Apparat zu üben. Als sich bei den anderen Vorstandsmitgliedern Unmut zeigte, habe er jedoch zurückgesteckt: »Schmid flüchtete sich daraufhin in allgemeine Phrasen. In längeren Ausführungen meinte er, die SPD müsse alles daransetzen, um eine freiheitliche Volkspartei zu werden. Seine Ausführungen fanden insoweit Zustimmung, als auch andere Vorstandsmitglieder anerkannten, dass die Wählerverschiebung eine Chance für die Ausdehnung der SPD im bürgerlichen Lager biete. Auch Birkelbach äußerte sich, allerdings in sehr gemäßigter Form, kritisch über die organisatorische und propagandistische Tätigkeit des

Apparates. Es fiel allgemein auf, dass er offensichtlich bemüht war, seinen eigenen Worten keinen sichtbaren Nachdruck zu verleihen. Ollenhauer bat dann um eine fundierte Kritik an der Wahlkampfführung, ohne dass es jedoch zu weiteren kritischen Äußerungen kam. Wehner verhielt sich auffallend zurückhaltend. Er betonte in seinem Diskussionsbeitrag, die SPD sei längst nicht mehr eine Arbeiterpartei im klassischen Sinne. Die SPD müsse daher aus dieser Lage Konsequenzen ziehen und hierbei insbesondere die Entwicklung zu der modernen Massengesellschaft beachten.«

Nach Mitteilung des BND wandte sich der Vorstand dann der Frage zu, »welche Taktik die SPD künftig im Bundestag anwenden solle«. Das war für den Bundeskanzler mindestens so interessant wie der Hinweis auf zaghafte Reformansätze: »Es wurde vorgeschlagen, auf keinen Fall mehr zu versuchen, durch zähes Ringen mit der CDU im Plenum und in den Ausschüssen eine Verbesserung von Gesetzen zu erreichen, die nachher von der CDU propagandistisch nur sich selbst zugeschrieben werde. Man solle beobachten, gewährenlassen und ablehnen. Bei positiven Vorschlägen solle die SPD zustimmen, damit nicht der Eindruck einer Opposition um jeden Preis entstehe. Gegen diese Auffassung wandten sich nur Mellies und Menzel, eingeschränkt auch Schoettle, die befürchteten, es könne bei einem derartigen Verhalten der demokratische Charakter der SPD in Zweifel gezogen werden. Die Mehrheit des Parteivorstands sprach sich jedoch dafür aus. Die auf diese Weise gesparte Energie soll eine intensivere Arbeit der Abgeordneten und Funktionäre in den Wahlkreisen und in Verbänden aller Art ermöglichen, vor allem im Sinne verbesserter Public Relations.« Diese Überlegungen haben sich in dem regulären SPD-Protokoll so nicht niedergeschlagen. Doch da der geheime Zuträger Siegfried Ortloff wusste, für wen er berichtete und was im Kanzleramt interessierte, betonte er diese Details in seinem Bericht.

Noch bei einem weiteren Punkt konnte die CDU-Führung der sozialdemokratischen Wundpflege zusehen: »Der Parteivorstand entschloss sich dann zu einer (der einzigen) organisatorischen Veränderung. Der Parteiausschuss, der bisher nur platonisch bereits gefassten Parteivorstandsbeschlüssen zustimmte, soll regelmäßig als ›Kleiner Parteitag‹ einberufen und zu Entscheidungen hinzugezogen werden.« In der Aussprache kam man dann zu der (zutreffenden) Überzeugung, Adenauer werde die FDP auch in sein drittes Kabinett aufnehmen, und schloss daran kühne Spekulationen. Diese Entscheidung sei mit Blick auf die fernere Zukunft vielleicht sogar zu begrüßen, »weil die FDP dann ein Kristallisations-Becken für die liberalen Elemente in der CDU werden könnte, wenn die CDU nach dem Abgang des Bundeskanzlers auseinanderzufallen beginne.«

Bald folgte eine noch ausführlichere Beschreibung der »innerparteilichen Lage der SPD«.[122] Sie schloss sich an eine Sitzung der Spitzengremien an und erweiterte den Einblick des Kanzlers in die sozialdemokratische Selbstfindung noch einmal beträchtlich: »Die Reformvorschläge von Heinz Kühn«, entnahmen Adenauer und Globke der geheimen Kanzler-Orientierung, »sind die Vorschläge eines Einzelgängers, der zwar von einigen Intellektuellen gestützt wird, in Wirklichkeit jedoch weder einen nennenswerten Einfluss auf die Haltung der Mitglieder noch des Apparates hat.« Ollenhauer habe diese Initiative auch zurückgewiesen. Ein Bericht des *Spiegels* überschätze die Bedeutung dieser Diskussion erheblich. In der Sitzung sei deutlich geworden, wie klug Ollenhauer und Heine gehandelt hätten, als sie sich im Wahlkampf jeden einzelnen Schritt vom Vorstand oder vom Propagandaausschuss absegnen ließen. »Hierdurch war es von vornherein ausgeschlossen, dass sich eine wesentliche Kritik an der Wahlkampfführung des Parteivorstands erheben konnte.« Das war allerdings eine allzu rosige Sicht der Dinge, die womöglich von der besonderen Nähe Ortloffs zu Erich Ollenhauer und Fritz Heine herrührte.

Näher an der Wirklichkeit lag der BND mit dem Befund, die Bête noire (oder rouge) der Konservativen, Herbert Wehner, erfreue sich nach dem Desaster seiner Partei eines kräftigen innerparteilichen Aufwinds: »Im Mittelpunkt der Parteiausschuss-Sitzung stand nicht Ollenhauer, sondern eindeutig Wehner, der die Chance zu nutzen scheint und in den kommenden Wochen und Monaten stärker in den Vordergrund treten dürfte. Wehner benutzte die Chance, um gegen die Kritiker von 1953 aufzutreten und die Reformen am Aktionsprogramm indirekt anzugreifen oder zumindest lächerlich zu machen. Er führte aus, dass weder das Abwerfen von Ballast noch die verschiedenen organisatorischen Maßnahmen den absoluten Wahlsieg Adenauers hätten verhindern können. Als Ursache des Wahlausgangs bezeichnete er, dass in der Periode der Restauration und der Konjunktur die Opposition keine Chance haben könne. Es sei unnütz, Veränderungen zu diskutieren und Sündenböcke zu suchen, da die objektiven Ursachen für den Ausgang entscheidend gewesen seien. Deutlich wird hier der Versuch Wehners spürbar«, verriet der BND-Agent in der Parteizentrale, »schon heute weitere Reformen auf ideologischem Gebiet abzubiegen«. Das Verlaufsprotokoll der SPD über diese Ausschusssitzung bestätigt diese Version nicht.[123] So manchen Beobachter innerhalb und außerhalb der Partei, resümiert denn auch sein Biograf Christoph Meyer, habe die vorsichtige, aber entschiedene Art, wie Wehner auf eine organisatorische und programmatische Erneuerung drängte, zu dem »Trugschluss« verleitet, er »trete auf die Bremse.«[124]

Dann wandte sich die Diskussion dem innerparteilichen Krieg in Berlin zu, aus dem Willy Brandt als Sieger hervorgegangen war. Sein unterlegener, dezidiert marxistischer Dauerrivale Franz Neumann sei »scharf angegriffen« worden, habe sich herauszureden versucht, doch sei er immer weiter in die Isolierung geraten. Carlo Schmid habe ebenfalls nicht recht punkten können. Man habe ihm zwar interessiert zugehört, seine Schlussfolgerungen jedoch verworfen. Anders als Ollenhauer, dessen Ausführungen vor den sozialdemokratischen Abgeordneten zwar »optimistisch, aber keineswegs tiefschürfend« gewesen seien, habe Schmid rhetorisch durchaus zu glänzen verstanden, seine Vorschläge seien jedoch derart in Zwischenrufen untergegangen, dass er »seine Rede kurz abbrach und sich mit rotem Kopf hinsetzte. An seiner Stellung in der Partei als einem bloßen Aushängeschild dürfte sich in absehbarer Zeit nichts ändern«.

Besonders erwähnenswert erschien der Vorstoß einiger Hamburger Abgeordneter (darunter Helmut Schmidt), »der Wehner nach vorne bringen soll«. Sie hätten die Arbeit der Fraktion einer heftigen Kritik unterzogen: »Man verlangte Reformen, die dem Gros der Fraktion mehr Einfluss auf die wichtigen politischen Entscheidungen einräumen sollen [...] Weiter wurde die Forderung zur Trennung des Fraktionsvorstandes von dem des Parteivorstandes erhoben. Hier geht es vor allem um die Stellung von Mellies. Um die Person Mellies bahnt sich eine Auseinandersetzung zwischen Ollenhauer und einer Reihe von Bezirken an. Nach den Vorstellungen der Hamburger und einer Reihe anderer einflussreicher Abgeordneter soll Mellies zumindest in der Fraktion abgelöst werden und durch Erler oder Wehner ersetzt werden. Man verspricht sich für die sozialdemokratische Politik eine stärkere Profilierung, wenn an die Stelle von Mellies ein Mann tritt, der gegenüber der Öffentlichkeit eine bessere Resonanz zu erzielen vermag. Mellies scheint derjenige zu sein, der als Sündenbock in die Wüste geschickt werden soll, weil man überhaupt etwas tun will. Der Konflikt zwischen Ollenhauer und den Bezirken droht aber, weil Ollenhauer – anscheinend aus persönlichen Motiven – Mellies halten möchte. Zu Erler sind die Beziehungen Ollenhauers seit langem gespannt, und auch mit Wehner gehören die Bindungen der Vergangenheit an.«

Die Präsentation politischer Intimitäten war damit noch nicht erschöpft. Der Bericht kam nun auf das Zentralthema, das Tauziehen um ein moderneres Programm, zu sprechen. Es gebe starke Kräfte in den Bezirken, die für eine Vorverlegung des nächsten Parteitags plädierten, »die Diskussion über das Programm unmittelbar nach der Wahl« zu führen, weil andernfalls die Gefahr bestehe, »dass sie durch den Parteivorstand und eine Reihe orthodoxer Kräfte völlig abgebogen werde [...] Diese orthodoxen Kräfte glauben, dass in einer abgeschwächten Konjunkturperiode ein günstigerer Zeitpunkt für die Erarbeitung eines ›sozialistischen‹ Parteiprogramms gegeben sei.« Der wohlinformierte Bericht, der dem Bundeskanzler zeigte, wie sehr es in der SPD gärte, schloss jedoch mit der – je nach Standpunkt – optimistischen bzw. pessimistischen Prognose, das Wahlergebnis werde in der Partei wohl »noch weniger Auswirkungen haben als bei der letzten Wahl«.

Die innerparteilichen Konfliktlinien traten jedoch immer deutlicher hervor. Das zeigte sich in einer Sitzung des Vorstands der SPD-Bundestagsfraktion Ende Oktober.[125] Es seien dort »die Grundlagen für die Wahl des neuen Fraktionspräsidiums erörtert und beschlossen worden«, erfuhren Globke und Adenauer. »Dabei ist Ollenhauer mit seinen Vorstellungen glatt unterlegen. Ollenhauer schlug vor, das alte Präsidium wiederzuwählen. Mellies und Schoettle waren jedoch, wie schon die erste Sitzung der Fraktion nach den Wahlen gezeigt hatte, für die Mehrheit der Fraktion nicht mehr akzeptabel. Auch diesmal kamen die konkreten Vorschläge wieder von der Hamburger Fraktion [...] Als erkennbar wurde, dass seine Vorstellung nicht zu realisieren war, unterbreitete Ollenhauer einen neuen Vorschlag, nämlich die Zahl der stellvertretenden Vorsitzenden auf fünf zu erhöhen. Das hätte bedeutet, dass neben den alten auch drei neue Kandidaten – Erler, Wehner, Schmid – hätten berücksichtigt werden können. Die Hamburger entgegneten, dass es jetzt darum gehe, den Schnitt zu betonen. Dies könne nur durch einen deutlichen Wechsel der Person klargemacht werden. Ollenhauer stellte trotzdem seinen Vorschlag zur Abstimmung und wurde mit großer Mehrheit überstimmt.« Schoettle habe dann auf seine Kandidatur verzichtet, »während Mellies, zum Entsetzen selbst seiner Freunde, die Kandidatur annahm«; von gutmeinender Seite werde man versuchen, ihm das noch auszureden.

Die in der nächsten Woche zu erwartende Abstimmung in der Fraktion werde zeigen, ob Ollenhauer den verlorenen Boden wieder gutmachen könne oder nicht, hieß es weiter. »Man wird das aus der Wahl oder Nichtwahl von Mellies ersehen. Eine negative Entscheidung der Fraktion ist insofern von Bedeutung, als sie die Stellung von Mellies auf dem kommenden Parteitag erheblich belasten kann.« Es sei auch um die Reformvorschläge von Heinz Kühn gegangen, die faktisch zur Folge haben würden, »dass sich eine Reihe von Mitgliedern des heutigen Geschäftsführenden Parteivorstandes entweder nicht wieder zur Wahl stellen würde, um die Position zu behalten, oder aber versuchen müsste, eine andere Stellung zu bekommen, von der aus sie ihre politische Funktion im Vorstand weiter ausüben könnten. Diese Vorstandsmitglieder werden daher mit allen zu Gebote stehenden Mitteln bemüht bleiben, die Verwirklichung der Vorschläge von Kühn zu verhindern.«

In der folgenden Fraktionssitzung, bei der Ollenhauers Kandidat Mellies tatsächlich abgewählt wurde und die weitere Hinweise auf das sich verändernde Kräfteverhältnis von Traditionalisten und Reformern gab, war der BND ebenfalls zugegen.[126] »Als bedeutsam wird im Parteivorstand angesehen«, berichtete er der CDU- und Regierungsspitze, »dass Ollenhauer zum ersten Mal in der Fraktion 22 Gegenstimmen gegen sich hatte. Das mindert nicht seine Stärke in der SPD-Führung, macht aber erkennbar, dass innerhalb der Partei die Periode der Einmütigkeit beendet ist. Einige Mitglieder des Parteivorstandes vermuten, dass Ollenhauer sich bald der politischen Richtung Wehners anschließen wird, falls er nicht eine stärkere Unterstützung von den Bezirken erhält, als dies zur Zeit der Fall ist. Allerdings lässt sich sagen, dass Wehner einen gewissen Stellungswechsel vollzogen hat (Vorbild Bevan?). Zwischen Erler, Wehner und Carlo Schmid sollen feste Abmachungen bestehen, eine gemeinsame Politik zu betreiben. Das würde bedeuten, dass auch Wehner zu Kompromissen bereit sein wird.« Zwischen den beiden Fraktionssitzungen liefen bei Staatssekretär Globke zehn weitere Geheiminformationen des BND ein.

Siegfried Ortloff beschränkte sich nicht darauf, seine Informationen in eingespielter Routine an BND-Agenten in Bonn weiterzugeben, er setzte seinen Parteifreund Siegfried Ziegler immer wieder auch persönlich ins Bild. Ziegler schrieb danach an Gehlen, »im Vorstand der Partei gehen durchgreifende persönliche Veränderungen vor, sodass man über künftige Kompetenzzuteilungen noch nichts voraussagen kann«. Allerdings konnte er dem Präsidenten versichern, es zeige sich immer wieder, »dass Otto [Ortloff] weitgehend als ruhender Pol auf unserem Sektor anzusehen ist«.[127] Mehr als das: Er war Pullachs Mann in der SPD-Zentrale.

Dank seiner regelmäßigen Treffen mit Siegfried Ortloff konnte Ziegler den BND-Präsidenten gegen Jahresende damit vertraut machen, »einem Wunsch Herrn Ollenhauers entsprechend soll Herr Mellies«, den die Fraktion Ende Oktober abgewählt hatte, »weiterhin für den Posten des stellvertretenden Vorsitzenden in der Partei kandidieren (die Entscheidung fällt im Mai während des Parteitages in Stuttgart) und auch Mitglied des parlamentarischen Ausschusses für den BND bleiben.« In seinem Brief an Gehlen verstand es Ziegler, seinen Freund und Top-Agenten Ortloff noch weiter aufzuwerten. Nach einem von Ollenhauer kürzlich erwirkten Beschluss sollten nun nämlich »alle für den Oppositionsführer bestimmten Mitteilungen des BND an Otto [Ortloff] gehen, damit eine einheitliche Erfassung gewährleistet wird. Otto lässt Sie bitten, für die Verbindungsstelle in Bonn eine entsprechende Anordnung zu erlassen.«[128]

Kurz zuvor hatten der Bundeskanzler und sein Staatssekretär tiefen Einblick in eine Nachlese erhalten, die sich mit der missglückten Gestaltung des Wahlkampfs befasste.[129] In dem zuständigen »Werbeausschuss« war man sich einig, dass man »zufriedenstellend gearbeitet und sich ausnahmslos an die Richtlinien des Parteivorstandes gehalten habe«. Es verdrehe die Realität, wenn behauptet werde, dass »der CDU ein schwerwiegender Einbruch in die Arbeiterschaft gelungen sei. Örtliche Erfolge glichen sich mit dem Einbruch der SPD in bürgerliche Schichten aus. Schoettle, verärgert durch die Vorgänge bei der Fraktionsvorstandswahl, kritisierte die Arbeit der Fraktion in den verflossenen vier Jahren heftig. Durch ihre positive Mitarbeit an den Gesetzesvorlagen der Koalition habe sie der Regierung zusätzliche Propagandamöglichkeiten geboten. In Zukunft müsse es sich die Fraktion versagen, an annahmesicheren Vorlagen der Regierung mitzuarbeiten, da jede von der

SPD durchgesetzte Verbesserung letztlich dann wieder zugunsten der Regierung ausschlage.«

Dann ergriff der stark unter Druck stehende Wahlkampfleiter Fritz Heine das Wort: »Der CDU-Sieg erkläre sich 1. Konjunktur, 2. Ungarn, 3. Immense Wahlkampfmittel, 4. Persönlichkeit Adenauers, 5. Unterstützung von Wirtschaft und Industrie und 6. deutscher Sicherheitskomplex. Die SPD habe Fehler gemacht: Missverständliche Parolen und organisatorische Unzulänglichkeiten seien auf der ganzen Linie festzustellen gewesen.« Das müsse Konsequenzen haben, wenn auch nicht die naheliegenden negativen: »Die Propaganda-Abteilung soll zum eigentlichen Kern des Parteivorstandes ausgebaut werden«, berichtete der BND. »Während die politischen Aufgaben in erster Linie auf die Fraktion übergehen und die politischen Fachreferate weitgehend abgeschafft werden sollen, denkt man für den Bereich der Propaganda an einen Aufbau.« In der »Baracke« kursiere allerdings bereits der Witz, mit dem hausinternen Umzug der Abteilung »seien die inneren Parteireformen abgeschlossen«.

Schienen diese Frotzeleien unter Insidern eine recht legere Haltung im Umgang mit der verkorksten Wahlkampfführung zu belegen, so verwies der am selben Tag eingehende Bericht des Informanten über das »Oppositionsprogramm der SPD« auf die Misere beim politischen Gegner: »Während sich vor allem in der Fraktion die Gemüter an personellen und parteiorganisatorischen Problemen erhitzen, herrscht hinsichtlich des benötigten Programms für die dritte Legislaturperiode völlige Stille und Sorglosigkeit. Es findet zur Zeit in der gesamten Partei überhaupt keine Diskussion über die ideologischen und praktisch-politischen Grundlagen mehr statt [...] Neuerdings ist Erler auf eigene Initiative hin bemüht, ein Kurzprogramm zu entwerfen. Ihm wird zugebilligt, dass er als einziger hinlänglich klare Vorstellungen über ein solches Programm besitze. Er arbeitet zur Zeit mit einem selbstausgewählten kleinen Team an diesem Programm, das er dem Parteivorstand als Vorlage für den nächsten Parteitag übergeben will.«[130] Alle diese überaus aufschlussreichen Orientierungen aus dem innersten Bezirk der SPD hatte der Bundeskanzler mit seinem Grünstift abgezeichnet.

Dasselbe galt für den parallel eingehenden Stimmungsbericht aus der Zentrale.[131] Heine, war da zu lesen, »kommentierte die Lage des Parteivorstandes wie folgt: ›Wir befinden uns wie die *Pamir* im Zentrum des Hurrikans, in dem das Meer unbewegt und still ist. Trotzdem ist das Schiff untergegangen. Von der hektischen Nervosität in der Fraktion ist im Parteihaus nichts zu spüren. Dafür aber herrscht eine anhaltende Resignation. Wer irgend Aussicht habe, sich zu verändern, sei bestrebt, dieses zu tun [...] Wie sich die Diskussion um die ›Parteireform‹ bis zum Parteitag entwickeln wird, ist noch gänzlich ungewiss. Obgleich Kühn als der eigentliche Urheber der ›Reformbewegung‹ gilt und seine Vorschläge auch breiten Widerhall in den Bezirken fanden, hat sich seine persönliche Stellung eher verschlechtert.« Sollte es Stellvertreter des Parteivorsitzenden geben, kämen Wehner, Erler und Schmid infrage. »In Kreisen des Parteivorstands ist man der Auffassung, dass das ›Team‹ Erler, Schmid, Wehner die Arbeit der Fraktion eher lähmen als aktivieren werde, Heine: ›Wehner steht links von sich selbst und der Erler rechts von sich selbst und der Schmid steht überall und nirgendwo!‹«

Die guten, oder wenigstens diplomatisch korrekten, Beziehungen, die Reinhard Gehlen zu führenden Sozialdemokraten wie Erich Ollenhauer oder Fritz Erler unterhielt, waren kein Grund für den BND-Präsidenten, seine Geheimoperation gegen die SPD in Frage zu stellen oder gar abzubrechen – zu wichtig war es für Adenauer, Globke, die CDU-Spitze und für Gehlen persönlich, frühzeitig zu erkennen, in welche Richtung die gebeutelte Sozialdemokratie sich nun bewegen würde. Im November liefen zahlreiche weitere Hinweise auf zunehmende Gärungen in der Opposition ein. Es war unübersehbar, dass jetzt alles auf eine Entscheidung zulief. Der CDU-Chef und Kanzleramtschef waren über die Zuspitzung dieses innerparteilichen Entscheidungskampfes ungleich besser im Bilde als die allermeisten Mitglieder und Funktionäre der SPD.

Am 15. November gingen im Palais Schaumburg dann nicht weniger als acht geheime Mitteilungen des BND ein. Es begann mit dem Hinweis, die »Reformer der SPD-Fraktion« hätten Kontakt zum DGB-Vorstand aufgenommen, um »die Zurückhaltung im Apparat des DGB gegenüber den Parteireformen zu überwinden. Man möchte das Gespräch und den Erfahrungsaustausch zwischen der Fraktion und dem DGB bzw. den Industriegewerkschaften intensivieren und dabei vor allem die Verzahnung zwischen dem SPD- und dem DGB-Apparat beseitigen, soweit sie den Parteireformen hinderlich im Wege steht.«[132] Sogar einen kleinen Hinweis zur Friedrich-Ebert-Stiftung versah Adenauer mit der handschriftlichen Aufforderung, »nähere Angaben über diese Stiftung« beizubringen.[133]

Das Bundeskanzleramt und die CDU-Führung konnten die schweren innerparteilichen Auseinandersetzungen in der SPD nun gewissermaßen in Echtzeit verfolgen. »In den letzten Tagen ist die Gegenarbeit des Apparates gegen die Wirksamkeit der sogenannten Reformer in der Partei in vollem Umfang angelaufen«, begann eine weitere vertrauliche Mitteilung vom selben Tag.[134] »Gegen Wehner wird in erster Linie ins Feld geführt, dass er als einflussreichster Mann in Fraktion und Partei doch die Politik der Partei mitbestimmt habe. Es sei heute unfair, die bisherige Politik des Parteivorstandes, die doch weitgehend auf seine Initiative und seine Vorstellungen zurückgehe, zu kritisieren. Erler sei mit seiner Kritik an der Parteipropaganda genauso unehrlich, zumal er als Mitglied des Propaganda-Ausschusses jede Möglichkeit hätte wahrnehmen können, um seine Vorstellungen auch durchzusetzen. Stattdessen sei er aber nicht mehr als zweimal dieses Jahr vor den Wahlen zu den Sitzungen des Ausschusses erschienen.«

Der als Vorsitzender und Bundeskanzler in spe gehandelte schöngeistige Professor der Sozialdemokratie geriet ebenfalls in die Kritik: »Gegen Carlo Schmid wird ins Feld geführt, dass die Partei einen ersten Vorsitzenden, der sich seine Reden und Referate durch die Organisationen mit 500 DM bezahlen lasse, nicht gebrauchen könne. Außerdem sei die Propaganda für Carlo Schmid nicht mehr als eine Aktion von Gegnern der Partei, die mit der Unzufriedenheit weitester Kreise in der Partei am Wahlausgang spekulierten. Bezeichnend seien verwirrten Stimmungen, die in der letzten Zeit in Arbeiterbezirken deutlich geworden seien. Dort sei in Ausspracheabenden von Arbeitern erklärt worden, man müsse mit Adenauer endlich Fraktur reden, was nur Carlo Schmid könne. Man solle die Sozialisierung deutlicher verlangen und Carlo Schmid mit der Aufgabe betrauen, diese Forderungen populär zu machen. In einigen Versammlungen haben Angehörige des Apparates daraufhin bereits offen gegen Carlo Schmid gesprochen und erklärt, wenn einer am unzuverlässigsten sei, die Sozialisierung zu vertreten, dann sei das Carlo Schmid.«

Aufgalopp zum Entscheidungskampf um die Parteireform

Ende 1957 entluden sich die seit Jahren schwelenden Spannungen zwischen dem Führungsapparat in der Bonner »Baracke«, wo der – so Kurt Klotzbach – »überkommene Funktionärstyp« den Ton angab, und den »politisch und/oder fachlich anerkannten, ausstrahlungskräftigen Persönlichkeiten« in der Bundestagsfraktion oder in den Landesregierungen.[135] Diese »Repräsentanz-Debatte« richtete sich gegen die traditionelle Dominanz der Organisation, wo nach allgemeiner Meinung »oligarchische Verfestigungen« unübersehbar geworden waren und »der Kontakt der meisten hauptamtlichen Vorstandsmitglieder nach unten immer mehr geschwunden war« – Verkrustungen, Ideenlosigkeit, Unbeweglichkeit, die nur durch eine »Trennung von Politik und Verwaltung« überwindbar zu sein schienen. Solche Modernisierungstendenzen beim politischen Gegner konnten sich der Aufmerksamkeit des Bundeskanzlers und der »Adenauer-CDU« sicher sein.

Der Auslandsnachrichtendienst berichtete ausführlich über die widerstreitenden Kräfte und die weichenstellenden Sitzungen der SPD-Gremien. Schon kurz vor der mit Spannung erwarteten Zusammenkunft des Parteivorstands am 20. November erfuhr man im Palais Schaumburg, dass dazu auch eine Reihe von Landesvorsitzenden eingeladen seien, von denen der Vorstand annehme, »dass sie die Linie der Funktionäre stützen würden. Das veranlasste die Reformer, ihrerseits reformistisch eingestellte Parteigenossen aus den Ländern zu der Sitzung zu bitten«.[136] Im Vorfeld dieses verdeckten Gerangels sei zwischen Funktionären und Reformern ein keineswegs nebensächlicher Streit um den »Kassensekretär« Alfred Nau entbrannt, dem die Reformer »bereits jetzt Sitz und Stimme im Parteivorstand zugesagt« hätten, wie der BND wusste. Auffälligerweise sei Nau, der sich bisher aus dem Streit um die Parteireform herausgehalten habe, unmittelbar nach der verlorenen Bundestagswahl in die USA gereist und erst jetzt von dort zurückgekommen: »Naus Stellung ist zwar ohne politisches, dafür aber umso mehr von ökonomischem und taktischem Gewicht, da er über besonders enge Beziehungen zu den Gewerkschaften verfügt. Er kontrolliert praktisch die Finanzen der SPD. Allerdings vertritt Nau sachlich die Auffassung, dass die SPD allein aus ökonomischen Gründen eine Massenpartei bleiben müsse, da sie auf das Mitgliedsaufkommen angewiesen sei.«

Was wie ein technisch-kameralistisches Argument klinge, bekomme jetzt eminentes politisches Gewicht, so die Vorfeld-Analyse weiter: »Diese These hat sich in den letzten Tagen der gesamte Geschäftsführende Vorstand zu eigen gemacht. Er argumentiert, dass eine Verlagerung des politischen Schwergewichtes auf die Bundestagsfraktion den kleinen Parteimitgliedern jeden Anreiz zur echten politischen Betätigung rauben werde. Allgemein ist festzustellen, dass sich im Geschäftsführenden Parteivorstand immer stärker die Befürchtung durchsetzt, dass seine Mitglieder ernsthaft gefährdet sein könnten. Ollenhauer, der zwar wenig Kampfentschlossenheit erkennen lässt, erwägt, für Mitte Dezember eine Funktionärskonferenz der Bezirkssekretäre einzuberufen, um damit optisch die taktische Lage der Funktionäre insgesamt zu stärken.« Mit diesem Winkelzug habe Ollenhauer den drängenden Reformern eine »Ansehensschädigung« bereitet.

Im Funktionärskorps der »Baracke«, dem Siegfried Ortloff eng verbunden war, glaube trotz der verbreiteten »pessimistischen Stimmung« niemand, »dass es den Reformern bereits auf dem nächsten Parteitag gelingen könnte, für den von ihnen geplanten Umbau in der Parteiführung eine Zweidrittelmehrheit des Plenums zu finden. Allerdings könnte eine offene Diskussion über Wert oder Unwert einer Parteireform das Ansehen der Funktionäre in der Partei so stark schädigen, dass mit einer Durchsetzung dieser Reform spätestens beim übernächsten Parteitag gerechnet werden müsste. Die Mitglieder des Geschäftsführenden Vorstandes hoffen im Übrigen auf zunehmende Überschneidungen zwischen Erler und Wehner. Zwar fühle sich Erler für Innen- und Wehner für Außenpolitik verantwortlich. Die ersten Überschneidungen hätten sich jedoch bereits in wehrpolitischen Fragen ergeben, die aus der außenpolitischen Diskussion nicht herausgelöst werden könnten.« Einen solchen Einblick in die Verästelungen des großen innersozialdemokratischen Konflikts konnte neben den unmittelbaren Protagonisten nur ein Mann haben, der sich im Auge des Sturms befand, Siegfried Ortloff eben, der Sekretär des Geschäftsführenden Parteivorstands.

Wie sehr sich der Unwille, ja der Zorn gegen das hauptamtliche Funktionärskorps aufgestaut hatte, spiegelt ein sarkastischer Brief, den der zum linken Flügel zählende ehemalige Widerstandskämpfer, Buchenwald-Häftling und frühere Chef der hessischen Staatskanzlei Hermann Brill (inzwischen Professor für Öffentliches Recht an der Universität Frankfurt) in diesen Tagen an Fritz Erler, auch er ehemaliger Konzentrationslager-Häftling, richtete: »Man müsste direkt überrascht sein«, schrieb ihm Brill, »wenn aus dem Barackenlager in der Friedrich-Ebert-Allee einmal ein guter Gedanke käme. Ich glaube, Du solltest den Londoner Emigranten-Klub und seinen Anhang etwas machiavellistisch behandeln; sichere ihnen ihre Posten auf Lebenszeit und verlange als Preis dafür, dass sie sich politisch entmachten lassen, dann kannst Du mit einigem Geschick tun, was Du willst. Nur verschone sie mit geistigen Anstrengungen und erwarte auf keinen Fall, dass sie etwas von Soziologie, Politologie, Geschichte, Ethik und Jurisprudenz verstehen!«[137]

Der nun Zug um Zug vorangetriebene Reformprozess erforderte dann doch etwas mehr Zeit, Geduld und Geschick. Über die wichtige Vorstandssitzung Ende November erfuhr der Kanzler – »gesehen, Adenauer« –, dass die dort gefassten Beschlüsse (man setzte zwei mit Persönlichkeiten beider Lager besetzte Ausschüsse ein, die Vorschläge für die Parteireform erarbeiten sollten) von den Funktionären in der Sache als Kompromiss, »im Übrigen aber als moralischer Sieg gegenüber der Reformergruppe gewertet« würden.[138] »Als Carlo Schmid nach allgemein gehaltenen Ausführungen über die Entwicklung der SPD zu einer Volkspartei auf Zwischenfragen zugeben musste«, so der Ortloff-Bericht weiter, »dass seine Reformvorschläge hinsichtlich ihrer politischen und praktischen Möglichkeiten noch nicht endgültig durchdacht seien«, habe es sofort einen Gegenangriff gegeben. Seine Kritiker »warfen, von Mellies unterstützt, Schmid und den Reformern vor, im Grunde genommen nicht aus einer ernsten Sorge um die Zukunft der Partei, sondern aus persönlichen Ambitionen und Verärgerungen die öffentliche Diskussion um eine Reorganisation der SPD in ein Stadium getrieben zu haben, das auf die Dauer der Partei abträglich sein werde«; die Verlagerung des politischen Gewichts auf die Bundestagsfraktion werde, so Mellies, zu Resignationserscheinungen in den Parteigliederungen führen.

»Die Kontroverse zwischen Mellies und Schmid gab Ollenhauer die Möglichkeit, die Rolle des neutralen Schlichters zu übernehmen. In nicht ungeschickter Weise griff Heine in die Diskussion ein. Er gab zu, dass auf politischem, organisatorischem und propagandistischem Gebiet zahlreiche Fehler gemacht worden seien. Sie könnten jedoch vermieden werden, wenn eine stärkere Verzahnung zwischen Fraktion und Parteivorstand eintreten würde. Da Schmid sich durch Wehner und Erler, die sich sehr zurückhaltend verhielten, im Stich gelassen sah, stimmte er überraschend schnell der These von Heine zu.« So genau konnte das nur jemand schildern, der es selbst beobachtet hatte. Nach dem missglückten Referat von Schmid, fuhr der Bericht aus der Sitzung fort, sei die Stellung der Reformer in der Diskussion ziemlich geschwächt gewesen.

In einer Nachlese gab Ortloff dann noch Auskünfte über einige »taktische Schachzüge« gegen die Reformer.[139] Danach hätten sich die festbesoldeten Vorstandsmitglieder mit einem Vorschlag durchsetzen können, der vorsah, dem bevorstehenden Parteitag in Stuttgart bereits den Fragenkomplex »Eigentum für alle« sowie eine »Kurzfassung der wehr- und außenpolitischen Konzeption unter besonderer Berücksichtigung der Abrüstungsfrage und der Probleme der Wehrorganisation« zur Beschlussfassung vorzulegen. Damit hofften »die Funktionäre, grundsätzliche Meinungsverschiedenheiten im sogenannten Reformteam auslösen zu können. Die Reformer seien sich zwar in der Absicht einig, über kurz oder lang den Geschäftsführenden Parteivorstand mit Ollenhauer an der Spitze zu eliminieren. In sachlichen Fragen der Politik jedoch beständen zwischen ihnen sehr schwerwiegende Meinungsverschiedenheiten. Eine Diskussion des Parteitages über die beiden Fragenkomplexe werde zwangsläufig die mangelnde Übereinstimmung zwischen den Reformern offenlegen und ihnen den Nimbus von ›Lebensrettern‹ der Partei nehmen« – einer der zahlreichen innenpolitischen Hinweise des BND, die den Stempel »Hat dem Herrn Bundeskanzler vorgelegen« erhielten.

Im letzten Monat des Jahres 1957 folgten zunächst eine Reihe kleinerer, deswegen aber nicht weniger nützlicher Informationen, wie etwa die, dass die Reise von Schatzmeister Alfred Nau in die USA für die Friedrich-Ebert-Stiftung ein gutes finanzielles Ergebnis erbracht habe; Ford- wie Carnegie-Foundation hätten »größere Summen in Aussicht gestellt«.[140] Oder: »In den letzten Monaten muss es wieder einige Gespräche zwischen SPD-Vertretern und Springer gegeben haben. Das geht aus Erklärungen Heines hervor, in Hamburg habe es sich gezeigt, dass die SPD durch persönlichen Kontakt zu führenden Verlegern das Übergewicht der bürgerlichen Presse eindämmen könne. Er führte die Haltung der Springerschen

Presse-Erzeugnisse im [für die SPD erfolgreichen] Hamburger Wahlkampf auf seine Abmachungen mit Springer zurück.«[141] Es ging außerdem um den Wahlkampf in Nordrhein-Westfalen, um Flüchtlingsarbeit oder um den »Rundfunk Saarbrücken«.[142]

Der BND kam auch noch einmal auf Willy Brandt und die innerparteilichen Machtkämpfe in der Berliner SPD zurück.[143] Die bevorstehende Kür des Parteivorsitzenden stoße dort »auf so erhebliche Schwierigkeiten, dass die Wahl Brandts sehr knapp ausfallen kann. Gegen Brandt spricht in der Mitgliedschaft und darüber hinaus vor allem im Apparat, dass er von den bürgerlichen Parteien herausgestellt wird. Gegen Neumann wird von den Kräften, die Brandt unterstützen, ins Feld geführt, dass die SED seine Wiederwahl wolle. In der Tat sind die Bezirke der SPD, die im Osten der Stadt arbeiten, von der SED unter Druck gesetzt worden, für Neumann zu stimmen. Wenn das natürlich im Grunde nichts weiter als kommunistische Taktik ist, so ist doch innerhalb der Berliner SPD damit zu rechnen, dass die scharfe Stellung gegenüber dem Kommunismus in der nächsten Zeit vor den innerpolitischen Machtkämpfen zurücktritt.«

Schließlich der jetzt immer mehr an Dynamik gewinnende Erneuerungsprozess der Sozialdemokratie: Hier verwies Ortloff auf eine Intervention aus der Feder Willi Eichlers, des führenden Programmatikers und Verantwortlichen für die neuen Leitlinien, die sich auf den Wandel der Schwesterpartei in Österreich bezogen und innerhalb des SPD-Apparats starke Beachtung gefunden haben.[144] Es gab noch eine intime Nachschrift: »Bei der Beurteilung der Person Eichlers ist zu berücksichtigen, dass bei ihm menschliche Probleme eine große Rolle spielen. Er lebt mit Susi Miller, einer jüdischen Emigrantin, zusammen, die ebenfalls politischen Ehrgeiz besitzt und heute als seine Sekretärin arbeitet. (Der Internationale Sozialistische Kampfbund verbot die Heirat aus organisatorischen Prinzipien.) Susi Miller muss zu denen gerechnet werden, die den Reformern sehr nahe oder mindestens sympathisch gegenüberstehen.«

Der Kampf um die Erneuerung der SPD begann die Partei nun immer stärker in Atem zu halten. Er nahm die volle Aufmerksamkeit der politischen Inlandsspionage des BND in Anspruch, um gegenüber dem Kanzleramtschef und dem Bundeskanzler auskunftsfähig zu bleiben. Mitte Dezember erfuhr die Regierungsspitze so bereits, dass Wilhelm Mellies nicht wieder als stellvertretender SPD-Vorsitzender kandidieren werde.[145] »Für diese Position scheiden die drei führenden Reformer Wehner, Schmid und Erler praktisch aus, da der stellvertretende Vorsitzende nach ihren eigenen Vorschlägen ein entpolitisierter Organisationsfachmann sein soll, somit also in keinem Fall gleichzeitig als stellvertretender Vorsitzender der Fraktion fungieren könne. Erler hat sich zwar mit der Absicht getragen, anstelle von Mellies auf dem Parteitag zu kandidieren. Er kann jedoch, wenn er nicht selbst unglaubwürdig werden will, aus den vorerwähnten Gründen sich nicht zur Wahl stellen. Schoettle, der die Voraussetzungen für eine Nachfolge erfüllen würde, ist zumindest gegenwärtig nicht daran interessiert zu kandidieren. Allgemein wird die Stellung des zweiten Vorsitzenden seit Beginn der Auseinandersetzung um eine mögliche Reform als besonders undankbar empfunden.«

Von Ortloff liefen jetzt immer mehr aktuelle Informationen zum »Fortgang der Parteireform« ein.[146] Er hinterbrachte Globke die Einschätzung Carlo Schmids, wonach die erste Sitzung der für den Reformprozess eingesetzten sogenannten »Siebener-Kommission« in einer »harmonischen Atmosphäre« getagt habe. Ollenhauer signalisiere, »dass er künftig zwar die Reformvorschläge zu bremsen, aber gewisse Reformen von oben her durchzuführen gewillt sei. Über Art und Zeitpunkt der Reformen gibt es vorläufig noch keine Klarheit. Da nach Carlo Schmid Ollenhauer ›klar umgefallen‹ sei, ist zu vermuten, dass in Zukunft die innerparteiliche Diskussion ruhiger und weitgehend unter Ausschluss der Öffentlichkeit verlaufen wird.« Außerdem zeige das Verhalten von Alfred Nau nach Schmids Beobachtung, »dass der Geschäftsführende Vorstand zum ersten Mal in seiner Geschichte keinen einheitlichen Standpunkt einnimmt und sich hier die persönlichen Interessen der einzelnen Vorstandsmitglieder nicht in einem unbedingten Miteinander auswirken.«

Auf dem Weg zur Organisationsreform und zum Programmparteitag in Bad Godesberg, der nun steil anstieg, hatte die Sozialdemokratie mit dem Bundesnachrichtendienst einen engen Begleiter und im Bundeskanzleramt aufmerksame Leser. Einen der umfangreichsten Spitzelberichte aus der SPD-Zentrale überhaupt erhielten Adenauer und Globke gegen Ende ihres Erfolgsjahres 1957 über die Sitzung der sozialdemokratischen Führung Mitte Dezember. Er umfasste elf Schreibmaschinenseiten, wurde, wie einer Marginalie des Kanzlers zu entnehmen ist, Gegenstand einer Besprechung mit seinem Kanzleramtschef und erhielt vom CDU-Vorsitzenden obendrein das seltene handschriftliche Prädikat: »Aufheben!«[147] Die Ausarbeitung des BND nach Maßgabe des SPD-Vorstandssekretärs Siegfried Ortloff eignet sich gut für einen Abgleich mit dem im Archiv der Friedrich-Ebert-Stiftung aufbewahrten authentischen Protokoll.[148]

Das BND-Papier begann mit einem Trompetenstoß: »Diese Sitzung war die dramatischste seit jener großen Sitzung im Jahre 1949 in Hannover, als die SPD darüber zu entscheiden hatte, ob das Grundgesetz der Bundesrepublik einen Bundesstaat oder nach alliierten Vorstellungen einen Staatenbund schaffen sollte. Die Sitzung am 14.12. hat ein konkretes Ergebnis nicht erbracht. Ganz deutlich hat sich gezeigt, dass die Reformer im Parteiausschuss kaum noch wesentliche Chancen haben« – eine kühne Einschätzung, die von Ortloffs eigener Position beeinflusst war, der ja zum »Baracken«-Establishment gehörte.

Es folgte eine Zusammenfassung von Ollenhauers Einleitungsreferat, das drei Stunden in Anspruch nahm und zunächst außenpolitische Fragen abhandelte, über die er auch eine Unterredung mit dem Bundeskanzler gehabt hatte. »Ollenhauer unterstrich die gute Atmosphäre des Gesprächs mit Adenauer, wie überhaupt sein ganzes Referat im Hinblick auf die zu erwartende Auseinandersetzung über die Parteireform im Zeichen einer gewissen Eigenreklame stand.« Dann zählte der Parteichef eine Vielzahl von Initiativen gegen die »Atomrüstung« auf. Sogar die überaus Nato-freundlichen holländischen Genossen habe er nachdenklich stimmen können. Die nächste Passage, die ihm gar nicht gefiel, strich der Kanzler dick an: »Er, Ollenhauer, habe durchsetzen können, dass die Sozialistische Internationale in ihrer Frühjahrssitzung 1958 einen Vorstoß für die Politik der [militärisch] verdünnten Zone [in Mitteleuropa] unternehmen werde. Damit sei zu hoffen, dass sich die Internationale endlich von ethischen Deklamationen abwenden und sich mit praktischen Vorschlägen für die konkrete Politik befassen werde.«

Innenpolitisch müsse seine Partei im kommenden Jahr »eine verstärkte Aktivität entwickeln«, habe der Parteivorsitzende dann gesagt. Sieben Felder waren genannt, darunter – Anstreichung – die Neugestaltung des Finanzausgleichs zwischen dem Bund und den Ländern, ferner »Sozialer Wohnungsbau. Hier kritisierte Ollenhauer aus Mangel an Sachkenntnis ungeschickter Weise die Länder, was zu Protestrufen der anwesenden Ländervertreter führte«. Mit dem FDP-Vorsitzenden Reinhold Maier habe er »laufende Kontakte verabredet«; Anstreichung. Dann ging er noch auf den Zerfallsprozess des BHE ein, den CDU wie SPD für sich zu nutzen gedächten, und kam dann auf die Strategie der Union zu sprechen, »die FDP endgültig auszuhungern und totzuschweigen«.

Danach ging es um das Parteiprofil, das klarer in Erscheinung treten müsse, und zwar auf den Feldern der Wirtschaftspolitik, der Außen- und Verteidigungspolitik sowie, um die Anziehungskraft der SPD für bürgerliche Wähler zu stärken, bei der »Mobilisierung des Geistes«. Sodann die heikle Parteireform: »Zu den Forderungen, der SPD eine neue organisatorische Struktur zu geben, sagte Ollenhauer, diese Wünsche würden vom Parteivorstand im Allgemeinen anerkannt. Auch sei er damit einverstanden, dass eine breite Diskussion stattfinde. Nicht zu diskutieren sei jedoch die Tatsache, dass die Partei mit ihrem Charakter als Funktionärs- und Mitgliederpartei stehe und falle (Stärkster Beifall). Es sei vielleicht zweckmäßig, einen Sonderausschuss einzusetzen, der diese Probleme untersuchen soll. Eine Veränderung in der Spitze der SPD sei durchaus denkbar. Hierbei müssten aber nach einstimmiger Auffassung des Parteivorstandes zwei Grundsätze beachtet werden: 1. Jede Veränderung muss als Resultat zeitigen, dass die Effektivität der Partei nicht zersplittert, sondern verstärkt wird, 2. zwischen den Parteitagen muss der Parteivorstand die alleinentscheidende Führung sein (lebhafter Beifall).«

Der Parteichef wurde noch deutlicher. Natürlich mindere dies alles nicht die Bedeutung der Fraktionen in Bund und Ländern, es sei aber »eine ungute Diskussion, wenn versucht werde, die besoldeten gegen die unbesoldeten Vorstandsmitglieder auszuspielen. Wenigstens von den der SPD nahestehenden Zeitungen könne man erwarten, dass sie dieses Spiel nicht mitmachen. Die Partei könne grundsätzlich auf hauptamtliche Parteivorstandsmitglieder nicht verzichten. Offen sei lediglich die Frage, welche besoldet und welche nicht besoldet werden sollten. Der Parteivorstand sei sich völlig einig über die Notwendigkeit der besoldeten Vorstandsmitglieder gewesen. Vielleicht sollte man zur Aktivierung der Vorstandsarbeit einen Ausschuss aus hauptamtlichen und nebenamtlichen Vorstandsmitgliedern bilden, die ständig in Bonn anwesend sein müssten«. Auch diese Passage erhielt von Adenauer eine lebhafte Anstreichung.

Dann folgte eine fünfseitige Wiedergabe der anschließenden Diskussion. Wie der Vergleich zeigt, folgte sie derselben Reihenfolge wie sie später auch in dem Protokoll der Partei aufscheint, welches, als der BND bereits berichtete, noch gar nicht erstellt war. Mit anderen Worten: Als Informant stützte sich der Protokollant auf identische Aufzeichnungen und Unterlagen. Mit noch anderen Worten: Der Protokollant und der BND-Informant waren ein und dieselbe Person: Siegfried Ortloff.

Die Diskussion, wie sie in der Kanzler-Orientierung wiedergegeben ist, begann mit der Stellungnahme von Max Seidel aus Bayern: »Fordert echte Persönlichkeitswahl für den Parteivorstand.«

Im SPD-Protokoll heißt es: »Der Parteitag sollte nur echte Wahlen vornehmen und keine Funktionen nur bestätigen.« Der BND-Informant schrieb zu [Franz] Höhne (Franken): »Nervosität über die Zukunft der SPD herrsche nur in Bonn und in den Redaktionen einiger Zeitungen. Draußen im Lande sei davon nichts zu spüren.« Es sei ein Vergehen gegen die Parteieinheit, wenn man die Zuversicht der Parteimitglieder mutwillig untergrabe; »die sogenannten Reformer hätten sich überaus illoyal gegenüber der Partei verhalten«. Im SPD-Protokoll steht: »Nirgends gibt es die hektische Nervosität wie in Bonn. Draußen in den Bezirken finden ruhige und sachliche Debatten statt. Man wünscht Zurückhaltung mit öffentlichen Äußerungen und vorweg Klärung aller Probleme. Was ist eigentlich die Reformgruppe? Was soll das Gerede vom künftigen Bundeskanzler Erler?« BND-Bericht, Erler: »Entschuldigt sich dafür, dass es nicht zu verhindern gewesen wäre, dass die Presse gewissen Personen Etiketten verleiht.« SPD-Protokoll: »Niemand kann verhindern, dass Außenstehende Etiketten verleihen, um die sich niemand beworben hat.« BND-Bericht, Erler: »Die Diskussion sei notwendig. Die Organisation sei Mittel zum Zweck und nicht sakrosankt. Wichtiger aber, und hier sei er völlig einig mit Ollenhauer, sei eine stärkere Profilierung der politischen Ziele der SPD. Er sei immer dafür gewesen, dass die SPD eine Mitglieder- und Funktionärspartei bliebe.« SPD-Protokoll: »Die ganze Partei befindet sich immer in einem Anpassungsprozess an die sich verändernden Verhältnisse, die Ziele der Partei müssen verständlich zum Ausdruck gebracht werden. Die Partei ist eine Mitgliederpartei mit Funktionären. Das alles habe er seit der Wahl ausgesprochen.« BND-Bericht, Erler: »Erler warnte davor, sich bereits vor der nächsten Wahl auf bestimmte Persönlichkeiten für eine mögliche Regierungsbeteiligung, sei es durch die Bildung eines Schattenkabinettes, sei es in der Propaganda, festzulegen.« SPD-Protokoll: »Im Übrigen teile er die Auffassung, dass man weder heute noch 1958 über den Bundeskanzlerkandidaten reden kann.«

So ging es in ziemlicher Kongruenz beider Schilderungen

weiter. BND-Bericht, [Erwin] Lange (Westfalen): »Man tue hier so, als ob es überhaupt keine Gegensätze gebe. Die Reformergruppe habe in selbstherrlicher Weise Persönlichkeitspublicity getrieben. Die politische Willensbildung in der Partei aber müsse durch Diskussion von unten nach oben erfolgen und nicht in Sonderclubs.« SPD-Protokoll: »Nicht zu leugnen ist, dass innerhalb der Partei Kräfte wirken, die von Reform reden, d. h. wer nicht an der Debatte über Personenveränderungen teilnimmt, ist Antireformer. Die SPD ist seit langer Zeit eine Volkspartei.« BND-Bericht, Lange: »Auf keinen Fall dürfe die Partei ein Anhängsel der Fraktionen in Bund und Ländern werden.« SPD-Protokoll: »Die Partei kann nicht zum Exekutivorgan der Parlamentarier degradiert werden.«

Mehr als die Einschätzungen von Regionalgrößen wie Siegfried Bärsch (Bremen), Kurt Conrad (Saarland) oder Karl Vittinghoff (Hamburg), die sich ebenfalls zu Wort meldeten, wird Bundeskanzler Adenauer die Auffassung der Führungsfiguren zu den Turbulenzen der Partei interessiert haben, zum Beispiel die von Herbert Wehner. Laut der geheimen Kanzler-Orientierung des BND, die hier besonders ausführlich wurde, habe Ollenhauer darin zugestimmt, dass man den Zerfallsprozess des BHE durchaus fördern solle, um möglichst viele seiner Wähler herüberzuziehen, man aber zugleich darauf achten müsse, dabei keine nationalistischen Zugeständnisse zu machen. Wehner habe jedoch auf die Schwierigkeit hingewiesen, »die sich durch die starke Bindung an die von der CDU/CSU infiltrierten Vertriebenenverbände ergäbe«. Generell fordere er eine »politische Schwerpunktbildung. Versichert, dass Ollenhauers Konzeption durch das neue Führungsteam in der Fraktion nicht gefährdet werde. Fraktion müsse eine ihrer Aufgabe gemäße Struktur noch finden. In zwei Punkten müsse ihre Arbeit aktiviert werden: 1. Von sich aus Kontakte zu schaffen zu Organisationen und Verbänden, um damit dem Lobbyismus entgegenzuwirken, 2. Einschaltung in die Auswahl von Bundestagskandidaten 1961. Greift abschließend Parteivorstand an, der es unterlassen habe, die verschiedenen Reformvorschläge offen und ehrlich einander gegenüberzustellen«; ansonsten sei auch er immer für eine »Funktionärs- und Mitgliederpartei« gewesen.

Das SPD-Protokoll weicht hier etwas ab und verzeichnet, Wehner habe gesagt, »wenn man anerkennt, dass es zu wichtigen Führungsfragen im Parteivorstand keine Meinungsverschiedenheiten gibt, muss man anerkennen, dass die Fraktionsführungswahl kein Antasten von Grundauffassungen bedeutet [...] Es würde nichts schaden, wenn der Vorsitzende der Partei einmal in die derzeitige Diskussion in der Organisation eingriffe und Wege absteckt.« Max Brauer, der in Hamburg eben einen Wahlsieg gefeiert hatte und in das Amt des Ersten Bürgermeisters zurückgekehrt war, erwiderte laut SPD-Protokoll auf Wehner, »bisher hat der Geschäftsführende Vorstand zu dringenden Ereignissen Stellung genommen. Das will man ändern. Er sehe nicht, wie das möglich sein soll, denn die führenden Politiker würden doch keine Zeit haben, das Parteivorstands-Büro zu leiten. Es bleibt nur, dass man auf dem Parteitag geeignete Persönlichkeiten wählt. Ein Grundsatzprogramm auf lange Sicht können wir nicht aufstellen. Man sollte es bei einem Aktionsprogramm belassen. Nicht die Diskussion in der Partei beunruhige ihn, wohl aber der Streit der Partei in Berlin. Es muss erreicht werden, dass die Genossen dort Vernunft annehmen.« In der BND-Version lautete diese Einlassung: »Bekennt sich klar zur Linie des Parteivorstands. Jede andere Konstruktion würde SPD aktionsunfähig machen. Auch Hamburger Wahlergebnis habe gezeigt, dass unselbständige Arbeitnehmer Basis der SPD bleiben. Kritisiert scharf Berliner Parteihader.« Den etwas verunglückten Schlusspunkt hinter die intensive Debatte setzte Franz Neumann aus Berlin, der sich in seinen Auseinandersetzungen mit Brandt regelrecht verzehrte.

Dem in extenso wiedergegebenen Schlusswort Erich Ollenhauers, der sich unverdrossen an der Quadratur des Kreises versuchte, legte der BND-Bericht einige Bedeutung bei: »Bekennt sich klar zum Primat der Wiedervereinigung und Außenpolitik«, beginnt diese Passage. »Wenn die SPD dies nicht täte, wäre der Wille zur Wiedervereinigung in der Bundesrepublik in einigen Jahren tot.« Dann kritisierte der Parteichef einige Debattenredner, einer von ihnen verließ den Raum daraufhin unter Protest. »Spricht sich gegen eine überstürzte Programmarbeit aus, wenn auch im Endeffekt nicht darauf verzichtet werden könne«, so weiter. Er begrüße eine breite Parteidiskussion über Reformfragen, verwerfe »aber grundsätzlich die Form, mit aggressiven Denkschriften öffentlich Politik in die Partei hinein zu machen. Betont mit Nachdruck, dass es bis 1961 ein SPD-Schattenkabinett nicht geben werde.« Dann wies der Vorsitzende Vorwürfe scharf zurück, »wonach die sieben hauptamtlichen Vorstandsfunktionäre allein die Politik der Partei machten«; vielleicht sei es eine Lösung, einen Vorstandsausschuss aus hauptamtlichen und nebenamtlichen Vorstandsmitgliedern zu bilden. »Sagt, zu Wehner gewandt« (diese Beobachtung würde, wenn es noch erforderlich wäre, die persönliche Anwesenheit des BND-Agenten in der Sitzung belegen), »er hätte nichts gegen eine aktivere Fraktionsarbeit, müsse aber die Herauswahl von Mellies aus dem Vorstand bedauern. Sie sei absolut übereilt gewesen. Es sei eine grobe Illoyalität auch gegenüber der Partei, die neue Zusammensetzung des Fraktionsvorstandes öffentlich als einen Sieg der Reformer zu feiern.«

Die parteipolitische Analyse des Auslandsnachrichtendienstes arbeitete den Konflikt zwischen Ollenhauer und Wehner noch schärfer heraus. Der habe sich wieder einmal gezeigt, als der SPD-Chef »im Zusammenhang mit Veröffentlichungen über die Reformdiskussion« Vorwürfe gegen Teile der Fraktion und die Presse erhob. »Dies bezog Wehner auf sich und rief dazwischen, dass er sich in dieser Hinsicht nichts habe zuschulden kommen lassen. Ollenhauer entgegnete mit einer für ihn ungewöhnlichen Schärfe, dass er ihn auch gar nicht gemeint habe und im Übrigen auch seit Jahren dafür bekannt sei, dass er als Letzter persönlich werde.« So war der Kanzler und CDU-Vorsitzende Konrad Adenauer über die Gefechtslage in der Oppositionspartei bestens auf dem Laufenden, als es in das neue Jahr 1958 ging.

IV

WATERGATE IN BONN: SOZIALDEMOKRATIE IM WANDEL 1958/59

GEHEIME KANZLER-ORIENTIERUNGEN: VOR DER PALASTREVOLUTION IN DER SPD

Die Parteimodernisierung nimmt Fahrt auf

Die wichtigste Wegmarke im Modernisierungsprozess der SPD war zunächst die Wahl der Stellvertreter für den Partei- und Fraktionsvorsitzenden Erich Ollenhauer in der neu zusammengetretenen Bundestagsfraktion 1957. Hier setzte sich mit Fritz Erler, Carlo Schmid und Herbert Wehner (er hatte das beste SPD-Wahlkreisergebnis überhaupt geholt[1]) die schon seit längerem tonangebende »informelle Elite«[2] durch. Wilhelm Mellies verlor, wie erwähnt, sein Amt. Im Fraktionsvorstand saßen nun auch der zur Sozialdemokratie gewechselte frühere Bundesinnenminister Gustav Heinemann, Heinz Kühn und Helmut Schmidt. Gemeinsam mit den profilierten Reformern Waldemar von Knoeringen und Georg August Zinn aus den Ländern sowie den Senatspräsidenten bzw. Bürgermeistern Willy Brandt (Berlin), Max Brauer (Hamburg) und Wilhelm Kaisen (Bremen) drängten sie schon seit Jahren auf eine Mobilisierung der erstarrten Funktionärspartei.

Zur Palastrevolution geriet dann der vorgezogene Bundesparteitag in Stuttgart im Frühjahr 1958. Die Delegierten beließen ihren redlichen, aber blassen Ollenhauer, der sich partout »nicht als die bessere Alternative zu Adenauer hatte verkaufen lassen«,[3] zwar im Amt, gaben ihm aber den Geistesaristokraten Waldemar von Knoeringen und Herbert Wehner als Stellvertreter bei. Vor allem aber beraubten sie den Parteivorsitzenden seines eigentlichen Machtinstruments: den vom bisherigen Organisationsstatut faktisch unkündbar gestellten und dem Delegiertenvotum entzogenen fünfköpfigen Geschäftsführenden Parteivorstand, eine Art Partei-Generalstab. Er sicherte traditionell den Primat der Parteiorganisation gegenüber den sozialdemokratischen Parlamentariern und Länderregierungen. Prominentestes Opfer bei der Abschaffung der »Festbesoldeten« wurde der seit längerem in der Kritik stehende Propaganda- und Pressechef Fritz Heine, Ollenhauers Intimus.

In dem neu gewählten dreißigköpfigen SPD-Vorstand zeigte sich unter anderem mit Arndt, Brandt, Brauer, Deist, Erler, Schmidt oder Zinn der »Vormarsch der Reformergruppe«. Die Tagesgeschäfte führte hinfort das neu eingerichtete Präsidium aus neun Vorstandsmitgliedern, dem nicht weniger als sieben Bundestagsabgeordnete angehörten. Nicht mehr der oligarchisch verknöcherte Funktionärsapparat, sondern die Fraktion und die Praktiker, die das Ohr näher am Volk hatten, bestimmten jetzt endgültig die politische Linie der Sozialdemokratie.

Nicht weniger bedeutsam als die organisatorische Reformierung war die politisch-programmatische Modernisierung der SPD, deren Parteiprogramm aus dem Jahr 1925 stammte. Diskussionen über ein zeitgemäßeres Leitbild gehörten zum Parteialltag, doch erst nach dem Fiasko von 1957 setzte der Vorstand unter Willi Eichler eine Kommission ein, die das zwei Jahre später beschlossene Godesberger Programm ausarbeitete. Es enthielt die Absage an weltanschauliche Dogmen, auch marxistische, verwarf angesichts des gesellschaftlichen Wandels endgültig das arbeiterparteiliche Selbstverständnis zugunsten eines volksparteilichen, betonte die Entschlossenheit zu einer sozialen und normativen Öffnung sowie das Ziel, die Bevölkerungsmehrheit für einen ethisch fundierten demokratischen Sozialismus zu gewinnen. In der Definition Herbert Wehners war diese Art Sozialismus die »für alle verwirklichte Demokratie«.[4]

Die politischen Gegner im bürgerlich-konservativen Lager erkannten, dass die SPD mit dem Sieg der Reformer und ihrem neuen Grundsatzprogramm erheblichen politischen Spielraum gewann, da diese Wandlung auch eine Öffnung zum Bürgertum hin bedeutete. Weil damit das Gespenst sozialdemokratischer Koalitions- und Regierungsfähigkeit im Bund den politischen Raum betrat, war der Bundeskanzler und CDU-Chef Konrad Adenauer alarmiert.

Noch wichtiger als die Veränderung des programmatischen Rahmens war allerdings der Kurswechsel in der praktischen Politik. Der SPD hing auf Bundesebene seit 1949 das Image des ewigen Nein-Sagers an, doch traf das in den ersten beiden Legislaturperioden eigentlich nur auf die Außen- und Deutschlandpolitik zu. In den innenpolitischen Gesetzgebungswerken, sogar bei der Wehrgesetzgebung, zogen die beiden großen Parteien oft an einem Strang.[5] Da die Sozialdemokraten selbst dann noch an ihrer konfrontativen deutschland- und bündnispolitischen Linie gegen Adenauers Außenpolitik festgehalten hatten, als die Grundentscheidungen längst irreversibel und vom Wähler bestätigt waren, konnten sie die ganzen fünfziger Jahre hindurch trotz einiger Ansätze zur Gemeinsamkeit kaum »außenpolitische Kreditwürdigkeit« erlangen.

Für Willy Brandt, der stets für eine bedingungslose Westorientierung eingetreten war, Fritz Erler, der die »zarte Pflanze der Gemeinsamkeit«[6] beschwor, den zunehmend in den Vordergrund tretenden Helmut Schmidt, den stellvertretenden SPD-Vorsitzenden Herbert Wehner und andere Reformer war es ein gewaltiges Stück Arbeit gewesen, ihre Partei in der Außenpolitik auf einen realistischeren Kurs zu bringen. Der Weg in die Regierungsverantwortung verlangte diese schmerzliche Häutung, da eine Vier-Mächte-Einigung über Deutschland inzwischen illusorisch geworden war. Unübersehbar wurde der fundamentale Kurswechsel der SPD spätestens mit der Bundestagsrede von Herbert Wehner am 30. Juni 1960, in der er sich in den außenpolitischen Lebensfragen der geteilten Nation ebenso unaufgeregt wie spektakulär zur Gemeinsamkeit mit den Unionsparteien bekannte. Der am meisten verleumdete und vom Bundeskanzler höchstpersönlich zum roten Schreck gestempelte Gegenspieler der Regierungsparteien schloss sein Plädoyer mit dem Appell: »Innenpolitische Gegnerschaft belebt die

Demokratie. Aber ein Feindverhältnis, wie es von manchen gesucht und angestrebt wird, tötet schließlich die Demokratie, so harmlos das auch anfangen mag. Das geteilte Deutschland – meine Damen und Herren, ich will Sie damit nicht belehren, Sie wissen das wahrscheinlich zum größten Teil selbst – kann nicht unheilbar miteinander verfeindete christliche Demokraten und Sozialdemokraten ertragen.«[7]

Der Bundeskanzler war nicht überzeugt und nicht amüsiert. Noch Wochen nach Wehners Rede ließ er sich vor dem CDU-Vorstand mit einer Einschätzung vernehmen, die in starkem Kontrast zu der allgemeinen Resonanz stand. Er sei von diesem Auftritt überhaupt nicht beeindruckt, sagte er: »Das Ganze war ein schlechtes Theater, auch die ganze Ausdrucksweise und diese Worte, die er gebraucht, und die Pausen, die er eingelegt hat. Das war rein kommunistische Dialektik und nichts anderes.«[8] Das klang mehr nach Selbstberuhigung als nach nüchterner Beurteilung. Adenauer erkannte die Gefahr, die der Union nach einem Jahrzehnt unangefochtener Machtbehauptung von einer verwandelten Sozialdemokratie drohte, denn »viel schneller als er befürchtet hatte, war es der SPD jetzt gelungen, aus ihrer internationalen und innenpolitischen Isolation herauszukommen«.[9] Der 84-jährige Konrad Adenauer verurteilte das »schlechte Theater« Wehners zufällig nur einen Tag bevor die SPD den 46-jährigen Regierenden Bürgermeister von West-Berlin, Willy Brandt, zu ihrem Spitzenkandidaten für die Bundestagswahl 1961 wählte.

Der CDU-Chef sitzt in der »Baracke« mit am Tisch

Nun, die ersten Meldungen, die im neuen Jahr 1958 im Kanzleramt einliefen, betrafen, wenig überraschend, wieder die Auseinandersetzungen innerhalb der SPD und die führenden Männer des Reformflügels. Allein im ersten Monat meldete sich der BND in noch einmal gesteigerter Wachsamkeit rekordverdächtige 31 Mal schriftlich bei Hans Globke. Es begann mit einem Bericht über den lädierten Parteivorsitzenden.[10] »Im Kreise der Reformer wird Ollenhauer neuerdings seine ›selbstgesuchte Isolierung‹ in der Parteiführung vorgeworfen«, war darin festgehalten. Da der SPD-Chef »über seine persönlichen Ressentiments nicht hinwegkomme, verstehe er es nicht, die persönlichen Beziehungen im Parteivorstand und überhaupt in der Führungsschicht der SPD zu verbessern. Man verweist darauf, dass sich auch Schumacher mit Carlo Schmid und Erler nicht verstanden habe. Der eine sei ihm zu arrogant, der andere zu ehrgeizig gewesen. Trotzdem hatte sich Schumacher jede Woche einmal mit beiden zusammengesetzt in der Erkenntnis, dass die Partei auch solche Männer brauche.« Dann ging es ins Psychologische. Ollenhauer halte »nicht nur viel zu wenig persönlichen Kontakt zu einzelnen Vorstandsmitgliedern, sondern lasse sie sogar seine Abneigung fühlen. Die Ursache für sein Verhalten liege wahrscheinlich in einem gewissen Minderwertigkeitskomplex des Arbeiterkindes gegenüber den Intellektuellen begründet, von denen er eine Gefahr für seine Position befürchte.«

Am selben Tag folgten noch weitere Mitteilungen ad personam. Die eine betraf wieder den SPD-Vorsitzenden und berichtete davon, dass er es strikt vermeide, sich in die scharfen Auseinandersetzungen im Berliner Landesverband einzuschalten: »Im Parteivorstand wird diese Haltung Ollenhauers damit erklärt, dass sich Ollenhauer mit Brandt gutstellen wolle. Brandt habe sich in der Parteidiskussion noch nicht festgelegt und müsse von einer Solidaritätserklärung gegenüber den Reformern abgehalten werden.«[11] Dann die Skizze der aktuellen Positionen und Rochaden der nachdrängenden Spitzengenossen: »Wehner hat Ollenhauer vorgeworfen, dass er bisher bei der Diskussion über die Parteireform nicht genügend Mut aufgebracht habe, eine eigene klare Meinung zu äußern.« Schon kurz vor Weihnachten sei es zwischen den beiden zu einer schweren Auseinandersetzung gekommen, bei welcher der Parteichef den stellvertretenden Vorsitzenden der Bundestagsfraktion so scharf angegriffen habe, dass die persönlichen Beziehungen zwischen beiden nun »als erheblich gestört« gelten müssten.[12] Zu Erler wurde am selben Tag gemeldet, er habe in der Vorstandssitzung erklärt, »dass er nicht daran denke, Meldungen bürgerlicher Zeitungen zu dementieren, die ihn als den Kandidaten von 1961 bezeichnen«. Das sei doch »so naiv«, dass er gar nicht verstehen könne, weshalb es darüber in den Parteigremien so viel Missstimmung gebe.[13] Selbstverständlich verfolgten Adenauer und Globke auch die Presse, die sich dem Brodeln in der SPD ausgiebig widmete, doch eröffneten der BND und Ortloff ihnen Einblicke, die anderswie nicht zu haben gewesen wären.

Das gilt auch für den weiteren Hinweis, Ollenhauer habe in mehreren vertraulichen Gesprächen mitgeteilt, Carlo Schmid habe ihn kurz vor den Weihnachtstagen aufgesucht und ihm eröffnet, »dass seiner Ansicht nach das Vorgehen der Reformer nicht ausreichend überlegt gewesen sei« – Unterstreichung des Lesers im Palais Schaumburg.[14] »Er, Schmid, habe es in jedem Falle satt, sich durch den Streit über das Für und Wider einer Parteireform in die Niederungen der kleinen Politik ziehen zu lassen. Sein Platz sei vielmehr in der großen Politik.« Darüber hinaus sei er mit wissenschaftlichen Arbeiten befasst. Er werde sich aus den »kleinlichen Händeln« in Partei und Fraktion heraushalten und sich ganz auf die Bearbeitung von Grundsatzfragen zurückziehen. Ollenhauer seinerseits habe dieses Gespräch seinen Vertrauten mit dem Bemerken wiedergegeben, Schmid habe »kapituliert«.

Es hatte zunächst den Anschein, als habe der Funktionärsflügel in der »Baracke« zu Beginn des neuen Jahres wieder Oberwasser gewonnen, so dass der für eine neuerliche Kandidatur als Parteivize schon abgeschriebene Wilhelm Mellies Morgenluft witterte. Das war für Gehlen und Globke wichtig zu erfahren, denn Mellies, Mitglied des parlamentarischen Vertrauensmännergremiums,[15] hatte sich in BND-Fragen in den zurückliegenden Jahren stets als verständnisvoller Verbündeter erwiesen. »Er gab im Parteivorstand bekannt«, hintertrug Ortloff dem Dienst, »dass er bereit sei, sich in Stuttgart trotz des bereits angekündigten Verzichts einer Kampfkandidatur für die Position des stellvertretenden Vorsitzenden zu stellen.«[16]

Der »Apparat«, dem Mellies angehörte, suchte in diesen Wochen nach jeder Möglichkeit, um die andrängenden Reformkräfte in die Defensive zu zwingen. Dazu wurden nach Erkenntnissen des BND selbst kleinste Unebenheiten genutzt. »Eine Unvorsichtigkeit Erlers hat in letzter Zeit zu einer internen Polemik des Apparates gegen Erler geführt«, bekam man im Palais Schaumburg zu lesen. Danach habe der frisch gewählte stellvertretende Fraktionsvorsitzende an einer vertraulichen Sitzung des Parteivorstands und des DGB teilnehmen wollen, dann aber doch nicht kommen können. Da er seine Position gegenüber Journalisten schon vorher skizziert hatte, las man sie dann »in einer Reihe von Zeitungen, sehr zum Unwillen der Gewerkschaften, die die Sitzung wie die Gespräche gern verschwiegen hätten, um nicht – wegen Absprachen mit der Sozialdemokratie – in Schwierigkeiten zu kommen. Bei der Suche nach dem Informanten stieß man auf Erler, der dann in der Fraktionssitzung darauf angesprochen wurde. Dieser Fauxpas Erlers wurde vom Apparat sofort aufgegriffen und in die Parteidiskussion geworfen, um die Reformfraktion zu diskreditieren.«[17]

Weitere Hinweise bestätigten die anhaltende Misere der Sozialdemokratie. Mit großer Beunruhigung, hieß es, habe der Parteivorstand jüngsten Umfrageergebnissen entnehmen müssen, »dass die Beliebtheit der SPD trotz der allgemeinen Preissteigerungen zugunsten der CDU/CSU weiter absinkt«. Man stehe gegenwärtig bei 29 %, die Unionsparteien dagegen bei etwa 40 %.[18] Aus den Beratungen der SPD-Bundestagsfraktion erfuhr Adenauer noch am selben Tag die Rednerliste für die wichtige außenpolitische Debatte, die im Plenum bevorstand.[19] Auf jeden Fall werde es Parteichef Ollenhauer sein, der den Antrag »betr. Bemühungen der Bundesrepublik um internationale Entspannung und Einstellung des Wettrüstens« begründe. »Je nach Ablauf der Debatte sind vorgesehen und bereiten sich vor: Heinemann und Carlo Schmid für Fragen des Gesundheitsschutzes und der Sicherung der Zivilbevölkerung gegenüber den Gefahren eines Atomkrieges; Erler für die politischen Konsequenzen, die sich aus der Ablehnung einer atomwaffenfreien Zone ergeben könnten; Helmut Schmidt, Hamburg, für die militärischen Schlussfolgerungen und Wehner für die Auswirkungen auf die Osteuropa- und die Wiedervereinigungspolitik.« Die Information gab auch gleich noch Auskunft darüber, wann die nächste Fraktionssitzung angesetzt war und welche Themen auf der Tagesordnung standen.

Der Januar 1958 war noch nicht zu Ende und der innenpolitische Mitteilungsdrang Ortloffs für diesen Monat noch nicht erschöpft. Wieder ging es zunächst um den Machtkampf zwischen den Reformkräften und den »Besoldeten«, bei dem die Altfunktionäre nun aber doch an Boden zu verlieren schienen. Im Kanzleramt konnte man miterleben, wie der besonders stark in der Kritik stehende Fritz Heine sein und seiner Genossen anscheinend unentrinnbares Geschick abzuwenden versuchte: »Heine hat in den ersten Wochen des neuen Jahres in verstärktem Maße Reisen in die Bezirke unternommen«, berichtete der Gehlen-Dienst. »Er ist vom Büro des Parteivorstandes mit der Aufgabe betraut, seinen Reformvorschlag (d.h. also im Grunde die alte Konstruktion der Führung beizubehalten und stattdessen nur die Zahl der stellvertretenden Vorsitzenden auf fünf zu erhöhen) in der Organisation zu propagieren. Die Bemühungen Heines sind Teil einer Gegenaktion des Apparates, der mit allen verfügbaren Mitteln die Delegiertenwahlen zum Parteitag unter Kontrolle bringen möchte.«[20]

Kurz darauf gab es eine »Nachlese« zu der heftigen außenpolitischen Bundestagsdebatte, bei der, wie das ganze Jahr zuvor, die Kontroverse über die »Atomrüstung« der Bundeswehr im Mittelpunkt gestanden hatte.[21] Sensation machte wieder einmal eine Attacke von Thomas Dehler auf den Bundeskanzler: »Heine und die Propagandafachleute der SPD haben bereits Überlegungen angestellt, wie diese Rede für die Anti-Adenauer-Propaganda ausgewertet werden könnte. Man dachte zunächst sogar daran, das Protokoll dieser Rede – oder ihre wichtigsten Teile – und die Ausführungen von Heinemann in Form eines Flugblattes herauszubringen, um ›dokumentarisch den Verrat Adenauers an der deutschen Einheit nachzuweisen‹. Wenn man auch im Parteivorstand über diesen Abschluss der Debatte und die sachliche und rhetorische Niederlage der CDU triumphiert, so waren doch bei einigen sozialdemokratischen Abgeordneten kritische Äußerungen über die Form der Dehler-Rede zu hören. Weitgehend wurde bedauert, dass Dehler seine Erklärungen nicht schon vor der Bundestagswahl abgegeben hat. Man rechnet im Parteivorstand damit, dass die Fäden zwischen FDP und CDU nunmehr endgültig zerschnitten sind und – zumindest solange Adenauer lebt – mit der Wahrscheinlichkeit einer Koalition zwischen beiden Parteien im unmittelbaren Einflussbereich Adenauers nicht zu rechnen ist.«

Weniger zufrieden sei man in der SPD mit den Ausführungen des neuen Genossen Heinemann gewesen, die einer Generalabrechnung mit Adenauers Politik gleichgekommen waren. Sie seien, so der Bericht, als Versuch gewertet worden, »eine eigene politische Position« zu beziehen, und »ausschließlich von pazifistischen Tendenzen getragen gewesen, denen Carlo Schmid ausdrücklich abzuschwören versucht habe. Man sieht allmählich die Unmöglichkeit ein, Heinemann vollständig in die Sozialdemokratie einzuschmelzen«. Seine »Auslassungen« über Christentum und Marxismus habe man als besonders unglücklich empfunden: »Man sucht nach einem Grund, um zu verstehen, warum selbst Christen in leitenden Positionen, wenn sie einmal in die SPD eingetreten sind, sich so radikal gebärden, dass sie als Aushängeschilder bald nicht mehr zu gebrauchen sind.«

Das war eine etwas voreilige Einschätzung von Siegfried Ortloff, die er in seinem Bericht über die Sitzung des SPD-Vorstands zwei Tage nach der Redeschlacht denn auch modifizierte.[22] Dort habe nämlich eine »allgemeine Hochstimmung« geherrscht, »wie sie seit den letzten Erfolgen der SPD bei den Kommunalwahlen des Jahres 1956 nicht mehr festzustellen war. Besondere Anerkennung fand die Rede Heinemanns, der sich in hervorragender Weise mit Dehler ergänzt habe. Erst Heinemann habe Dehlers Vorstoß zum Tragen gebracht. Damit habe sich auch die persönliche Stellung

Heinemanns im Parteivorstand und in der Gesamtpartei zweifellos erheblich verbessert. Ollenhauer stellte mit Genugtuung fest, dass die CDU/CSU in ›offener Feldschlacht geschlagen‹ worden sei. Dies sei nur durch das gute Zusammenwirken der Rednerteams der SPD und gleichzeitig die Zusammenarbeit mit der FDP möglich gewesen, die er« – Unterstreichung Adenauers – »vorher mit Mende abgesprochen habe.«

Herbert Wehner sei besonders angetan gewesen, wurde noch berichtet. Der Fraktionsvize habe betont, »dass sich Heinemann mit seiner Rede in die erste Reihe der Bundestagssprecher der SPD gestellt habe. Jegliche Skepsis, die ihm vorher noch entgegengebracht worden sei, sei damit erloschen. Ollenhauer betonte in einem Privatgespräch, dass die Bundestagsdebatte vom 23. Januar gewissermaßen als Auftakt für ein ›getrenntes Marschieren und vereintes Schlagen‹ von SPD und FDP im nordrhein-westfälischen Wahlkampf anzusehen sei.«

Reformer vs. Traditionalisten

In den Wochen vor dem entscheidenden Parteitag in Stuttgart (18.–23. Mai 1958) zog der BND alle Register, um für den Bundeskanzler und seinen Staatssekretär möglichst präzise Informationen beizubringen. Mitte Februar informierte der Gehlen-Dienst, die Vorberatungen für die Parteireform seien inzwischen abgeschlossen. Die Empfehlung gehe dahin, dass der SPD-Vorstand künftig 33 Mitglieder einschließlich eines elfköpfigen Präsidiums umfassen solle. Die bisherigen besoldeten Vorstandsmitglieder – der angefeindete traditionelle Machtapparat – würden wegfallen: »Im Parteivorstand glaubt man, dass damit Eichler, Kukil und Herta Gotthelf nicht mehr dem Geschäftsführenden Vorstand (Präsidium) angehören werden. Bei Heine ist diese Frage noch offen.«[23] Es tauchten auch wieder Hinweise auf, »linksorientierte Gruppen aus allen SPD-Verbänden« trügen sich angesichts des von Carlo Schmid betriebenen Rechtsrucks mit der Absicht, eine neue »Sozialistische Arbeiterpartei« ähnlich der USPD zu gründen: »Die

›Funktionäre‹ im Parteivorstand sind jedoch entschlossen, diese Vorgänge taktisch gegen die Gruppe der Reformer auszuwerten.«[24]

Das Ringen der Sozialdemokratischen Partei Deutschlands um ihre politische Zukunft war Ende der fünfziger Jahre ein öffentliches, in den Medien und erst recht in der vielfältigen sozialdemokratischen Presse leidenschaftlich erörtertes Thema. Man konnte in dieser Diskussion Plato, Hegel und Marx ebenso begegnen wie Bebel, Bernstein oder Kautsky. Für die CDU-Führung war die ethische oder wissenschaftliche Fundierung dieses Aufbruchs freilich weniger von Belang als früh Klarheit darüber zu erlangen, welche Veränderungen diese Machtkämpfe nach sich ziehen und wie das politische Profil der Opposition künftig aussehen werde. Je eher man im Kanzleramt und in der CDU erfuhr, wer dabei unter die Räder geraten bzw. nach vorn gelangen würde, desto besser.

Der Auslandsnachrichtendienst gab sich alle erdenkliche Mühe, die schwankenden Konjunkturen und wechselnden Koalitionen innerhalb der Sozialdemokratie so präzise und zeitnah wie möglich abzubilden, Fehlprognosen inbegriffen. So kam es, dass der BND, vielleicht von den persönlichen Hoffnungen Siegfried Ortloffs beeinflusst, wenige Wochen vor dem Parteitag mit der Meldung »Schlechte Aussichten für Reformer« aufwartete: »Die Reformer in Parteivorstand und Fraktion befürchten allmählich«, hieß es, »dass sie auf dem Parteitag in Stuttgart nur geringe Aussichten haben. Angeblich wollen Erler, Schmid und Wehner« – die drei stellvertretenden Fraktionsvorsitzenden – »zur Vermeidung einer evtl. Niederlage von vornherein darauf verzichten, als stellvertretende Vorsitzende zu kandidieren. Ihre Absicht gehe dahin zu erklären, dass sie sich völlig auf ihre Arbeit in der Fraktion konzentrieren wollten.«[25] Die drei Parlamentarier würden sich nun stark für den dezidiert linken Bundestagsabgeordneten Willi Birkelbach aus Hessen und Waldemar von Knoeringen aus Bayern einsetzen. Dann folgte eine Gewichtung der beiden Kandidaten aus der Insiderkenntnis des Zuträgers: »Birkelbach ist in seiner politischen Durchschlagskraft so unbedeutend, dass er als stellvertretender Vorsitzer kaum

Chancen habe, den Funktionärsflügel gegen die Reformer zu stärken. Keiner sei leichter zu überspielen als er. Man könne ihn als einen harmlosen ›Vereinsmeier‹ bezeichnen.« Honorig, wie er sei, würden ihn die Delegierten aber gewiss wählen. Knoeringen sei viel ernster zu nehmen als Birkelbach, doch werde er ebenfalls »nicht zur Stärkung der Position der Funktionäre beitragen«; womöglich lehne er eine Kandidatur sogar ab.

Da es bei diesen Planspielen nicht zuletzt um das politische Überleben des stellvertretenden SPD-Vorsitzenden Wilhelm Mellies ging, rückte dessen schlechter Gesundheitszustand ins Blickfeld. Dazu gingen ausgefeilte Bulletins beim Kanzleramtschef ein. Ende Februar kam die Meldung, Mellies sei unheilbar an Leberkrebs erkrankt.[26] Bald kannte Globke auch die Einzelheiten: »Mellies hat nach der Operation an der Bauchspeicheldrüse inzwischen wieder mit leichter Arbeit begonnen«, er werde aber »trotzdem wahrscheinlich nicht mehr ernsthaft in die Politik zurückkehren können. Mellies klagt seit langem über Leberschmerzen. Bei einem Gelbsuchtsanfall, der nicht zurückgehen wollte, bestanden die Ärzte auf einer Operation. Als Ergebnis, das zu einem sofortigen Abbruch der Operation führte, stellte sich heraus, dass Mellies an einem unheilbaren Leberkrebs leidet. Auch wenn er die Operation ohne Rückfall übersteht, geben ihm die Ärzte nur noch eine Lebensdauer von 3–4 Jahren. Lediglich Frau Mellies und ein kleiner Kreis des Parteivorstands« – Siegfried Ortloff gehörte dazu – »sind über seine Krankheit informiert. Er selbst soll bis heute noch nichts davon wissen. Man nimmt an, dass die politischen Schwierigkeiten der letzten Wochen und Monate, darüber hinaus eine Reihe privater Sorgen, den Ausbruch der Krankheit beschleunigt haben.«[27] Einige Zeit später wurde der Ausfall von Mellies publik. Die SPD teilte dem Kanzleramt offiziell mit, Fritz Erler werde ihm im parlamentarischen Vertrauensmännergremium für den BND nachfolgen.[28]

In diesen Frühjahrstagen lieferte Pullach im Palais Schaumburg in bewährter Routine auch wieder eine Information über die

Sitzung der SPD-Spitzengremien in Bonn ab.[29] Sie umfasste fünf Schreibmaschinenseiten. Zunächst wurden die außenpolitischen Ausführungen des Parteichefs Erich Ollenhauer referiert, der sich im Hinblick auf die von seiner Partei forcierte Abrüstungsfrage pessimistisch äußerte; zu einer »wirksamen Atomkontrolle« werde es wohl nicht kommen. Immerhin habe sich die Linie der SPD, sehe man von Holland und Frankreich ab, in der Sozialistischen Internationalen durchgesetzt. »Die offizielle USA-Politik zeige keinerlei Tendenzen, die Entspannungsbewegung in der westlichen Welt aufzunehmen und weiterzutragen. Frankreich werde sich wohl erst zur Teilnahme an einer Entspannungspolitik bereit erklären, wenn es vierte Atommacht geworden sei, vorher kaum.« Die geplante Gipfelkonferenz bringe hier sicherlich keine Ergebnisse.

»Jetzt sei die Frage, was die SPD im außerparlamentarischen Raum bis zur Entscheidung der Atomrüstung der Bundesrepublik tun könne«, so weiter. »Nach seiner Auffassung werde die Volksbewegung gegen den Atomtod tatsächlich effektiv werden. Anfang nächster Woche werde der vorgesehene Appell der Öffentlichkeit übergeben, der von einem guten repräsentativen Querschnitt aus Parteien, Kirchen, Verbänden und Gewerkschaften getragen sein werde.« Der »Arbeitsausschuss gegen den Atomtod« veranstalte in Frankfurt am Main eine repräsentative Kundgebung, für die man Albert Schweitzer als Redner zu gewinnen hoffe. Ollenhauer vertiefte das Thema noch weiter, gab organisatorische Empfehlungen und zitierte ausführlich Meinungsumfragen, die sämtlich eine Skepsis der Bevölkerung gegenüber der Ausstattung der Bundeswehr mit Atomwaffen zeigten.[30]

Danach debattierte die Parteiführung über die verzögerte Verabschiedung des Bundeshaushalts, namentlich die Höhe des Verteidigungshaushalts: »Jetzt sei der Punkt erreicht, wo die Verteidigungslasten Wirtschaft und Währung generell gefährdeten. Falls der Strauß-Plan über den Aufbau der Bundeswehr bis 1960 realisiert werden sollte, müsste der Verteidigungshaushalt 1959 15 Milliarden und im Jahr darauf 18 Milliarden betragen. Dies werde jedoch nur über einschneidende Steuererhöhungen oder aber eine kontrollierte Inflation zu erreichen sein. Wehner schaltete sich mit der Forderung ein, eine außerparlamentarische Aktion gegen die Tendenz der Bundesregierung zu starten, den Lebensstandard mit Rücksicht auf die Rüstungsaufgaben stagnieren zu lassen oder diesen gar zu senken.«

Dann der bevorstehende Parteitag: »Zur Parteireform gab Ollenhauer bekannt, dass der allgemeine Ausschuss für die Parteireform seine Arbeiten bis Stuttgart nicht beenden könne. Der 7er Ausschuss habe jedoch seine Vorlage fertiggestellt. (Die Vorlage ist als Anlage beigefügt.) Sie löste heftige Diskussionen aus, da darin keine konkreten Angaben über die Anzahl der besoldeten und unbesoldeten Vorstandsmitglieder und ebenso nicht die Zahl der Mitglieder des Geschäftsführenden Vorstandes enthalten seien.«

In derselben Sitzung entspann sich eine Diskussion über »undichte Stellen in der Partei«.[31] Einer der Anwesenden versuchte, daraus »eine Spitze gegen den Apparat zu machen und beschuldigte die anwesenden Mitglieder des Apparates, die Referenten, die Dinge nach außen zu tragen« – einer der angesprochenen Referenten war Siegfried Ortloff, der seine Beobachtungen weniger nach außen, sondern gewissermaßen nach innen in die geheime Sphäre des Auslandsnachrichtendienstes gab. Der nichtsahnende »Ollenhauer wurde hier sehr scharf und nahm den Apparat in Schutz.« Die Neigung, Informationen aus vertraulichen Gesprächen an die Öffentlichkeit durchzustechen, betonte der Parteichef, komme von dort, wo ein politisches Interesse gegeben sei, »den Parteivorstand bereits vorher in seiner Entscheidung zu beeinflussen. Es gibt Teilnehmer an der Sitzung, die die Ausführungen Ollenhauers auf Schmidt (Hamburg), Wehner und Carlo Schmid bezogen.«

Willy Brandt war in der zurückliegenden Sitzung des Parteivorstands mit einem Bericht über seine Amerikareise hervorgetreten und hatte darauf hingewiesen, dass, wie er nicht unterschlug, »bei aller Begeisterung für ihn als Berliner Stadtoberhaupt in einflussreichen politischen Kreisen der USA die Haltung gegenüber der Politik der Sozialdemokratie sehr reserviert gewesen sei. Es sei eine der Notwendigkeiten der deutschen Politik – auch einer sozialdemokratischen –, ein gutes Verhältnis zu den USA herzustellen. Sein Eindruck sei, dass zwar in einigen Kreisen linker Intellektueller in den USA ein Umdenken in Fragen der Europa- und Ostpolitik vor sich gehe, dass in der amerikanischen öffentlichen Meinung aber das Eingehen auf Vorschläge wie den Rapacki-Plan [für eine atomwaffenfreie Zone in Mitteleuropa] u.a. sehr viel neues Misstrauen gegenüber der Sozialdemokratie genährt habe. Er (Brandt) rede mit seinen Ausführungen nicht einer Änderung der sozialdemokratischen Politik das Wort, sondern verlange nur eine Berücksichtigung dieser Vorstellungen.«[32] Diese Mitteilung hatte ebenfalls dem Bundeskanzler vorgelegen, der sich für alles interessierte, was über den zunehmend ins Rampenlicht tretenden Hoffnungsträger aus Berlin zu erfahren war.

Mitte März machte der Auslandsnachrichtendienst Überstunden. Elf Meldungen aus der SPD lieferte er an einem einzigen Tag im Palais Schaumburg ab. Tatsächlich gab es für Ortloff viel zu erzählen, namentlich zu der heftig umstrittenen »Wehrfrage«.[33] Der sozialdemokratische Parteichef, erfuhr der Kanzler, habe dazu im kleinen Kreis erklärt, »dass man bemüht sein werde, zunächst einmal zu schweigen. Von Bedeutung ist, dass über die Wehrfrage auf dem Programm des Parteitages zwei Referate von Erler und Wehner angekündigt sind. Offensichtlich bedeutet die Taktik Ollenhauers, dass er vom Parteitag in dieser Frage heftige Auseinandersetzungen erwartet und bis dahin eine eigene konkrete Stellungnahme zurückhalten möchte. Auf jeden Fall wird der endgültige Resolutionsentwurf nach Ansicht einiger Vorstandsmitglieder wieder einmal um die Probleme herumreden und keine klare Entscheidung enthalten. Man erwartet, dass der Parteitag in der Tendenz zwar gegenüber den Parteitagen in Berlin und München einen Schritt vorwärts gehen wird, etwa in Richtung auf eine obligate Heimatverteidigung oder die verstärkte Verteidigungsbereitschaft eines Deutschland außerhalb der Nato, dass gegenüber den Vorstellungen der Bundesregierung aber auf jeden Fall ›Nein‹ gesagt wird, weil das ›Ja‹ ein Auseinanderfallen der Partei bedeuten würde.«

Nicht weniger aufschlussreich war eine Information über den aufstrebenden Fritz Erler, der im sozialdemokratischen Theorie-Organ *Neue Gesellschaft* Vorstellungen entwickelt hatte, wie eine moderne SPD ihr Verhältnis zu Staat und Militär neu ordnen könne.[34] Das habe im »Parteivorstand, vor allem aber im Apparat, heftigen Widerspruch ausgelöst«, erfuhr man. »Sicher ist, dass es sich dabei um eine private Äußerung von Erler handelt, die zwar von einigen Leuten im Sicherheitsausschuss der SPD geteilt wird, die aber – wenn der Parteivorstand auch nicht offiziell von diesem Artikel abrücken wird – kaum Aussicht hat, sich innerparteilich durchzusetzen. Man wirft Erler im Parteivorstand vor, dass er die Münchener Beschlüsse der Partei von 1956 in einem Sinne interpretiere, der der Partei nur Schaden verursache.«

»Man meint zwar«, so weiter, »dass mit der alten politischen Haltung keine bürgerlichen Wähler von der CDU herauszubrechen sind, dass aber mit einer Revision der sozialdemokratischen Haltung im Augenblick die bei der letzten Wahl erreichte Position in Gefahr kommen könne. Zweifellos handelt es sich bei dem Vorgehen von Erler um ein ehrliches Anliegen, das aber innerhalb der Partei in absehbarer Zeit schon deshalb keine Aussichten hat, weil die Befürchtung, die Gefahr eines strategischen Zweckdenkens in der Bundesrepublik könne den Vorrang der Politik beseitigen, in der Spitze der Partei so stark verbreitet ist, dass Erlers Reformbestrebungen scheitern müssen. Worum man sich im Parteivorstand heute bemüht, ist lediglich die Versachlichung der Kritik an der Bundeswehr. Da man mit emotionellen Propagandaschlagworten wie dem ›Ohne mich‹ keinen Zuspruch mehr findet, wird man wieder polemisieren und versuchen, vorhandene Mängel psychologisch geschickt auszunutzen.« Konnte es für den Bundeskanzler erfreulichere Nachrichten über das Abbröckeln der SPD in der kardinalen Wehrdebatte geben?

In diesen Wochen wurde die Frage einer Ausrüstung der Bundeswehr mit atomaren Trägersystemen und die Stationierung taktischer Nuklearwaffen nach turbulenten Debatten im Deutschen Bundestag entschieden. »Wie in den frühen fünfziger Jahren schon einmal«, vermerkt Hans-Peter Schwarz in seiner Geschichte der Ära Adenauer, »als es um den Wehrbeitrag ging, prallten Regierung und Opposition leidenschaftlich aufeinander, und die verteidigungspolitischen Differenzen bewegten eine breite Öffentlichkeit.«[35] Die Presse befasste sich im Vorfeld intensiv mit dieser tiefgreifenden Entscheidung, namentlich der *Spiegel,* der mit einem ebenso umfangreichen wie spektakulären Artikel über ein recht realitätsnahes »SPD-Wehrgutachten« herauskam, das ebenso »eine von General Heusinger und Verteidigungsminister Strauß abgezeichnete Expertise« hätte sein können. Das Gutachten stammte vom sozialdemokratischen Wehrexperten Fritz Beermann, einem ehemaligen Oberstleutnant, und habe beim Parteivorstand wegen dessen eigenwilligen Ansichten größte Empörung hervorgerufen, und zwar eine derartige, dass er das Papier als »glatte Fälschung« abgetan, zugleich aber eine Untersuchung angestellt habe, wie es an die Öffentlichkeit gelangen konnte; die Stellung Beermanns, dem »Adenauer-Politik« vorgeworfen werde, sei gefährdet. Als man den früheren Regimentskommandeur dann noch der Indiskretion bezichtigt habe, sei er explodiert und aus dem Sitzungssaal gestürmt: »Die Partei muss sich entscheiden, ob sie die Landesverteidigung oder ob sie diesen Soldaten das Messer in den Rücken stoßen will.«[36] Darüber müsse der Parteitag befinden.

Ortloffs Bericht brachte den Bundeskanzler verlässlich auf den Stand der parteiinternen Debatte.[37] Die Presseartikel über das vielzitierte Gutachten, hieß es in seiner vertraulichen Mitteilung für Globke, »sind insofern übertrieben, als es sich dabei tatsächlich um ein Gutachten aus der Feder von Beermann, dem Assistenten der SPD-Fraktion für Wehrfragen und Sicherheitsfragen, handelt, das aber von keinem der SPD-Gremien beschlossen oder auch nur unterstützt wurde.« Es handele sich mehr um die Zusammenstellung und Diskussion militärwissenschaftlicher Fachfragen. Wie Passagen daraus an die Öffentlichkeit gelangten, sei nicht mehr zu klären. Das scharfe Dementi, eine »Kurzschlussreaktion«, sei verständlich.

Im Parteivorstand der SPD, so die immer kleinteiliger werdende Information weiter, habe sich die Debatte auf das mittlerweile viel zitierte und vielfach abgewandelte Diktum Beermanns zugespitzt. Es gebe zwei Lesarten: »Die eine besagt sinngemäß, dass die SPD sich zu entscheiden habe, ob sie den deutschen Soldaten das Messer in den Rücken stoßen will; die zweite, ob sie den Genossen in der Bundeswehr das Messer in den Rücken stoßen will. Man ist der Meinung, dass Beermann wohl den ersten Ausdruck gebraucht hat« – das entsprach nicht der Darstellung im *Spiegel* –, »heute aber aus taktischen Gründen behauptet, die zweite Version geäußert zu haben«.

Das war nicht trivial: »Zweifellos könnte der Nachweis der ersten Version seine Position und eine vernünftige Einstellung zur Wehrpolitik sehr infrage stellen, ohne dass auch nur einer der verständigeren Leute sich für ihn einsetzen könnte. Die linken Kreise in der Fraktion versuchen hier auch systematisch die Diskussion im Hinblick auf den Parteitag zu beeinflussen.« Argumente und Beschuldigungen hingen an der jeweiligen Position: »Hier geht es nicht um die Klärung einer politischen Frage, sondern in erster Linie um die Austragung parteiinterner Schwierigkeiten und Spannungen. Da man Beermann zum Reformerflügel zählt, versucht man mit der Veröffentlichung des Wehrgutachtens den Reformerflügel zu belasten.« Da der BND-Agent und SPD-Sicherheitsexperte Siegfried Ortloff zum Apparat der »Baracke« zählte, ist er es womöglich selbst gewesen, der die Beermann-Indiskretion lanciert hatte.

Am Tag, als der Beermann-Bericht bei ihm einging, erhielt der Kanzler Gelegenheit zur vehementen Anstreichung auf einer anderen Mitteilung, die ihn unter dem Reiz-Motto »Wehner-Programm für Wiedervereinigung« erreichte.[38] Es gehörte zu den gängigen sozialdemokratischen Überlegungen, womöglich über eine »deutsche Wirtschaftsgemeinschaft« in mehreren Etappen zur Wiedervereinigung gelangen zu können. »Das 5-Punkte Programm

Wehners, das eine wirtschaftliche Annäherung der beiden Teile Deutschlands anstrebt«, meldete der BND, »wird auch von führenden Sozialdemokraten kritisiert. Auch wenn die Vorstellungen über eine Konföderation nicht mehr so völlig ablehnend beurteilt werden wie etwa noch vor einigen Jahren, so ist man vor allem über den Zeitpunkt der Vorschläge Wehners bestürzt. Man befürchtet, dass seine Wirtschaftsvorschläge einer Wirtschaftshilfe der Bundesrepublik für das Zonenregime gleichkommen und die CDU hierdurch die Möglichkeit erhält, gegen Wehner zu polemisieren, dass er das Ulbricht-Regime sanieren und erhalten möchte. Der Zeitpunkt sei gerade nach den vorangegangenen Berichten über die Schwierigkeiten Ulbrichts denkbar ungeeignet gewesen.«

Dieser Hinweis war nicht von geringerer Bedeutung als die beiden weiteren Meldungen, die folgten. Sie drehten sich um die Vorbereitungen der SPD für die große außenpolitische Debatte des Deutschen Bundestags in der vorletzten März-Woche 1958. Der erste, ein Bericht aus der Sitzung der sozialdemokratischen Bundestagsfraktion, traf einen Tag vorher im Bundeskanzleramt ein.[39] Zunächst ging es um die Rednerfolge: »Es wurde beschlossen, dass Arndt die Große Anfrage der SPD zu begründen habe. Je nach Ablauf der Debatte sollen nach ihm Wehner oder Erler sprechen. Mit Rücksicht auf seinen Besuch in Polen ist Carlo Schmid als dritter Sprecher in jedem Fall vorgesehen. Auf ihn soll [Karl] Mommer folgen, sodann [Holger] Börner und zuletzt Dr. Heinemann oder Frau Wessel. Ollenhauer will sich vorbehalten, eventuell das Schlusswort mit einer Zusammenfassung des Gesamtstandpunktes der SPD zu halten.« Die SPD werde vier Anträge einbringen, »die das Verbot einer Atombewaffnung der Bundesrepublik und die Empfehlung zum Gegenstand haben, wonach die Bundesregierung an einer schrittweisen Schaffung einer entspannten Zone in Mitteleuropa mitwirken soll.«

Es werde damit gerechnet, begann der BND seinen zweiten Bericht, »dass die Bundestagsdebatte großen Einfluss auf die Entscheidung des Parteitages haben wird. Danach nimmt man an, dass die Berufung der Regierungsparteien auf Stellungnahmen von Fritz Erler in erster Linie zu seiner Schwächung gegenüber der Parteilinken beitragen wird. Man hört bereits heute Stimmen, die ihn beschuldigen, durch seine Haltung zur Landesverteidigung die Sozialdemokratie ins Zwielicht gebracht zu haben. Die im Sinne der sozialdemokratischen Propaganda bisher nicht besonders erfolgreiche Debatte, die man ja in Erkenntnis der Realitäten aufschieben wollte, wird, soweit es sich um die von ihm verursachten Angriffsmöglichkeiten handelt, auf Erler abgewälzt, auch wenn man ihm einräumt, die beste Rede der Opposition gehalten zu haben. In weitsichtigeren Kreisen der Sozialdemokratie hört man Stimmen, dass man von der Regierungsseite besser beraten wäre, angesichts der heiklen Situation vor dem Parteitag, die entscheidenden Angriffe gegen Wehner zu richten, in dessen außenpolitischer Haltung in der Wiedervereinigungsfrage doch die entscheidenden Ursachen für die sozialdemokratische Haltung zu suchen sind.«[40]

Wenige Wochen vor dem spektakulären SPD-Parteitag in Stuttgart, der weitreichende Entscheidungen brachte, vertiefte sich der Auslandsnachrichtendienst noch einmal in die sozialdemokratische Machtarchitektur. Pars pro toto nahm er sich die Frontstellung »Besoldete« gegen »Reformer« am Beispiel des »Gegensatzes Erler–Heine« vor.[41] Zwischen beiden sei es in letzter Zeit »zu erheblichen Spannungen gekommen«, berichtete der BND: »Der Gegensatz zwischen den beiden, der seinen Ursprung bereits in der Schumacher-Periode hat, als Erler von Schumacher und dem Geschäftsführenden Vorstand bewusst niedergehalten worden war, weil er durch eigenwillige politische Stellungnahmen hervortrat, hat jetzt dazu geführt, dass Erler offen gegen Heines Wiederwahl im Parteivorstand auftritt. Auf jeden Fall soll nach Erlers Ansicht verhindert werden, dass Heine im Geschäftsführenden Parteivorstand Fragen der Außenpolitik und der Internationale behandelt.« Der bei drei Bundestagswahlen erfolglose Presse- und Propagandachef der Partei versuche, »den Angriffen Erlers damit entgegenzuwirken, dass er in der letzten Zeit persönliche und direkte Kontakte zum

Auswärtigen Amt und zu den in Bonn akkreditierten Diplomaten sucht. Dabei hat Heine einen Stellungswechsel vollzogen und bemüht sich um eine Annäherung an den linken Flügel der Partei.«

Über die gemeinsame Sitzung des Parteiausschusses und des Parteivorstands Anfang Mai in Berlin, in der unter anderem die Empfehlungen der »Siebenerkommission zur Reorganisation der Parteispitze und zur Aktivierung der Parteiorganisation« verabschiedet wurden,[42] berichtete Ortloff in einer Art Ergebnisprotokoll.[43] In den Beratungen war es um eine mögliche Volksbefragung zur Atombewaffnung gegangen, um den Wahlkampf in Nordrhein-Westfalen, eine Tagung der Sozialistischen Internationale, eine wehrpolitische Resolution, die Intensivierung von Ostkontakten und um die Vorstandswahlen auf dem bevorstehenden Parteitag. Dazu wolle der alte Vorstand eine Vorlage machen, die das höchste Beschlussorgan auffordern solle, den neuen Vorstand »in insgesamt fünf Wahlgängen zu wählen«. Das berührte allerdings den zentralen Kritikpunkt der Reformer, die sogleich ihre Stimme erhoben: »Gegen diese Vorlage sprach insbesondere Birkelbach, der die Befürchtung äußerte, dass fünf Wahlgänge den Hauptamtlichen von vornherein ein allzu großes Übergewicht geben würde. Ein in seiner Mehrheit aus Hauptamtlichen zusammengesetzter Vorstand sei jedoch, wie die Vergangenheit bewiesen habe, politisch nicht aktionsfähig.« Genau das war seit langem der Hauptstreitpunkt zwischen Traditionalisten und Reformern. Also überließ man die Entscheidung dem Parteitag und dem dort neu zu wählenden Gesamtvorstand. Der würde nun darüber befinden, ob die Mehrheit des Präsidiums aus »besoldeten« oder ehrenamtlichen Genossen bestehen sollte.

»PARLAMENTARISIERUNG DER SOZIALDEMOKRATIE«

Stuttgarter Mai-Revolution 1958

Es wurde schon erwähnt, dass der Stuttgarter Parteitag Ende Mai 1958 eine Revolutionierung der SPD-Spitzengremien brachte. Man hat von einer »›Parlamentarisierung‹ der deutschen Sozialdemokratie« gesprochen.[44] Die Presse berichtete ausführlich. Was Bundeskanzler Adenauer daraus nicht entnehmen konnte, lieferte der BND. Er verfasste einen Bericht nach dem anderen darüber, wie sich der Wahlverlierer von 1957 neu zu sortieren begann. Präsident Gehlen informierte Staatssekretär Globke auch persönlich darüber. Eine Woche nach Stuttgart notierte er auf einem Merkzettel für seine Reise nach Bonn: »Lage der SPD«.[45] Es waren weiterhin vor allem Siegfried Ortloff und Siegfried Ziegler, die dem BND-Präsidenten zu seinem exklusiven Einblick in die Welt der Sozialdemokratie verhalfen.

Wenige Tage bevor sich Gehlen zur Berichterstattung in die Bundeshauptstadt begab, erhielt er von Ziegler ein ausführliches Briefing, als Zugabe auch gleich noch das »unkorrigierte Protokoll vom 1. u. 4. Verhandlungstag« des Stuttgarter Treffens.[46] Seine Schilderung war kenntnisreich und präzise: »Einleitung eines politischen Erdrutsches seitens der Reformer, was den Sturz des Funktionärsapparates um Ollenhauer zur Folge hatte«, begann er. »Es wird fest damit gerechnet, dass anlässlich des nächsten Parteitages im Jahre 1960, welcher kurz vor den Wahlen liegt, eine andere Persönlichkeit an die Stelle Ollenhauers treten wird, dieser wird nur aus optischen Gründen und wegen seiner persönlichen Integrität gehalten.«

Der SPD-Genosse und hauptamtliche BND-Mitarbeiter Siegfried Ziegler referierte sodann über den »Abbau« von Ollenhauers Hausmacht: »Ablösung von Heine als besoldetem Vorstandsmitglied, seine Aufgaben (Pressechef, Ostfragen, Leitung des Ostbüros mit [Stephan] Thomas, welcher ein erklärter Gegner von Wehner ist) werden durch jemand anderen übernommen werden müssen. Schoettle, ebenfalls nicht wiedergewählt, konnte allerdings wegen Herzinfarkt nicht kandidieren. Mellies, gestorben. Beachtlich der wirtschaftspolitische New Look, dargelegt durch den Wirtschaftsexperten Deist, welcher die SPD zu einer Koalition mit der FDP bereitmachen soll. Worte von Carlo Schmid: ›Macht die Türe nach rechts weit auf!‹ Einzelne Persönlichkeiten: Stärkste Figur ist Wehner als stellvertretender Vorsitzender und zugleich stellvertretender Fraktionschef. Seine Einstellung zum BND ist sicher nicht unkritisch, jedoch wird man mit ihm offen reden können. Fähigster politischer Kopf, sehr dynamisch. Wehner ist kein Freund des Ostbüros. (Auftragsgemäß wurde Auffassung 70 [Gehlen] hierzu dargelegt.) Erler, nächstwichtigster Mann, ohne Zweifel sehr viel schwieriger als Mellies, da vorwiegend intellektuell geprägter Typ. Knoeringen, Schöngeist und ›Überflieger‹. Ortloff bleibt, ist so etwas wie ein unabhängiger Parteibeamter, seine Stellung dürfte nach Ausscheiden Mellies, Schoettle, Heine ebenfalls geschwächt sein.«

Dieser kenntnisreiche Einblick zeigte Reinhard Gehlen, dass seine seit Jahren verfolgte Doppelstrategie gegenüber der SPD-Spitze durch die Stuttgarter Palastrevolution nicht gefährdet wurde: nämlich sich um ein harmonisches Verhältnis zur Parteiführung zu bemühen und diese gleichzeitig auszuspionieren. Der Verräter Ortloff verblieb in seiner Stellung, Siegfried Ziegler erfreute sich weiterhin bester Kontakte zu den führenden Sozialdemokraten. Die Tatsache, dass Herbert Wehner jetzt noch stärker in den Vordergrund rückte, tat dessen Bekämpfung keinen Abbruch, im Gegenteil.

Im Juni 1958, als Gehlen im Kanzleramt gleich zu Beginn des Monats die »Folgerungen aus der neuen Zusammensetzung der Parteiführung der SPD für das Verhältnis des BND zur Opposition« zur Sprache gebracht hatte,[47] trafen dort fünf umfangreiche Berichte der Spitzenquelle Ortloff über die neuen Verhältnisse in der SPD-Führung ein; im Juli folgten fünf weitere – eine Papierflut, die im Bundeskanzleramt, nach den Bearbeitungsspuren zu urteilen, interessierte Aufnahme fand. »Die gegenwärtige Situation im Parteigebäude der SPD wird von den Mitarbeitern als ›Höhepunkt der Immobilität‹ bezeichnet«, begann die erste Sachstandsanalyse.[48] »Nach dem Ausgang des Stuttgarter Parteitages und den Vorstandswahlen wagt nicht ein einziger Referent Entscheidungen zu treffen oder sich festzulegen. Auch Ollenhauer und Eichler sind bemüht, irgendwelche Festlegungen zu vermeiden, ehe nicht der künftige Kurs des Parteivorstands festgelegt ist. Heine hat inzwischen in der Friedrich-Ebert-Allee zwei Zimmer freimachen lassen, die er nach der von ihm als sicher angenommenen Berufung zum Chef der Konzentration GmbH beziehen will«, jener Presseholding der SPD, deren Leitung der Vorstand Fritz Heine anbot und die er dann auch übernahm.[49]

Parallel dazu wies Siegfried Ziegler den BND-Vizepräsidenten Worgitzky auf die wichtigsten Ergebnisse des Parteitags hin.[50] Dieser machte sich handschriftliche Notizen, wonach Wehner bis zum Herbst stellvertretender Partei- und Fraktionsvorsitzender bleiben, dann aber sein Amt in der Fraktion mit Sicherheit aufgeben werde; »Nachfolger Deist?« Wehner habe seine Vorstellungen mutig und geschickt gegen die Funktionäre verteidigt. »Schade, dass Erler es nicht auch wagte, fürchtete, dass er nicht wiedergewählt würde. Kam mit seiner Kompromisslösung durch. Nicht Noske, sondern Politiker […] 1. Vorsitz: Erich Ollenhauer statt C. Schmid. Carlo: Ich werde *noch nicht* gegen Erich Ollenhauer kandidieren. Es ist in zwei Jahren nochmal ein Parteitag, in drei Jahren Bundestagswahl […] Wehner nicht als 1. Vorsitzender […] Erich Ollenhauer in schlechter Verfassung. Wehner hat das Faszinierende. Gibt Gesamtdeutschen Ausschuss ab, um interne Parteiarbeit zu leisten […] Unser Ressort Erler. Ortloffs Position wird dadurch gestärkt. Ortloff wie bisher Verbindungsstelle für uns; keine Schwierigkeit.«

Im Sommer tagten Präsidium und Vorstand der SPD mehrfach – wie immer vorbereitet und protokolliert von dem BND-Informanten Ortloff. Wesentliche Ergebnisse dieser wichtigen Sitzungen gelangten in der Regel postwendend an das Bundeskanzleramt, so auch die der Beratungen in der zweiten Juni-Hälfte. Es ging darin neben der Algerien-Frage und der kürzlichen Tagung der Sozialistischen Internationale vor allem um die »Aufweichungserscheinungen in der FDP gegenüber Adenauer«.[51] Ollenhauer habe also vorgetragen, »dass ihm Berichte über eine zunehmende Aktivität des FDP-Vorsitzenden Maier und des Bundestagsabgeordneten Scheel in Richtung auf eine Aussöhnung mit der CDU vorlägen« – Anstreichung des Lesers. »So sei nicht zu bezweifeln, dass Maier sehr vertrauliche Gespräche mit Erhard und [Hermann] Lindrath geführt habe. Für Maier seien keineswegs, wie es hinterher behauptet worden sei, nur wirtschaftliche Anliegen seiner engeren Heimat maßgebend gewesen. Scheel wiederum glaube, über die guten Dienste, die er unter Umständen Adenauer durch eine Zurückführung der FDP erweisen könne, sich selbst Vorteile bei seiner Tätigkeit in den Europäischen Gemeinschaften zu verschaffen. Die Aussprache über diese Information Ollenhauers wurde mit großem Ernst und mit *sichtlicher*« – Siegfried Ortloff saß ja als Beobachter mit am Tisch – »Besorgnis hinsichtlich der Koalitionslage in NRW geführt. Wehner erklärte sich bereit, mit [Wolfgang] Döring über diese Informationen offen zu sprechen.« Dem Wahlausgang in Nordrhein-Westfalen sehe man im Vorstand mit Sorge entgegen; sehr zu Recht, wie sich Anfang Juli zeigte.

Breiten Raum nahm die Neuregelung der Pressearbeit ein, wo ziemlich viel schmutzige Wäsche gewaschen wurde. Da Chefredakteur Horst Flügge den Verleger des *Vorwärts* am Rande des Parteitags in einer Stuttgarter Bar »in angetrunkenem Zustand« schwer beleidigt habe, wolle der nun nicht mehr mit diesem zusammenarbeiten. Da Flügges Neigung zu »alkoholischen Exzessen« für eine Kündigung aber nicht ausreiche, werde man im Falle seiner Entlassung wohl einen fünfstelligen Betrag oder die Leitung der SPD-Pressestelle anbieten müssen. Dazu kam es dann nicht, wohl aber zu einem bemerkenswerten Gerangel um den Posten eines sozialdemokratischen Pressechefs, das der Leiter der Pressestelle der

Fraktion, Franz Barsig, schließlich für sich entschied. Wegen der delikaten Balance zwischen Partei und Fraktion war sich das Präsidium »einig darin, dass die Pressereferate beider Gremien unter keinen Umständen in einer Hand vereinigt werden sollten«. Es gebe auch schon einen Bewerber für die Fraktionspressestelle, nämlich »den Bonner Rias-Korrespondenten Egon Bahr. Er ist an dieser Funktion jedoch nur interessiert, wenn ihm völlige journalistische Freizügigkeit garantiert werden kann. Da sich die drei Stellvertreter des Fraktionsvorsitzenden politisch jedoch in der Regel niemals einig sind, würde dies bedeuten, dass ein Fraktionspressechef Bahr eine vollkommen freizügige und eigenmächtige Pressepolitik treiben könnte.« Es bestehe daher wenig Neigung, die Bewerbung von Egon Bahr zu berücksichtigen.

Kurz darauf kam das SPD-Präsidium erneut zusammen.[52] Einen Tag später landeten die wesentlichen Ergebnisse der Beratungen auf Globkes Schreibtisch. Es ging vor allem um die neue Geschäftsverteilung zwischen den Präsidiumsmitgliedern. Außerdem hatte man sich nach längeren Beratungen auf einen Kompromiss geeinigt, der eine offene Auseinandersetzung zwischen Wehner und dem Leiter des Ostbüros Stephan Thomas verhindern sollte. Als Übergangslösung wurde daher einer der übriggebliebenen »Besoldeten«, Max Kukil, mit der Aufsicht über das Ostbüro beauftragt. Er sollte zugleich einen Vorschlag für dessen »Neuorientierung« vorlegen; im Beschlussprotokoll der Sitzung fand diese Kontroverse naturgemäß keinen Niederschlag.[53] Es folgte noch eine ergänzende Information.[54] Darin wurde betont, die Kukil-Regelung solle den Gegensatz zwischen Wehner und Thomas »neutralisieren«, doch bedeute das in Wirklichkeit »eine politische Zurücksetzung dieses Büros nach dem Willen von Wehner«.

Dieser Bericht beschrieb auch die neuen Zuständigkeiten von Deist, Erler, von Knoeringen und Marta Schanzenbach im Präsidium. »Größere Meinungsverschiedenheiten gibt es noch in Fragen der Außenpolitik«, hieß es weiter. »Darum hatten sich Ollenhauer, Erler und Carlo Schmid beworben. Ollenhauer ist aber nicht geneigt, die außenpolitischen Angelegenheiten aus der Hand zu geben. Ein Kompromissvorschlag von ihm sieht vor, ihn mit außenpolitischen Angelegenheiten zu betrauen, aber Wehner ein Mitspracherecht einzuräumen und beide im Wechsel als ständige Delegierte zu den Bürositzungen der Internationale zu entsenden. Bis heute gibt es noch eine starke Opposition gegen diesen Vorschlag. Ursache ist die Tatsache, dass man Ollenhauer [sic! wohl: nicht] aus dieser Arbeit herausreißen möchte.« Während das neunte Präsidiumsmitglied noch nicht benannt sei, werde »Carlo Schmid bei der Aufgabenaufteilung möglicherweise leer ausgehen. Man schätzt seine organisatorische Begabung so gering ein, dass man von ihm keine motorische Kraft innerhalb der Parteiorganisation erwartet. Die offizielle Begründung ist aber, dass man ihn für repräsentative Funktionen und vielleicht als Leiter eines Schattenkabinetts benötigen werde.«

Vorstandssekretär Siegfried Ortloff, der bei allen Sitzungen, in ihre Vorbereitung wie in ihre Nachbereitung, umfassenden Einblick genoss, war für die nachrichtendienstliche Ausspähung des SPD-Parteivorstands durch den BND die schlechthin ideale Innenquelle. Wehner könnte der mächtigste Mann im neuen Parteiapparat werden, vermutete er jetzt. »Die Mehrzahl der Vorstandsmitglieder hat ihn in Verdacht, dass er sich die Arbeitsbereiche gesichert hat, die er zu einer weiteren Eroberung der Partei braucht. Man nimmt an, dass er mit Vorsicht, aber doch konsequent den Posten des ersten Vorsitzenden der Partei anstreben wird.« Sekretär des Präsidiums »bleibt Ortloff«, meldete Ortloff über Ortloff noch, ehe er sich in weitere Einzelheiten der Organisationsreform vertiefte. Wie aus den Unterlagen des SPD-Parteivorstands ersichtlich, war es niemand anderes als Siegfried Ortloff selbst, der dem Vorstand den »Arbeitsverteilungsplan (Mitglieder des Präsidiums)« vorlegte.[55]

Anfang Juli gab Siegfried Ziegler dem BND-Vizepräsidenten erneut ergänzende Hinweise.[56] Er erläuterte Worgitzky die Geschäftsverteilung in der SPD-Spitze, wo nun Waldemar von Knoeringen für die Innere Sicherheit, Fritz Erler für den BND zuständig geworden seien. »Otto [Ortloff] Referent für beide, noch mehr Zentralfigur. Alles über seinen Schreibtisch«, notierte sich Worgitzky. »Unsere Sachen über Otto zu Olly [Ollenhauer], unter seiner Kontrolle zu Olly, zu Wehner, zu Erler, immer wieder an ihn zurück, *alles unter Kontrolle.*« Als Sicherheitsreferent und Personalchef nehme er an allen Präsidiumssitzungen teil. »Hat beratende Stimme, obwohl auch besoldete Vorstandsmitglieder kein Recht haben, an Präsidiumssitzungen teilzunehmen (Kukil, Eichler) – hierüber sehr böse. Otto natürlich sehr befriedigt über seine Position«; der BND auch – alles unter Kontrolle eben.

Rückschläge in Nordrhein-Westfalen und beim »Kampf gegen den Atomtod«

Die nächsten wichtigen Termine der SPD-Spitze wurden dem Kanzleramt von Ortloff frühzeitig angekündigt,[57] der die Sitzungen des Präsidiums am 7. Juli, des Vorstands sowie die Konstituierung des neuen Parteirats am 10., 11. und 12. Juli 1958 wie gewohnt vorbereitete. Wie meist führte er auch Protokoll. Legt man Ortloffs Informationen für den BND und die Originalprotokolle der SPD nebeneinander, so zeigt sich, wie stark sich seine geheimen Mitteilungen für das Kanzleramt auf die delikaten innerparteilichen Rivalitäten und politischen Kontroversen kaprizierten. Unter dem Strich waren Ortloffs Briefings wesentlich ergiebiger, als wenn der SPD-Funktionär die Originalprotokolle einfach im Kanzleramt abgeliefert hätte.

Die Präsidiumssitzung, berichtete Ortloff also, habe ganz im Zeichen der Landtagswahl in Nordrhein-Westfalen gestanden, bei der die SPD ihre Ziele klar verfehlt hatte: »Sie war getragen von einer außerordentlich deprimierten Stimmung, der insbesondere Wehner mehrfach Ausdruck gab. Hierbei beeindruckt die Parteiführung negativ weniger die Abwahl des Kabinetts [des SPD-Ministerpräsidenten Fritz] Steinhoff als die Tatsache, dass es der CDU« – sie erzielte 50,5 % – »keine neun Monate nach dem totalen Wahlsieg in der Bundesrepublik gelungen ist, einen weiteren totalen Wahlsieg im volkreichsten Land zu erzielen.« Es habe heftige Kritik an der Wahlkampfführung gegeben. Das neue, für Propagandafragen zuständige Präsidiumsmitglied von Knoeringen habe den Auftrag bekommen, hier künftig eine einheitliche Linie der Partei durchzusetzen. Der nicht anwesende Steinhoff und der nordrhein-westfälische Fraktionsvorsitzende hätten eine »zielbewusste und zugleich konstruktive Opposition« von SPD und FDP angekündigt: »An die Zielstrebigkeit dieser gemeinsamen Opposition glaubte man im Präsidium nicht so ohne weiteres, da sich in den letzten Wochen Informationen über eine Aufweichung von Teilen der Düsseldorfer FDP gegenüber der CDU gemehrt haben.« Die Wahlniederlage der Liberalen, mit denen die SPD die Regierungskoalition gebildet hatte (sie holten 7,1 %, verzeichneten jedoch erhebliche Verluste), könne bei den kleinen Parteien in den anderen Bundesländern zu einem Trauma werden, »wonach ein Zusammengehen mit der SPD den ›sicheren Tod‹« bedeute. Es müsse alles versucht werden, um die FDP »unbedingt« am Leben zu halten. Gegen Ende der Sitzung seien Carlo Schmid dann noch Indiskretionen zu der neuen Geschäftsverteilung vorgeworfen worden. »Schmid leugnete jedoch mit großem Pathos alles ab«, malte Augen- und Ohrenzeuge Ortloff den Vorfall aus. Auf eine Vertiefung des Streits habe man dann aber verzichtet, »da Ollenhauer im gegenwärtigen Augenblick einen Hausstreit im Parteivorstand nicht wünscht.«[58]

Aus der SPD-Vorstandssitzung drei Tage später, auf der die neue Spitzenorganisation beschlossen wurde, erfuhr der Kanzleramtschef, dass die Parteiführung in letzter Minute der öffentlichen Kritik nachgegeben und das Ostbüro (wie sich schon angedeutet hatte) einstweilen nicht Herbert Wehner unterstellt habe.[59] Willi Eichler sei mit der Erarbeitung des neuen Grundsatzprogramms der SPD beauftragt worden. Dann erging sich die Information über die Sitzung in aufschlussreichen Details eines Streits, bei dem es darum ging, wer ohne Stimmrecht zu einer Präsidiumssitzung eingeladen werden dürfe und wer nicht. Erler nahm das zum Anlass, »um Ollenhauer anzugreifen, dass er ohne eine Entscheidung des Präsidiums niemanden einzuladen habe.« Hauptbeschwerdeführer war jedoch das besoldete Vorstandsmitglied Kukil, der wegen dieses Gezerres am liebsten aus dem Vorstand ausscheiden wollte, doch kam ihm noch aus der Zeit vor der Parteireform »ausreichend Unterstützung aus den Bezirken« zugute, welche die »sehr zentralistische Atmosphäre des neuen Präsidiums beanstandeten«. Das Gremium habe dann sogleich einen neuen Status für Kukil beschlossen, »der Wehner zugleich das Ostbüro kostete«. Man gebe sich aber keiner Illusion darüber hin, dass es sich dabei lediglich um eine vorübergehende Lösung handele. Eine nennenswerte Beeinträchtigung habe Wehner nicht erlitten, schloss der ausführliche Bericht, vielmehr bekomme er künftig »wesentlichen Einfluss auf die Außenpolitik der SPD«. Das alles las sich naturgemäß etwas anders als im offiziellen Kommuniqué und im Pressedienst der Partei, der mit der Schlagzeile »Ein Bild der Geschlossenheit« herauskam.[60]

Der wohlinformierte Bundeskanzler ging vor den Spitzen seiner Partei ausführlich auf die Lage der Sozialdemokratie nach Stuttgart ein.[61] Obgleich als Parteitag der Reformen angekündigt, habe er mit einem »Abstieg der SPD zum Radikalismus« geendet, meinte der CDU-Chef. Das lasse sich schon am Aufstieg Wehners ablesen. Der ehemalige KPD-Funktionär sei »zweifellos die stärkste Potenz in der SPD«, ebenso »der Fleißigste dort. Er hat auch die meisten Kenntnisse und die stärksten Ellenbogen, und er ist der Radikalste [...] Nach meiner Meinung tritt das am deutlichsten hervor in seinem Ausspruch, er sei ein altmodischer Mann, er sei ein Klassenkämpfer. Das schließt alles in sich ein. Da braucht man keine großen programmatischen Sachen zu machen; denn er stellt sich wieder auf den Boden des Klassenkampfes. Machen Sie sich einmal klar, was das Wort Klassenkampf bedeutet. Das bedeutet zunächst, dass man davon ausgeht, es bestehen verschiedene Klassen in der Bevölkerung Deutschlands, und diese Klassen kämpfen gegeneinander. Wer das tut, also den Klassenkampf propagiert, der stellt sich nach meinem Empfinden außerhalb des Bodens der Demokratie, und er fällt zurück in eine Periode der Entwicklung der Sozialdemokratie, die ich für meine Person lange überwunden glaubte. Ich glaube nicht, dass eine der führenden sozialdemokratischen Persönlichkeiten in der Weimarer Zeit jemals einen solchen Ausspruch getan hat. Wir müssen uns aber damit abfinden, dass dies das Wort ist, das Herrn Wehner eigentlich am besten kennzeichnet, den Klassenkämpfer.«

Ebenso wie bei der politisch wenig ertragreichen Paulskirchen-Bewegung hatte die SPD bei den Wahlen in Nordrhein-Westfalen neuerlich versucht, »außerhalb des Parlaments oppositionelle Kräfte gegen die Regierungspolitik zu sammeln«[62] und mittels Volksbefragungen auf mehreren Ebenen gegen die Ausstattung der Bundeswehr mit atomaren Trägersystemen zu mobilisieren (»Kampf dem Atomtod!«). In einer dramatischen Bundestagssitzung sah Adenauer die SPD »in einer Entwicklung zur Radikalisierung, die jedem Menschen sehr ernste Sorgen machen muss«.[63] Das Bundesverfassungsgericht verkündete am 30. Juli jedoch, dass die von den Sozialdemokraten in einigen Ländern bereits per Gesetz eingeleiteten Volksbefragungsaktionen nichtig seien. Im September verlor die SPD dann die Landtagswahlen in Schleswig-Holstein, konnte sich in Hessen aber behaupten und Ende des Jahres in Berlin sogar einen großen Erfolg verbuchen: Ihr Spitzenkandidat Willy Brandt sicherte mit 52,1 % die absolute Mehrheit im Abgeordnetenhaus.

Nicht allein dieser Sieg lenkte das Scheinwerferlicht auf den einstigen linkssozialistischen Emigranten. Die von Nikita Chruschtschow kurz darauf mit seinem Ultimatum (Berlin als »Freie Stadt« und »selbständige politische Einheit«) ausgelöste, extrem bedrohlich scheinende zweite weltpolitische Krise um die Vier-Mächte-Stadt nach der Berlin-Blockade zehn Jahre zuvor machten den Regierenden Bürgermeister der »Frontstadt« zu einer international beachteten Figur und zugleich zum Hoffnungsträger einer erneuerten Sozialdemokratie. Herbert Wehner feierte das von Berlin ausgehende Signal: »Die Sozialdemokratische Partei hat sich darauf vorzubereiten, die führende Rolle im deutschen Volk zu übernehmen«, schrieb er im *Vorwärts*.[64]

Die SPD-Führung trat nach der Sommerpause erstmals wieder Anfang September zusammen. Wie immer saß der BND mit am Tisch.[65] »Trotz der entschlossen klingenden Resolution, die Anti-Atom-Kampagne fortzusetzen«, sei sich das Präsidium »über den missglückten Ausgang dieser Aktion völlig im Klaren«, stellte der – den Bearbeitungsspuren nach – im Kanzleramt aufmerksam studierte Bericht fest: »Sowohl im Präsidium als auch in der gemeinsamen Sitzung am Tage danach wurden offen Möglichkeiten erörtert, für die gescheiterte Aktion einen psychologischen und wenn möglich auch propagandistischen Ausgleich zu finden.« Erwogen worden sei beispielsweise, die vom Münchener Parteitag 1956 angeregte »Mobilmachung des Geistes« neu zu beleben. Unter der Federführung Waldemar von Knoeringens solle in Köln ein großer Kongress dazu stattfinden.

»Ausgesprochen deprimierend«, fuhr der sozialdemokratische Zuträger fort, »wirkt in den obersten Führungsgremien der SPD immer noch die Juli-Meinungsumfrage von Emnid, die der CDU einen Resonanzanstieg von 34 auf 41 % gebracht hat, während die SPD sich lediglich bei etwa 28 % halten konnte. Hervorgehoben wird in diesem Zusammenhang, dass der zunehmende Abbau der Meinungslosen sich ausschließlich zu Gunsten der CDU vollzogen hat.«

Besonderen Kummer bereiteten der Parteiführung die in den Auseinandersetzungen mit der FDP entstandenen christdemokratischen Wahlrechtspläne – eine Art »Dauerbrenner«[66] –, mit denen die Regierung das Mehrheitswahlrecht nun wohl endgültig umsetzen werde: »In der SPD sieht man keine Möglichkeit, diese Maßnahme zu verhindern, obgleich man sich darüber im Klaren ist, dass sie die Herrschaft der CDU vermutlich auch über die Amtsfähigkeit des Bundeskanzlers hinaus in der Bundesrepublik zementieren würde« – Anstreichung des Lesers.

Ein weiterer Punkt betraf den anschwellenden Flüchtlingsstrom aus der DDR und die Reaktion des FDP-Fraktionsvorsitzenden Erich Mende darauf: »Sowohl Wehner als auch Ollenhauer äußerten sich in diesem Zusammenhang entrüstet über die, wie sie sagten, Publicity heischende Aktion Erich Mendes, wonach sich der Bundestag in Berlin zu einer ›gesamtdeutschen Demonstration des Unrechts in der Sowjetzone‹ zusammenfinden solle. Natürlich werde es den Sozialdemokraten unmöglich sein, sich von einer derartigen Aktion des Parlaments auszuschließen. Sie verhindere aber unzweifelhaft die Möglichkeit vertraulicher Verhandlungen mit den Sowjets über Erleichterungen für die mitteldeutsche Bevölkerung. Wenn überhaupt etwas für die Menschen in der Sowjetzone geschehen könne, so sei dies nur nach langwierigen harten Verhandlungen mit Moskau möglich.« Der Fraktionschef der FDP habe derartige Möglichkeiten für lange Zeit »zunichte gemacht (Ollenhauer: Mende hat sich wieder einmal in der ihm eigenen geschickten Art in den Vordergrund gedrängt, ohne zu bedenken, was er damit alles zerschlägt.)«.

Ortloff teilte dem Kanzleramt auch gleich die geplante Reaktion mit: »Die SPD hat die Absicht, bei den Berliner Beratungen des Parlamentes vor allem auf eine Realisierung des Bundestagsbeschlusses über die Einsetzung einer Viermächtekommission zur Beratung der deutschen Frage zu drängen; ferner auf Maßnahmen, die zu einer beschleunigten Hilfe für die in Berliner Flüchtlingslagern eintreffenden Sowjetzonenbewohner führen.« Es solle eine Lockerung des Notaufnahmeverfahrens angeregt werden, allerdings ohne in diesen Fragen »gegen die CDU in offener Feldschlacht anzutreten. Vielmehr soll der Fraktion empfohlen werden, so sachlich wie möglich zu argumentieren.«

Nach dem Protokoll dieser von Siegfried Ortloff vorbereiteten und in dessen eigener Niederschrift festgehaltenen Sitzung des Parteivorstands war das erweiterte Führungsgremium nach der vorangegangenen Präsidiumssitzung angeblich nicht mehr auf die Initiative Mendes zurückgekommen.[67] Die Erörterung der »Lage in der SBZ« aber hatte tatsächlich breiten Raum eingenommen. Willy Brandt erläuterte die immer schwieriger werdende Situation und verlangte, der Vorstand müsse »dazu heute etwas sagen«. Auch

Helmut Schmidt hatte »Bedenken, dass wir uns so zurückhalten, nachdem [der Bundesminister für gesamtdeutsche Fragen und Berliner CDU-Vorsitzende Ernst] Lemmer, die CDU und die Springer-Presse so aktiv werden«. Ein Kommuniqué und eine Pressemitteilung entsprachen Schmidts Forderung dann.

Ebenso prominent figurieren in dem parteiamtlichen Protokoll des SPD-Parteivorstands die Überlegungen, wie die Schlappe in der Anti-Atom-Kampagne halbwegs glaubwürdig übertüncht werden könne. Die Tendenz der Beratungen entsprach ziemlich genau dem, was der BND dem Kanzleramt übermittelt hatte. Arndt kritisierte das Gerichtsurteil, Erler fürchtete eine »demoralisierende Wirkung«, Wehner forderte, man dürfe sich nicht von den Kommunisten ins Schlepptau nehmen lassen. Der Vorstand verabschiedete dann mehrere recht bemühte Entschließungen, Kommuniqués und Pressemitteilungen, in denen »die ersten Erfolge der weltweiten Bewegung gegen das Atomwettrüsten« herausgestellt wurden: »Die Sozialdemokratische Partei Deutschlands hält nach wie vor die Aufklärung der Bevölkerung über die Gefahren und auch über die großartigen friedlichen Möglichkeiten des Atomzeitalters für eine ihrer wichtigsten Aufgaben«; die Urteile des Bundesverfassungsgerichts bezögen sich vorwiegend auf Formalia des Verfahrens. Jeder Deutsche bleibe daher aufgerufen, die Gefahren einer atomaren Ausrüstung der Bundeswehr »zu erkennen und zu bekämpfen, um den Weg zu einer Politik der Entspannung und des Friedens zu öffnen«.[68] Im Bundeskanzleramt wusste man, wie die führenden Sozialdemokraten die Chancen einer weiteren Mobilisierung der Öffentlichkeit in Wirklichkeit beurteilten.

Die Ausforschung der SPD-Spitze durch den Auslandsnachrichtendienst der Bundesrepublik Deutschland ist noch um einiges umfangreicher gewesen, als hier ohnehin schon recht breit vor Augen gestellt. Da diese Art Feindaufklärung nicht noch detaillierter abgebildet werden muss, sei lediglich erwähnt, dass Adenauer und Globke manches über die Versuche Waldemar von Knoeringens zu lesen bekamen, die »Wahlhelferorganisation der SPD« (Anstreichung) zu revitalisieren, manches über die angebliche Unterstützung von »Anti-Nato-Kräften« (Ausrufungszeichen) oder etwa auch Erheiterndes über den schlagzeilenträchtigen Zusammenstoß des Bundesministers der Verteidigung Franz Josef Strauß mit einem Bonner Verkehrspolizisten (Anstreichung).[69]

Herausragend bedeutsam im Aufkommen der politischen Geheimoperation des BND gegen die SPD-Spitze waren demgegenüber alle Informationen über ihre Beratungen zum künftigen politischen Kurs sowie die regelmäßigen Analysen zur internen Konfliktlage. Im letzten Viertel des Jahres 1958 gingen im Bundeskanzleramt ein halbes Dutzend umfassender Berichte aus den sozialdemokratischen Spitzengremien ein. Der erste widmete sich der »Führungslage im Parteipräsidium aus der Sicht des Parteivorstands«.[70] Hauptthema waren immer noch die Machtkämpfe im Gefolge der Stuttgarter Parteireform: »Die ohnehin nur geringe Bedeutung Ollenhauers nimmt zu Gunsten von Wehner ständig ab«, lautete der erste, sogleich mit einer Anstreichung versehene Satz. Der starke Mann habe sich sehr heftig gegen die Initiative des Sozialistischen Studentenbundes gewandt, »Carlo Schmid im Hinblick auf die nächste Bundestagswahl schon jetzt als sozialdemokratischen Kanzlerkandidaten herauszustellen« – Anstreichung am Rande. »Wehner sieht anscheinend seine Stellung in der Parteiführung bereits als so stark an, dass er meint, es nicht mehr nötig zu haben, Schmid überhaupt nur in eine Konkurrenzlage geraten zu lassen.«

Danach widmete sich der Lagebericht den anhaltenden Spannungen zwischen Erler und Wehner: »Sie äußerten sich erst dieser Tage wieder in der Haltung Erlers während der ersten Zusammenkunft von Vertretern aller Parteien mit Bundesminister Lemmer bei dem Vorsitzenden der CDU/CSU-Fraktion Krone. Ollenhauer berichtete später, Erler habe sich gegen Absichten gewandt, eine ständige Konferenz von Parteivertretern außerhalb der Bundestagsausschüsse zur Beratung gesamtdeutscher Fragen zu schaffen. Erler habe, wie Ollenhauer sagte, nur Einspruch erhoben, weil er befürchtete, dass sich Wehner ein zusätzliches Geltungsfeld schaffen wolle. Im Parteivorstand wird damit gerechnet, dass Wehner alles daransetzen werde, um sich auf diesem Gebiet gegenüber Erler durchzusetzen. Wehner versuche – nach Auffassung Ollenhauers – sogar zu Brandt ein positives Verhältnis zu gewinnen, damit Brandt sich nicht zu seinem Gegenspieler entwickeln könne.«

Kurz darauf erhielt das Kanzleramt einen Bericht über die Sitzung des SPD-Präsidiums, den der BND noch am selben Tag vorlegte und Adenauer mit seinem Namenskürzel versah.[71] In dieser Besprechung trug Waldemar von Knoeringen seinen Parteifreunden »über den Stand der wiedererweckten Aktion ›Mobilisierung des Geistes‹ vor«. Ein zündender Titel sei noch nicht gefunden, »im Dienstgebrauch firmiert die Aktion Knoeringens unter dem Stichwort ›Plan Z‹«.[72] Vier Wochen später trat die Partei dann mit einem an die breite Bevölkerung gerichteten Aufruf (»Die Zukunft meistern«) hervor, in dem weitreichende kultur- und bildungspolitische Reformen verlangt wurden.

Adenauers Diffamierungen

Mitte Oktober 1958 befasste sich die SPD-Bundestagsfraktion mit der Rede Bundeskanzler Adenauers auf dem CSU-Parteitag in Würzburg vier Wochen vor der Landtagswahl in Bayern. Dabei überzog er die SPD mit üblen Vorwürfen.[73] Der über sozialdemokratische Befindlichkeiten seit Jahren bestens orientierte Kanzler skizzierte zunächst den Niedergang der Partei in den letzten drei Bundestagswahlen, machte sich über deren programmatische Anstrengungen lustig und sagte dann: »Man konnte nach dem deutschen Zusammenbruch 1945 und 1946, allenfalls noch 1947, glauben und hoffen, dass die führenden Sozialdemokraten das Bestreben hätten, aus ihrem verrosteten Parteipanzer allmählich herauszukommen. Aber die rückläufige Bewegung, nur noch stärker als früher, das Streben nach Macht für den Staat und eine verhängnisvolle Neigung zu einer sogenannten Neutralität, macht sich doch von Monat zu Monat stärker bemerkbar.« Der in der SPD sehr einflussreiche IG-Metall-Vorsitzende habe gefordert, man solle nicht nur die Grundstoffindustrie, sondern »alles das verstaatlichen, was wirtschaftliche Macht gewähre«. Wer so etwas ausspreche, der sei »ein Feind der Freiheit!« Kein sozialdemokratisches Parteigremium habe dieser Ungeheuerlichkeit widersprochen: »Nun, meine Freunde, dann kann man doch die Sache ganz kurz und einfach machen. Dann soll man doch einfach alles so machen, wie in der Sowjetzone, in den Satellitenstaaten und in der Sowjetunion; da ist das bisher auch so, ich finde dazwischen keinen Unterschied.« Dass die SPD sich von Otto Brenners Idee »einer größeren Kontrolle über kleine und mittlere Betriebe«[74] distanziert hatte, erwähnte der Bundeskanzler nicht.

Dann nahm sich Adenauer wieder einmal den Abgeordneten Wehner vor, von dem er alles wusste, was irgend in Erfahrung zu bringen war. Es lief auf die üblichen Verleumdungen hinaus, derer sich der Bundeskanzler seit Jahren bediente und mit denen er die Delegierten der Schwesterpartei in der Frankenhalle nun in Begeisterung versetzte. Konrad Adenauer leitete seine Suada mit dem Bemerken ein, in der Sozialdemokratie gebe es ja eine Anzahl respektabler Menschen, mit denen man sich ganz gut unterhalten könne. Allerdings gebe es nach den Einlassungen des Herrn Brenner noch »eine zweite Wahrnehmung«, einen zweiten Tatbestand, den man nicht übersehen dürfe: »Das ist die Tatsache, dass Herr Wehner auf dem letzten sozialdemokratischen Parteitag zum stellvertretenden Vorsitzenden gewählt worden ist. Herr Wehner hat in der Zwischenzeit den ganzen Organisationsapparat und den Propagandaapparat der SPD in seine Hände gebracht. Er ist kraft dessen heute ganz unzweifelhaft der Mann, der die Politik der Sozialdemokratie bestimmt. Nun will ich nicht von der Vergangenheit des Herrn Wehner sprechen (Heiterkeit). Aber Herr Wehner ist wirklich nicht der und jener, er ist – wir kennen ihn alle aus dem Bundestag – ein ungemein fleißiger Mann, er ist ein sehr zielstrebiger Mann, und er ist ein sehr machthungriger Mann, der alles niederzuwalzen bestrebt ist, was ihm entgegensteht. (Zurufe: Sehr richtig!)«

Dann wurde der Regierungschef grundsätzlich und sprach von einem dramatischen Gegensatz zwischen Union und Sozialdemokratie, sobald es um die »persönliche Freiheit und die Forderung nach der Freiheit unseres Vaterlandes« gehe. Er kam zu dem Ergebnis, dass »das Postulat der politischen Freiheit von der Sozialdemokratie zu gering geachtet wird«. Das gelte nicht nur für die Gesellschafts- und Wirtschaftspolitik, sondern auch für die Außenpolitik (erneuter Beifall). Überhaupt wünsche er den Sozialdemokraten »etwas mehr Liebe zum gesamten deutschen Volk (Sehr starker Beifall).« In der Außen- und Sicherheitspolitik sei mit der Sozialdemokratie einfach nicht zu arbeiten: »Sie will es nicht, oder sie versteht es nicht, oder sie ist böswillig; unter den drei Möglichkeiten kann jeder wählen! (Heiterkeit) Je nach Geschmack.«

Der Gehlen-Dienst lieferte Adenauer am Tage der Fraktionssitzung, in der die Kanzler-Breitseite gegen die SPD zur Sprache kam, augenblicklich einen Bericht von fünf Schreibmaschinenseiten Länge.[75] Der Bundeskanzler befand sich in der denkbar komfortabelsten Situation. Der BND informierte ihn kontinuierlich über die neuesten Erkenntnisse zur Biographie seines gefährlichen Widersachers und dessen Aufstieg in der SPD-Führung. Außerdem lieferte er ihm nach seinen periodischen Attacken jeweils eine gründliche Auswertung, wie diese im innersten Zirkel der Opposition aufgenommen wurden. Mehr noch: Der BND-Präsident konnte auch gleich noch mitteilen, wie die Sozialdemokraten zurückzuschlagen gedachten. So erfuhr Adenauer nach Würzburg sogleich von der Empörung in der Bundestagsfraktion. Die Abgeordneten seien der Auffassung, dass die Erklärung des SPD-Präsidiums »zur Zurückweisung der diffamierenden Äußerungen des Kanzlers keineswegs ausreiche. In einem mit starkem Beifall aufgenommenen Referat führte Helmut Schmidt, Hamburg, aus, dass es nicht angängig sei, den Anwürfen des Kanzlers in einem so kompromissbereiten Ton zu begegnen, selbst auch dann nicht, wenn man glaube, dass ein Frontalangriff auf Adenauer heutzutage in der westdeutschen Bevölkerung nicht mehr ankomme. Die Selbstachtung der

Partei verlange eine energische Zurückweisung. Nur so könne das ohnehin nicht sehr stark entwickelte Selbstbewusstsein der SPD wieder etwas gestärkt werden.«

Das entsprach ziemlich genau dem authentischen SPD-Protokoll der Sitzung, wo Ollenhauer zu Beginn gesagt hatte: »Die Rede Adenauers sei die bösartigste Rede, die der Bundeskanzler je gehalten habe. Es sei ein einzigartiges Beispiel, dass ein Chef der Regierung in dieser schmutzigen Weise gegen die Opposition spreche. Die Auseinandersetzung mit der Form der Rede des Bundeskanzlers sei kein Problem Regierung – Opposition, sondern eine Grundfrage der Demokratie überhaupt.«[76] Die Mehrheit der SPD-Bundestagsfraktion, berichtete der BND, habe sich der Auffassung angeschlossen, »dass auf den Nimbus Adenauers in dieser Frage aus Gründen der Selbstachtung nicht Rücksicht genommen werden könne« – eine Passage, der im Palais Schaumburg starke Bearbeitungsspuren beigebracht wurden. Die Parlamentarier verlangten eine sofortige Reaktion. Es folgte ein wertvoller Fingerzeig für den Kanzler zur Parlamentsdebatte am folgenden Tag: »Unter anhaltendem Beifall kündigte Erler sodann an«, bekam er zu lesen, »er halte es für richtig, die Würzburger Diffamierung bereits im Rahmen der am 15. Oktober stattfindenden Saardebatte aufzugreifen [...] Er empfahl, zunächst Adenauer seine nationalen Versäumnisse in der Saarfrage vorzuwerfen, um hieraus sodann die Schlussfolgerung zu ziehen, dass es keinem weniger als dem Kanzler anstände, einen Teil des deutschen Volkes der nationalen Unzuverlässigkeit zu zeihen.« Diese Zeilen, die eine gute Vorbereitung auf die Debatte ermöglichten, waren bei ihrer Lektüre eigens unterstrichen worden.

Auch den weiteren Verlauf dieser Fraktionssitzung erfuhren Adenauer und Globke. Es ging um das Verhältnis der SPD zur Bundeswehr, nachdem ihre Aufstellung nun einmal beschlossene Sache war. Der Verteidigungsexperte Fritz Erler befürchtete, dass sie sich zwar nicht zu einem Staat im Staate, aber vielleicht doch »zu einer Koalitions- oder besser gesagt zu einer CDU-Armee entwickele. Hieran habe auch die SPD ein beträchtliches Maß an Schuld«, weil sie keine praktischen Konsequenzen aus den bundeswehrfreundlichen Beschlüssen des Stuttgarter Parteitags gezogen habe. »Erler forderte generell planmäßige SPD-Kontakte zu allen Einheiten der Bundeswehr, zu deren Freizeitgruppen, zum Bundeswehrverband und zu einzelnen Soldaten.« Das sollten die Ortsvereine und die einzelnen Abgeordneten in engster Fühlungnahme mit den Gewerkschaften in die Wege leiten, wie die Fraktion anschließend beschloss.

Dann nahm sich Fritz Erler den als Verteidigungsminister stark in den Vordergrund tretenden Franz Josef Strauß und sein Konzept der Psychologischen Kriegsführung vor. Laut BND-Bericht nannte er »die ›psychologische Kampfführung‹ ein ›bewusstes Anheizen‹ der kalten Kriegsstimmung durch den Bundesverteidigungsminister. So sehr man an sich eine psychologische Verteidigung bejahen müsse, so sehr müsste man andererseits der spezifischen Strauß'schen Auslegung dieses Begriffes entgegentreten.« Das werde aber nur dann zu erreichen sein, »wenn endlich ein echtes Vertrauensverhältnis zwischen der Partei und der Bundeswehr hergestellt werde«. Strauß habe ihn zu einem Meinungsaustausch eingeladen, doch »er werde das Gespräch unter Hinweis auf die Würzburger Rede Adenauers ablehnen, die zur Zeit jede Unterhaltung zwischen einem Vertreter der SPD und einem Repräsentanten der Bundesregierung unmöglich mache. Falls sich Strauß von der Rede Adenauers distanzieren sollte, sei bereits ein politischer Effekt für die SPD erzielt.«

In dem authentischen Protokoll der Bundestagsfraktion hieß es dazu: »Sodann ging Fritz Erler auf die Vorstellungen des Bundesverteidigungsministers über die sog. psychologische Verteidigung ein, die ganz offenbar weniger gegen den Kommunismus als gegen die SPD gerichtet sei. Wir sollten uns darüber Klarheit verschaffen, wie wir uns darauf einzustellen haben. Wo auf diesem Gebiet eine wirkliche Aufgabe zu erfüllen ist, sollten wir uns nicht davor drücken, andererseits aber jeden Angriff auf die SPD energisch abwehren. Der Kampf gegen den Kommunismus sei eine geistige

Aufgabe, die sich die SPD schon lange gestellt habe und erfülle. Der Bundesverteidigungsminister sei dagegen sehr spät dran.« Gehlens Spitzel hatte genau zugehört.

Scharfe Attacken auf die SPD, die Insinuation ihrer Nähe zum Kommunismus und speziell die Verleumdung Herbert Wehners gehörten zum ständigen Repertoire des Bundeskanzlers. Namentlich in Wahlkampfzeiten – in den Ländern war immer irgendwo Wahlkampf –, wo Adenauer sich um jedes Detail kümmerte und große persönliche Kampfkraft entfaltete, pflegte er diese Register zu ziehen. So erfuhren auch alle Vorbereitungen und Maßnahmen der Oppositionspartei, von denen der BND ihm berichtete, beim CDU-Chef durchweg ungeteilte Aufmerksamkeit. Regelmäßig hielt er dazu mit Globke oder dem Bundesgeschäftsführer seiner Partei Rücksprache.

Das erfolgte – obgleich es noch beinahe zwei Jahre hin war – umgehend ebenso auf eine Mitteilung des BND über »Vorbereitungen für den nächsten Bundestagswahlkampf«.[77] Ortloff informiert darüber, dass die SPD die Vorbereitungen des Bundestagswahlkampfs 1961 wahrscheinlich schon im Januar des kommenden Jahres beginnen werde. Dafür liege sogar schon eine Tagesordnung vor. Wichtiger war allerdings ein anderer Hinweis: »Im Präsidium erwartet man, dass in der nächsten Sitzung des Parteirates wiederum die Forderung nach der Benennung eines sozialdemokratischen Kandidaten für das Amt des Bundeskanzlers laut werden dürfte. Es steht fest, dass Ollenhauer hierfür nicht in Frage kommt. Im Präsidium ist man sich einig darüber, dass diese Frage möglichst dilatorisch behandelt werden sollte. Man glaubt jedoch nicht, auf die Dauer dieser Forderung ausweichen zu können, die unterschiedslos von allen Bezirken der Partei unterstützt wird.«

V
WILLY BRANDT, DAS GODESBERGER PROGRAMM UND ANDERE GEFAHREN, 1959–1961

UMDENKEN UND UMSTEUERN

Der Bundeskanzler erfreute sich nach wie vor großen Ansehens in der Bevölkerung und in seiner Partei, wegen seines hohen Alters – er zählte mittlerweile immerhin 82 Jahre – war jedoch klar, dass die Ära Adenauer nicht ewig währen würde und die Union sich irgendwann auf die Zeit nach ihrem phänomenal erfolgreichen Vorsitzenden einzustellen hatte. Es sollte ein windungsreiches, quälendes und »bewegtes Ende«[1] werden: Der Abstieg begann 1959 mit der »Führungskrise der CDU«[2] und fand am 15. Oktober 1963 mit dem Rücktritt des Kanzlers seinen Schlusspunkt. Die schleichende Erosion der christlich-konservativen Übermacht hatte viele, oft genug beschriebene Ursachen. Die Modernisierung der oppositionellen Sozialdemokratie, welche allzu lange an organisatorischen Prinzipien, programmatischen Positionen und an Persönlichkeiten festgehalten hatte, gehörte mit dazu.

Die Veränderungen in der Sozialdemokratie, die nicht erst Ende der fünfziger Jahre begannen, nun jedoch unübersehbar wurden, waren nichts, was die übermächtig scheinende Union gelassen registrieren durfte. Im Gegenteil, eine SPD, die sich nicht mehr selbst im Weg stand und mit ihren obsoleten Traditionen nicht länger selbst zu den Triumphen des politischen Gegners beitrug, war umso sorgfältiger zu beobachten. Also nahm der BND bei seiner Inlandsspionage für das Kanzleramt jetzt drei Zielobjekte gleichzeitig ins Auge: das neue Personal, das neue Programm und die neue außenpolitische Orientierung der Sozialdemokraten.

Willy Brandt – sein Biograf Peter Merseburger nennt ihn die »politische Gegenfigur der Adenauerschen Obrigkeitsdemokratie«[3] – war in Siegfried Ortloffs Berichten für den Bundeskanzler schon wiederholt als einer der kommenden Männer der Sozialdemokratie aufgetaucht, doch erst als er im Herbst 1957 Regierender Bürgermeister von Berlin wurde, befasste sich der BND intensiver mit ihm. Es war unvermeidlich, dass dieses Amt im Brennpunkt des Ost-West-Konflikts Brandt eine weit über die »Frontstadt« West-Berlin hinausgehende Aufmerksamkeit bescheren würde. Das umso mehr, als der sowjetische Staats- und Parteichef Nikita Chruschtschow einen gefährlichen Schachzug wagte und die Westmächte ultimativ aufforderte, die Vier-Mächte-Metropole in eine »Freie Stadt« zu verwandeln, mit anderen Worten: ihre Rechte in Berlin aufzugeben. Diese neuerliche Berlin-Krise ließ sich zwar diplomatisch entschärfen, ihr Ende fand sie aber erst mit der Abriegelung West-Berlins am 13. August 1961.

Der Bau der Berliner Mauer schockierte die Deutschen in Ost und West, empörte die westliche Welt, stabilisierte jedoch die durch enorme Flüchtlingszahlen vom Ausbluten bedrohte DDR. Letzten Endes leitete dieser Gewaltakt eine Periode relativer Entspannung ein, in der die unlösbar gewordene deutsche Frage einem Modus Vivendi zwischen den USA und der UdSSR nicht länger im Wege stand. Trotz des keineswegs beendeten Kalten Krieges schufen die vorläufige Arretierung des Deutschland-Problems und das militärstrategische Patt zwischen den Supermächten die Chance für ein besser geregeltes Nebeneinander in Deutschland und in der internationalen Arena. Auch Willy Brandt, ähnlich wie schon Ernst Reuter bald Symbolfigur des Berliner Durchhaltewillens, der sich in seinem Antikommunismus und in seinem Plädoyer für den Westen von niemandem hatte übertreffen lassen, unterzog seine außen- und deutschlandpolitische Orientierung Anfang der sechziger Jahre bekanntlich einer Revision, die unter seiner Kanzlerschaft zehn Jahre später in die Neue Ostpolitik der sozialliberalen Regierung mündete.

Ende November 1960 wählten die Sozialdemokraten also den jungen, ebenso smart wie kosmopolitisch auftretenden Berliner Regierungschef zu ihrem Kanzlerkandidaten für die nächste Bundestagswahl. Fritz Erler, Carlo Schmid, Herbert Wehner und Helmut Schmidt hatten sich nachdrücklich für ihn ausgesprochen. Die Unionsparteien und speziell Bundeskanzler Konrad Adenauer erkannten in dem neuen Hoffnungsträger sogleich eine viel ernstere Herausforderung als in dem biederen und verbrauchten Erich Ollenhauer. Da Willy Brandt nicht mit Neutralismus-Vorwürfen überzogen werden konnte, griffen die Strategen des konservativen Lagers im Arsenal der Diffamierung eine Schublade tiefer. Brandt sei nicht nur unehelicher Geburt, sondern habe als Emigrant auch gegen Deutschland gekämpft, erklärten sie immer wieder. Der nur einen Tag zurückliegende Mauerbau hinderte Adenauer in einer seiner berüchtigten Wahlveranstaltungen nicht daran, den Regierenden Bürgermeister der geteilten Stadt als »Herrn Brandt alias Frahm« zu verunglimpfen.[4] Das war nicht der Beginn, aber ein erster Höhepunkt diverser Schmutzkampagnen in West *und* Ost, welche den West-Berliner SPD-Vorsitzenden zugleich als einen Mann unehelicher Herkunft und als vaterlandslosen Emigranten zu stigmatisieren versuchten. Kein Zweifel, dieser Sozialdemokrat, der in Meinungsumfragen fabelhafte Werte erzielte und dabei bald besser abschnitt als der Bundeskanzler und sein populärer Wirtschaftsminister Ludwig Erhard,[5] war gefährlich.

Der BND hatte neben dem besorgniserregenden Aufstieg Brandts auch die womöglich noch besorgniserregendere Wandlung der SPD von einer Arbeiterpartei zu einer Volkspartei zu beachten. Das Godesberger Programm, das im November 1959 verabschiedet wurde, stand in den Augen der sozialdemokratischen Parteigenossen und Delegierten »für den Abschied von der geschlossenen marxistischen Weltanschauung und einem starr fixierten sozialistischen Endziel zugunsten eines grundwerteorientierten und pluralistischen Sozialismusverständnisses, für die Abwendung von bürokratischen Sozialisierungs- und Planungsmethoden und die

Hinwendung zu marktwirtschaftlichen Regularien, für die Abkehr von freidenkerischem Antiklerikalismus und dem Willen zur Verständigung mit den Kirchen«.[6] Das neue Grundsatzprogramm war keineswegs, wie manche meinten, der Ausgangspunkt sozialdemokratischer Neuorientierung, sondern es setze den Schlusspunkt unter einen von jahrelangen Debatten und zahllosen Papieren gesäumten Weg zu einer »außen-, sicherheits- und deutschlandpolitischen Umorientierung und gesellschaftlichen Öffnung der SPD«.[7] Auf dem Stuttgarter Parteitag 1958 hatte sie ihren entscheidenden Anstoß erfahren. »Die CDU der fünfziger Jahre lebte vom Antisozialismus«, schreibt Frank Bösch, und fügt hinzu, »der Wandel der SPD und das Nachlassen des Antikommunismus bedrohten damit eines der Grundaxiome, auf dem die erfolgreiche politische Sammlung der Christdemokraten aufgebaut hatte.«[8]

Schließlich der dritte große Schritt der Sozialdemokratie Ende der fünfziger, Anfang der sechziger Jahre: Er führte zu einer Anerkennung der in der zurückliegenden Dekade entstandenen außenpolitischen Realitäten und damit zu einer Haltung, die nicht nur den Weg zu der wünschenswerten Einmütigkeit einer »gemeinsamen Außenpolitik« mit den Regierungsparteien öffnete, sondern auch die bessere Wählbarkeit der hier lange in Illusionen verrannten SPD förderte. Dass Chruschtschow eine geplante Gipfelkonferenz in Paris platzen ließ, durfte als letzter Beweis dafür gelten, dass von solchen Veranstaltungen für eine Wiedervereinigung Deutschlands nichts mehr zu erhoffen war. Die Sozialdemokratie machte endlich den Schritt auszuloten, so Herbert Wehner im Bundestag, »ob die demokratischen Kräfte in der Bundesrepublik nicht zu gemeinsamen Bemühungen um die Lösung der gesamt-deutschen Fragen imstande und fähig sind«.[9]

Dass es nach sorgfältiger publizistischer Vorbereitung ausgerechnet Wehner war, der in der Bundestagsdebatte am 30. Juni 1960 die Kehrtwende der Sozialdemokratie erläuterte, machte es der Union nicht leichter, an die Aufrichtigkeit dieser Neuorientierung zu glauben. Immerhin hatte der Ex-Kommunist Herbert Wehner seinen Vortrag mit dem Appell geschlossen, das geteilte Deutschland könne »nicht unheilbar miteinander verfeindete christliche Demokraten und Sozialdemokraten ertragen«.[10] War das ein Wahlkampfmanöver? Adenauer war davon überzeugt. Das Protokoll des CDU-Bundesvorstands vermerkt: »Er, der Bundeskanzler, glaube kein Wort von dem, was Wehner gesagt habe, weil diese Worte mit seiner inneren Überzeugung nichts zu tun hätten. Rein opportunistische Rücksichten hätten diesen geleitet, denn noch vor acht Wochen sei die Frage des Bundeskanzlers, ob die SPD für die NATO sei, von zwei Drittel der SPD-Fraktion mit Nein beantwortet worden, während die gleichen Leute jetzt stumm zugehört hätten, als Wehner sprach.«[11]

Im Bundesparteiausschuss bald darauf – und bis zum Ende seiner Kanzlerschaft – blieb der CDU-Chef unverwandt bei seiner Linie: »Ich bin fest davon überzeugt«, rief er seinen Parteifreunden zu, »wenn die Sozialdemokraten führend in die Regierung kommen, dann ist Deutschland verloren (lebhafter Beifall).«[12] Unstrittig blieb trotzdem, dass sich die Machtoptionen der SPD mit ihrem Bekenntnis zum westlichen Bündnis und zur Westintegration verbessert hatten. Carlo Schmid nannte die Bundestagsdebatte mit der programmatischen Rede Wehners einen Wendepunkt deutscher Nachkriegspolitik, Willy Brandt sprach später von »Flurbereinigung«.[13] Die Medienresonanz war positiv bis enthusiastisch. Eine Kölner Zeitung nutzte ihren Kommentar für einen Seitenhieb auf den Bundeskanzler und seine Partei, als sie schrieb, dass dem stellvertretenden Vorsitzenden der SPD »nach dieser Rede kein noch so Böswilliger nachsagen kann, er sei Marxist oder gar Kommunist«.[14]

Adenauer kam in den letzten Jahren seiner Kanzlerschaft vor dem Führungsgremium der CDU immer wieder mahnend darauf zurück, welche Herausforderung der Wandel in der Sozialdemokratie für seine Partei bedeute. Man verfolge »die Vorgänge *innerhalb* des SPD-Vorstandes« sehr genau, erklärte er im Sommer 1960 – wie schon früher gelegentlich – etwas unvorsichtig.[15] Zwar gebe es in der Sozialdemokratie erhebliche Gegensätze, doch am Ende siege wie nach der Wehner-Rede immer wieder die Parteidisziplin. Es sei klar, dass die SPD »bei den kommenden Bundestagswahlen ein sehr viel schwerer zu schlagender Gegner sein wird als je zuvor. Zunächst hat sie ihr Godesberger Programm aufgestellt, das man zwar in vielen Punkten nach meiner Überzeugung – und ich stehe mit dieser Überzeugung ja nicht allein da – als absolut unwahr bezeichnen kann; aber der Durchschnittswähler in allen demokratischen Ländern ist doch sehr geneigt, solchen Losungen zu folgen«; die Sozialdemokratie habe »unsere Propaganda in der Außenpolitik außerordentlich gelähmt durch die Erklärung Wehners«.

Die CDU hatte durchaus bemerkt, dass die SPD durch ihre Neuorientierung eine, nach den Worten ihres Bundesgeschäftsführers, »attraktive Partei« geworden war.[16] Der Bundeskanzler blieb daher bei seinen Warnrufen. Mit Blick auf die Bundestagswahlen 1965 sagte er sogar: »Was sollen wir machen, nachdem die Sozialdemokratie unserer Westpolitik, der NATO und auch der Wehrhoheit des deutschen Volkes zugestimmt hat? Kurz und gut: Nachdem die Sozialdemokratie in all den Lebensfragen des deutschen Volkes nach dem Zusammenbruch, nach 1949, wegen denen wir mit ihr gerungen haben, sich uns angeschlossen hat, hat sie uns die Waffen aus der Hand genommen.«[17] Mit dem Godesberger Programm habe die SPD unbestreitbare Erfolge gehabt und »eine größere Anziehungskraft im Laufe der Jahre erzielt, als wir es jedenfalls seinerzeit für möglich gehalten haben«.[18]

Die Kanzlerdämmerung setzt ein

Ende der fünfziger Jahre, wohin wir nach diesem vorgreifenden Überblick zurückkehren, war der CDU-Vorsitzende zwar noch nicht so weit, doch sah er die Gefahren genau, die der unangefochten regierenden Union mit dem Wandel der gegnerischen Partei drohten. Zur unbedingten Verteidigung des Palais Schaumburg entschlossen und, was die Positionskämpfe in der Sozialdemokratie anging, immer hellhörig, widmete Konrad Adenauer der Ausforschung der

SPD-Spitze weiterhin und nun sogar noch einmal gesteigert größte Aufmerksamkeit.

Mit seinem Bericht über eine Präsidiumssitzung im Dezember 1958 in Berlin konnte der BND bereits Positionen markieren, die in der künftigen Auseinandersetzung zu beachten sein würden.[19] Als einziges Thema, hieß es darin, habe das sozialdemokratische Spitzengremium den »Berliner Wahlausgang und die Haltung des Regierenden Bürgermeisters Brandt zur Außenpolitik der SPD behandelt«. Sie hatte mehr als 52 % der abgegebenen Stimmen erhalten, die CDU gut 37 %. Doch trotz absoluter Mehrheit führte der Regierungschef in der Krisenlage der Stadt die rot-schwarze Koalition fort. »Die Sorge um den Kurs von Brandt«, berichtete der bewährte Siegfried Ortloff, »überdeckte fast vollständig eine anfangs noch spürbare Freude über das Wahlergebnis von Berlin. Ollenhauer und Wehner (Carlo Schmid war nicht anwesend) ließen vorsichtig durchblicken, dass sie sich in der Befürchtung einig seien, Brandt könnte durch das überwältigende Wahlergebnis zu einem neuen Heros der Partei werden und damit die unter Ausklammerung der Nachfolgefrage für Ollenhauer in Stuttgart mühsam zustande gebrachte Einmütigkeit gefährden. Ollenhauer verwies in diesem Zusammenhang – wiederum sehr vorsichtig – auf die Bestrebungen Schmids, im nächsten Bundestagswahlkampf als Kanzlerkandidat aufgestellt zu werden.«

Die CDU-Führung erfuhr außerdem, dass die SPD-Spitze eigentlich keine Fortsetzung der Großen Koalition in der alten Hauptstadt wünsche, die Entscheidung darüber aber den Berliner Genossen überlassen wolle. Diese Haltung des Präsidiums entspringe weniger politischen als praktischen Überlegungen: »Denn falls die CDU in Berlin in die Opposition gehen würde, wäre es dem Parteivorstand aus der dadurch gegebenen taktischen Situation heraus möglich, ein Zusammengehen Brandts mit dem Bundeskanzler in außen- und wiedervereinigungspolitischen Dingen zu stören«. Eine Politik außenpolitischer Gemeinsamkeit war in der SPD noch längst nicht Parteilinie. Wie stark Skepsis und Unsicherheiten sich Ende 1958 in der Parteiführung zeigten und wie sehr Brandt noch allein stand, erfuhr Adenauer aus dem Papier ebenfalls sehr anschaulich: »Die Mitglieder des Präsidiums waren sich einig in der Befürchtung, dass die angekündigte Reise Brandts zur Pariser Außenministerkonferenz [der Westmächte am 14. Dezember] eine klare Demonstration des Berliner Bürgermeisters zugunsten der Adenauer'schen Außenpolitik nach sich ziehen und auf diese Weise die Gesamtpartei in eine politisch und taktisch außerordentlich ungünstige Lage bringen könne.« Anders als Brandt beharrte die SPD-Spitze nämlich auf ihrer politisch immer unfruchtbarer werdenden Position, wonach die Berlin-Krise »nur im Zusammenhang mit einer internationalen Bereinigung der deutschen und europäischen Situation« gelöst werden könne, in einem umfassenden Disengagement also. Starke Anstreichungen spiegeln hier Bundeskanzler Adenauers Interesse.

Der BND-Bericht stellte besonders die harte Haltung Herbert Wehners heraus. Der stellvertretende Parteichef dränge auf eine »klare Erklärung gegenüber der Öffentlichkeit, die zum Ausdruck bringen müsse, dass es aufgrund der starren Einstellung Adenauers eine Gemeinsamkeit in der Außenpolitik zwischen der Bundesregierung und der SPD nicht geben könne [...] Überhaupt sei es unerträglich, sagte Wehner, eine gemeinsame Politik mit einem Regierungschef zu betreiben, der sich derartige Wahlkampfentgleisungen leiste, wie sie Adenauer in den letzten Tagen des hessischen und bayerischen Wahlkampfes [Ende November] unterlaufen seien.« Man müsse den Kanzler deswegen im Bundestag stellen und anschließend den Plenarsaal verlassen. Diese und die folgenden Passagen zeigen starke Bearbeitungsspuren des Lesers im Kanzleramt.

Wehners Vorschlag sei bei Ollenhauer und Deist auf wenig Gegenliebe gestoßen, berichtete Ortloff weiter: »Sie meinten, eine durch Auszug aus dem Bundestag bekräftigte Absage an eine gemeinsame Außenpolitik berge bei gleichzeitigem allzu lauten Bekenntnis zu [den Vorschlägen des polnischen Außenministers Adam] Rapacki und [des amerikanischen Diplomaten und Historikers George F.] Kennan die Gefahr in sich, dass die SPD in der öffentlichen Meinung der Bundesrepublik, aber auch des Auslandes wieder an die Seite der Kommunisten gestellt werde. Dieser Hinweis verärgerte Wehner *sichtlich*« – sichtlich: Der Informant des BND saß mit in der Sitzung. Abschließend gab Pullachs Top-Agent noch einen nützlichen Hinweis: »Während des gesamten Verlaufes der Präsidiumssitzung zeigte sich besonders deutlich, dass die ideologischen Gegensätze zwischen Wehner und Erler inzwischen weiter gewachsen sind. Es kam mehrfach aus geringfügigem Anlass zwischen beiden zu Zusammenstößen, die sofort in Grundsatzdiskussionen ausarteten.« Das war nicht nur für Adenauer von Interesse, sondern auch für Gehlen, der sich intensiv um Fritz Erler bemühte, da dieser als Nachfolger von Wilhelm Mellies in dem mit BND-Angelegenheiten befassten Parlamentarischen Vertrauensmännergremium des Bundestages saß.

Wäre das authentische SPD-Protokoll dieser Präsidiumssitzung in seiner abgesegneten Form an Staatssekretär Globke gegangen, hätte der Kanzleramtschef daraus viel weniger über diese Aussprache erfahren als aus dem Geheimbericht seines Auslandsnachrichtendienstes.[20] Es sei über die Berlin-Wahl gesprochen worden, hielt die SPD-Niederschrift in dürren Worten fest. Die Meinungen in der dortigen Koalitionsfrage seien geteilt. Brandts öffentliche Äußerungen zum Ultimatum Chruschtschows, so weiter, bezögen sich bisher nur auf eine »Klärung der Berlinfrage«, was ihn in Berührung mit der Auffassung des Bundeskanzlers bringe. »Das muss korrigiert werden.« Ollenhauer möge den Regierenden Bürgermeister darauf hinweisen. Sonstige politische oder persönliche Unstimmigkeiten bildete das SPD-Protokoll nicht ab.

Zu Beginn des Jahres 1959 befasste sich das Präsidium mit dem neuen Grundsatzprogramm der SPD, dessen Verabschiedung sich kompliziert gestaltete. Der BND berichtete über die Sitzung, die noch zu keiner Entscheidung darüber gelangt sei, ob der geplante außerordentliche Parteitag in Bad Godesberg »das Programm endgültig verabschieden solle oder nicht«.[21] Erich Ollenhauer befürworte das, Carlo Schmid habe die bislang vorliegenden Texte »als völlig unzureichend« eingestuft. Das war zunächst alles dazu; im regulären Präsidiumsprotokoll findet sich nichts davon.[22]

Höchste Aufmerksamkeit des Bundeskanzlers erregte eine weitere Nachricht aus der Präsidiumssitzung: Am 12. Februar 1959, meldete ihm der BND, werde eine Sitzung von Parteivorstand, Parteirat und Kontrollkommission der SPD stattfinden, deren Tagesordnung unter Punkt 3 vorsehe: »Wahl des Bundespräsidenten (Aussprache über eine mögliche Kandidatur von Carlo Schmid)« – dicke Markierung mit dem Kanzlerstift. An diesem Tag gaben die Sozialdemokraten Schmids Kandidatur, mit der sie die Union unter Zugzwang setzten, dann tatsächlich bekannt. Der Kanzler hatte sich dank dem Hinweis des Spitzels in der »Baracke« schon zehn Tage früher darauf einstellen können.

Mit seiner Kandidatur für das Amt des Bundespräsidenten, die Konrad Adenauer Anfang April öffentlich machte und bald darauf wieder zurückzog, richtete er erheblichen politischen Schaden an, für seine Partei, für seine Fraktion und nicht zuletzt für sich selbst. Dieses Hin und Her, das großes Aufsehen verursachte, weil damit ja die Frage der Nachfolge in der Kanzlerschaft verbunden war, endete mit einer ersten wirklichen »persönlichen Blamage«[23] des seit zehn Jahren amtierenden Regierungschefs. Es signalisierte Anhängern wie Gegnern, dass der Bundeskanzler und CDU-Vorsitzende den Höhepunkt seiner Autorität inzwischen überschritten haben könnte. Einige begannen schon vom nahen Ende der Ära Adenauer zu sprechen. Das Bild des großen alten Mannes bekam in der Öffentlichkeit »zunehmend negative Züge«.[24]

Der BND-Präsident stand indes nach wie vor an der Seite seines obersten Dienstherrn und lieferte ihm zu, was die politische Inlandsspionage beibringen konnte. In der vermeintlich bevorstehenden Kanzlerdämmerung übersah er freilich nicht, dass die Sozialdemokraten ein Machtfaktor blieben und im Zuge ihrer Modernisierung eines Tages womöglich Mitsprache auf Bundesebene erlangen würden. Es schien nur eine Frage der Zeit zu sein, bis die

Macht des greisen Konrad Adenauer schwinden würde. Dass die graue Eminenz Hans Globke das Kanzleramt gemeinsam mit ihm verlassen würde, galt als sicher; er trug sich schon länger mit Rücktrittsgedanken. In dieser Konstellation lag es nahe, die Kontakte zur SPD-Spitze noch mehr zu pflegen; Erich Ollenhauer bekam zu seinem 58. Geburtstag von Reinhard Gehlen also eine Kiste Zigarren.[25]

Zentrale Zielperson bei den Bemühungen um einen belastbaren Kontakt war Fritz Erler, bei dem die parteiinterne Zuständigkeit für den BND lag. Während der Auslandsnachrichtendienst das Kanzleramt lückenlos über Interna der SPD-Spitze informierte, suchte Reinhard Gehlen den Abgeordneten immer wieder persönlich auf, manchmal im Abstand von wenigen Wochen. Als Mitglied des Parlamentarischen Vertrauensmännergremiums befasste sich Erler viel intensiver mit dem Dienst als sein verstorbener Vorgänger Mellies. Bereits Ende Januar waren Gehlen und Erler in Bonn zusammengetroffen.[26] Davon, dass dessen Genosse Siegfried Ziegler und der Vorstandsfunktionär Siegfried Ortloff Zentralfiguren bei der Ausforschung der SPD-Führung waren, ahnte und erfuhr Fritz Erler selbstverständlich nichts.

Drei Wochen später saßen die beiden neuerlich zusammen, diesmal in Pullach. Eine vorbereitende Notiz Erlers für dieses Gespräch zeigt, wie gründlich sich der Abgeordnete mit BND-Angelegenheiten befasste.[27] Zunächst wollte er sich von Gehlen über die Situation in Finnland und die Stimmung im ZK der SED unterrichten, sich außerdem Informationen »über sowjetische Absichten in Berlin« geben lassen. Auf der Agenda standen sodann Angelegenheiten der BND-Schulen, Fragen zu Laufbahnrichtlinien, die Beurteilung fachlich unterstellter Offiziere, eine »bessere Fassung der Geheimhaltungsvorschriften (Grundgesetz beachten)« sowie eine BND-Personalie.[28]

Im Herbst zeigte sich Ortloff gegenüber Erler in einem internen Vermerk über einige delikate Detailfragen im BND wieder einmal bestens orientiert.[29] »Bei der CDU soll über eine Ablösung Gehlen gesprochen worden sein«, wusste er zu berichten, ehe er auf Kurt

Weiß (»Winterstein«) zu sprechen kam, mittlerweile einer der einflussreichsten Vertrauten des Präsidenten: »Winterstein wurde vom Bundespersonalausschuss für die Übernahme in das Beamtenverhältnis abgelehnt. Angeblich soll sich der MAD darüber beklagt haben, dass die ehemaligen Militärs beim BND ohne Abstimmung mit dem Verteidigungsministerium zur militärischen Lage Berichte herausgeben (letzter Anstoß soll der Bericht ›Militärische Lage in der SBZ‹ gewesen sein). Ehemalige Militärs sollen nun angeblich nicht mehr ins Beamtenverhältnis übernommen werden. Beim BND führt man gegen diese Regelung an, dass damit der MAD einen eigenen Dienst aufbauen will und bei Sperrung der Beamtenlaufbahn es leicht haben wird, die fähigsten Offiziere vom BND dafür abzuziehen.« Im letzten Punkt seines Vermerks setzte sich Ortloff dafür ein, den Draht zwischen Gehlen und Erler möglichst warm zu halten: »Z[iegler] in München hält für dringend erforderlich, dass noch im Herbst ein Besuch in Pullach gemacht wird«, schrieb er. Der doppelte Boden in den Beziehungen des BND zur SPD blieb belastbar. Der Genosse Ziegler – so der ahnungslose Erler einige Zeit später gegenüber Ortloff – sei »unser Freund«.[30]

Weder der offiziöse Kontakt zwischen dem BND und der SPD-Spitze noch die Präsidialkrise des Bundeskanzlers beeinträchtigten die geheimen Dienste und den Nachrichtenstrom über die Sozialdemokratie, der Staatssekretär Globke zufloss. Mindestens 50 Berichte großenteils vertraulichster Natur aus dem sozialdemokratischen Parteivorstand gingen 1959 allein von Ortloff beim Chef des Bundeskanzleramts ein. Sogar ein kurzer Hinweis zu Wandzeitungen, die der Propagandaausschuss der SPD an die schwarzen Bretter ihrer Betriebsgruppen anschlagen wolle, wurde Thema zwischen Adenauer und Globke,[31] erst recht natürlich die ausführliche Berichterstattung aus einer Sitzung des Parteivorstands Mitte März, der den beiden tagfrisch zuging.[32]

Diese Beratung berührte brisanteste außen- und parteipolitische Gegenstände. Die Kanzler-Orientierung begann mit der Feststellung, auf der Tagesordnung habe ein »Referat von Brandt über dessen Weltreise« sowie ein »Bericht Ollenhauers über dessen Gespräch mit dem sowjetischen Ministerpräsidenten« gestanden. Der Bericht Willy Brandts, decke sich in etwa mit dem, was man bereits aus der Presse wisse, hieß es.[33] Im Unterschied zum SPD-Vorsitzenden hatte der Regierende Bürgermeister ein Gespräch mit Nikita Chruschtschow abgelehnt, was in seiner Partei auf massive Kritik gestoßen war. Im Kanzleramt erfuhr man sogleich von dem Affront, den sich der allmählich zum Star der Sozialdemokratie aufsteigende Berliner geleistet hatte: »Noch während Ollenhauer berichtete, erhob sich Brandt zur allgemeinen Überraschung, erklärte, noch einen wichtigen Termin zu haben und anschließend nach Berlin fliegen zu müssen. Ehe sich die Mitglieder des Parteivorstands recht gefasst hatten, war Brandt bereits verschwunden. Dieser unvorhergesehenen Wendung verdankte Ollenhauer eine gewisse Steigerung der Sympathien für ihn auch in der Sache.« Im Protokoll der SPD ist darüber nichts vermerkt außer »Willy Brandt bis 11:30«.

Der Bericht des Parteivorsitzenden über sein Treffen mit dem sowjetischen Staats- und Parteichef sei »sehr negativ« ausgefallen, bekam man im Kanzleramt zu lesen, doch habe Ollenhauer die Versammelten mit einer »positiven Sentenz« überrascht. Er habe Chruschtschow in der Ost-Berliner Botschaft nämlich bedeutet, »dass ein Disengagement ohne kontrollierte Wiedervereinigung bei gleichzeitigem Truppenabzug leicht eine ungarische Situation in Mitteldeutschland schaffen könne. Falls die Sowjetunion entschlossen sei, nach dem Abzug ihrer Truppen das derzeitige Regime in Mitteldeutschland zu versteinern, ohne eine alliierte Kontrolle in Ost- und Westdeutschland zuzulassen, werde leicht eine Situation eintreten, die bereits am 17. Juni 1953 in der DDR gewesen sei. Ein Disengagement sei nur denkbar, wenn man gleichzeitig für beide Teile Deutschlands alliierte Kontrollbehörden schaffe, die sich aus Vertretern aller vier Besatzungsmächte zusammensetzen müssten. Ollenhauer behauptete, dass dieses Argument auf Chruschtschow einen starken Eindruck gemacht habe.«

Laut SPD-Protokoll[34] sagte der Parteichef Folgendes: Chruschtschow habe erklärt, dass »die Entspannung den Vorrang habe. Er denke etwa an den Rapacki-Plan. Die Wiedervereinigung sei nicht wichtig und kein zentrales Problem. Auch England, Frankreich und die USA wollen sie im Grunde nicht. Als Kommunist und Marxist sei er gegen die Wiedervereinigung, man könne die 18 Millionen Menschen in der DDR nicht zurückstoßen in westliche Verhältnisse. Nach Abschluss eines Friedensvertrages könnten die Deutschen selber diese Frage behandeln. Er, Ollenhauer, erklärte dazu, dass es keine Sicherheit in Europa geben werde, wenn Deutschland geteilt bleibt. Chruschtschow meinte dazu, dass die Arbeiter im Westen eine positivere Auffassung zu den sozialistischen Leistungen bekommen werden und sich daher keine nationalistische Entwicklung anbahnen wird. Er, Ollenhauer, entwickelte dann den Plan über eine Konföderation mit fester Zeitplanung zur Wiedervereinigung unter Beteiligung der vier Mächte. Chruschtschow schien das zu überdenken.«

Es war noch die Zeit, als die Sozialdemokraten mit allen möglichen Disengagement-Vorschlägen aufwarteten, um die deutsche Frage vielleicht doch noch einer internationalen Lösung zuzuführen. Weder Adenauer noch Brandt konnten solchen für realitätsfern erachteten Initiativen etwas abgewinnen. Der »Zusammenbruch der klassischen außenpolitischen Positionen der Sozialdemokratie begünstigte Willy Brandts Griff nach der Führung der Partei«, bilanziert sein Biograf Merseburger. Es sei ihm gelungen, »binnen eines Jahres aus der Rolle des Scharfmachers oder Buhmanns in die des Hoffnungsträgers zu schlüpfen.«[35] Auf Erich Ollenhauer ging in der turbulenten Sitzung nach Ortloffs Beobachtungen heftige Kritik nieder. Er habe es unterlassen, sein Chruschtschow-Gespräch mit dem Vorstand vorzubereiten, und einen veritablen »Alleingang« unternommen: »Es habe nicht genügt, nur den Pressechef mitzunehmen, der im Übrigen im Vorzimmer zurückgelassen worden sei, während Chruschtschow insgesamt von drei Russen begleitet worden sei.« Der SPD-Vorsitzende sei dem mit der lahmen Einlassung begegnet, es habe sich nicht um ein diplomatisches Gespräch, sondern »eine persönliche Einladung« gehandelt.

Noch höher hätten die Wellen geschlagen, enthüllte der geheime Bericht über das interne Scherbengericht, als die Diskussion auf den Korb gekommen sei, den Willy Brandt dem Kreml-Chef gegeben hatte. Dieses Verhalten sei »eine glatte Desavouierung Ollenhauers« gewesen, hieß es: »In der Diskussion schälte sich die allgemeine Meinung heraus, dass der Parteivorstand es auf die Dauer als lebensgefährlich für Berlin ansieht, wenn Brandt weiter mit dem Besatzungsstatut der Stadt in der Weise öffentlich herummanipuliere wie bisher. Schon Ernst Reuter habe allzu viel mit den Westalliierten in Berlin geliebäugelt. Brandt mache ihnen jedoch alle nur denkbaren Avancen, um den Glanz seines Namens zu verstärken. Auch habe Brandt die neuen Vorschläge Chruschtschows, West-Berlin durch UN-Truppen der Vier Mächte besetzen zu lassen, in jedem Falle zu schnell abgelehnt. Die Kritik an Brandt war zweifellos durch die Brüskierung des Parteivorstands stark beeinflusst. Hinzu kam, dass Brandts einziger Anwalt in diesem Gremium, Erler, nicht anwesend war.« Dessen Fehlen ist im SPD-Protokoll zwar festgehalten, doch die Kritik an Brandt schlug sich dort lediglich in der Bemerkung Ollenhauers nieder, er habe diesem zur Annahme der Einladung geraten, doch müsse die Entscheidung des Regierenden Bürgermeisters »respektiert« werden.

Die sensationellen BND-Mitteilungen aus der Sitzung des SPD-Vorstands waren damit noch nicht erschöpft: »Mehrere Sprecher des Parteivorstands äußerten sich außerordentlich besorgt über die künftige Entwicklung Brandts. So sagte Wehner unter anderem, er könne nicht recht daran glauben, dass Brandt von seinen persönlichen Erfolgen so berauscht sei, dass er die reale Lage Berlins nicht mehr klar erkenne. Eher halte er es für möglich, dass Brandt, der als kalter Rechner bekannt sei, seine Rolle bereits jetzt im Hinblick auf den Verlust Berlins spiele, um danach in die Bundespolitik in großem Stile einzusteigen. Ein Verlust Berlins werde zu einer heute noch nicht abzusehenden nationalistischen Welle in der Bundesrepublik führen. Brandt sei durchaus der Mann, sich um seines persönlichen Erfolges willen an die Spitze einer solchen nationalistischen Bewegung zu stellen. Andere Vorstandsmitglieder stimmten dem zu und wiesen darauf hin, dass Brandt schon jetzt in Berlin einen geradezu legendären Namen habe. Selbst die sozialdemokratischen Delegierten eines Frauenkongresses in Berlin hätten Brandt nach seiner Rückkehr von der Weltreise in der gleichen hysterischen Weise zugejubelt, wie dies seinerzeit die Deutschen mit Hitler getan hätten. Als Brandt nach seiner Rückkehr vor dem Schöneberger Rathaus vorgefahren sei, hätten ihn wahre Begeisterungsstürme der Berliner empfangen. So etwas habe man seit Hitlers besten Tagen in Berlin nicht mehr erlebt. Selbst [der Hamburger Bürgermeister Max] Brauer, der politisch im großen Ganzen auf der Linie Brandts liegt, tadelte den Berliner Bürgermeister in väterlicher Weise und meinte, sein schneller Erfolg sei ihm zu Kopf gestiegen.« Die turbulente Sitzung endete mit einer längeren Diskussion über mögliche, aber noch nicht beschlussreife Vorschläge der Partei zur Lösung der Berlin-Krise. Es gab in diesem Frühjahr wohl keine andere Momentaufnahme, die dem Kanzler die Konflikte und die Stimmungslage in der SPD-Führung anschaulicher hätte skizzieren können. War die SPD für Gehlen 1949 eine »klare Gefahr« für Deutschland gewesen,[36] so war dies für Konrad Adenauer nun der Regierende Bürgermeister von Berlin.

Am 18. März 1959 (dem Tag der Berliner Barrikadenkämpfe 111 Jahre zuvor) stellte die SPD ihren sogenannten »Deutschlandplan« vor, den »letztmaligen offensiven Versuch zur Lösung des Wiedervereinigungsproblems«.[37] In den Leitungsgremien der Partei war der auch von Herbert Wehner unterstützte Vorstoß, der zum Abzug aller fremden Truppen und zu einem nach freien Wahlen wiedervereinigten Deutschland im Rahmen eines europäischen Sicherheitssystems führen sollte, inhaltlich so gut wie gar nicht diskutiert worden. Der denn auch nur kurzlebige Plan stand im Mittelpunkt der Präsidiumssitzung eine Woche später, über die das Kanzleramt wiederum sofort unterrichtet wurde.[38] Wegen dieses

Plans war es zu einer Kontroverse zwischen CDU/CSU und SPD gekommen, weil der sozialdemokratische Abgeordnete Karl Mommer dazu eine eilige Aussprache im Bundestag gefordert hatte. Er verfügte dazu allerdings über keine Legitimation seiner Parteigremien, sondern war von Herbert Wehner zu diesem Schritt mehr oder weniger gedrängt worden, der ihm gegenüber wohl von »Material«, einer »sehr scharfen Waffe« usw. geraunt hatte, mit dem die Bundesregierung in Schwierigkeiten gebracht werden könne. Es zeigte sich aber rasch, dass das auf eine »Kette halber oder schlecht überprüfter Informationen und übertriebener Wunschvorstellungen« zurückging.

Das ist aber nicht die einzige und auch nicht die schwerwiegendste Kritik des Präsidiums an der Lancierung des »Deutschland-Plans« der SPD gewesen. Die Kommission, die ihn vorbereitet hatte (ihr gehörten neben Herbert Wehner Fritz Erler, Gustav Heinemann, Kurt Mattick und Helmut Schmidt an), sei wohl »doch etwas betriebsblind gewesen«, ebenso wie es »falsch gewesen sei, die SPD-Vorschläge ohne weitere Inkenntnissetzung der Bundesregierung oder doch zumindest der anderen Parteien, vor allem der FDP, der Öffentlichkeit zu übergeben«. Wehner, der eigentliche Vater der deutschlandpolitischen Initiative, habe daraufhin zu ihrer Verteidigung auf die hervorragende Reaktion der Parteibasis verwiesen: »Es habe sich gezeigt, dass die kleinen Funktionäre und die sehr links eingestellten Mitglieder der Partei in dem ›Deutschland-Plan‹ so etwas wie eine Offenbarung einer sozialistischen Renaissance in Gesamtdeutschland unter Eingemeindung einer demokratisch geläuterten SED sähen« – Anstreichung am Rande. Weiter hieß es in dem BND-Bericht, der »sehr weit links stehende Bundestagsabgeordnete Kühn« habe in der Fraktion gesagt, vielleicht biete der Deutschlandplan »einen Ansatz für die Schaffung einer gesamtdeutschen Arbeiterpartei mit klaren sozialistischen Leitbildern« – noch fettere Anstreichung am Rande. Adenauer war immer der Meinung, eine Verwirklichung des Plans würde Deutschland »sehr schnell zu einem kommunistischen Land machen«.[39] Im niedersächsischen Landtagswahlkampf machte die Parole die Runde, die Vorschläge der SPD seien geeignet, »Gesamtdeutschland dem Imperialismus Moskaus auszuliefern«.[40]

Aufmerksamkeit erregte im Kanzleramt auch die Zuspitzung im Verhältnis zwischen der SPD und der eng mit ihr verbundenen Kinder- und Jugendorganisation, den »Falken«.[41] Sie machten dem Parteivorstand, der zunehmend entschiedener versuche, gegen deren »radikale Extragänge« vorzugehen, seit längerem Sorgen: »Im Gegensatz zu den Beschlüssen der SPD, die sich gegen eine Beteiligung am kommunistischen Weltkongress in Wien richteten, bestehen in Falkenkreisen starke Absichten, auch gegen den Willen der Partei nach Wien zu gehen und sich dort an Demonstrationen zu beteiligen. Das Argument nach außen ist, dass man im Sinne freiheitlicher sozialistischer Ideen wirken wolle. Kaum noch zu bestreiten ist aber, dass innerhalb der Falken wie unter den ›Naturfreunden‹ die kommunistische Infiltration am stärksten wirkt«; heftige An- und Unterstreichungen am Rande der Meldung.

Die Berichterstattung aus dem SPD-Präsidium von Ende März kam dann noch auf den »außerordentlich pessimistischen Bericht über die Parteifinanzen« zu sprechen, den Schatzmeister Nau erstattet hatte. Danach bewegte sich die SPD am Rande des Defizits, das Aufkommen aus den Mitgliedsbeiträgen, das unter anderem wegen der Beschäftigungskrise im Ruhrbergbau und in der Textilindustrie rückläufig sei, decke kaum noch die laufenden Kosten des Parteivorstands, der *Vorwärts*-Verlag sei »inzwischen zu einem Zuschussbetrieb geworden«. Auch die übrigen Zeitungen der SPD-Holding überwiesen kaum noch Überschüsse an die Partei; allein die ausbleibenden Zuweisungen der *Hamburger Morgenpost* beliefen sich auf eine Viertelmillion DM jährlich.

Während der Präsidentschaftskrise des Bundeskanzlers hielt sich die Berichterstattung des BND aus der SPD-Spitze ein wenig zurück, doch als klar war, dass Adenauer einen Rückzieher machen und Regierungschef bleiben würde, setzte sie wieder ein. Kaum war diese verblüffende, quer durch die Parteien und Medien in ungewöhnlicher Schärfe kritisierte Kehrtwende durchgesickert, erfuhr man im Bundeskanzleramt schon, wie rigoros die SPD-Führung das Desaster auszuschlachten gedachte.[42] »Die in Bonn anwesenden Mitglieder des Parteivorstands haben bereits am Wochenende vereinbart, sowohl in der Sitzung des Präsidiums am Montag [8.6.1959] wie in der Fraktionssitzung am Dienstag sicherzustellen, dass noch in dieser Woche der massivste Angriff der Nachkriegszeit gegen den Bundeskanzler gestartet wird.« Weiter war zu lesen: »Die zutage getretene Uneinigkeit der CDU soll mit allen Mitteln ausgewertet werden. Durch einen Großangriff erwartet man sich folgende Auswirkungen: 1. eine Schädigung des Ansehens der CDU und des Bundeskanzlers; 2. Verstärkung der Unsicherheit und der Gegensätze in der CDU; 3. eine Schwächung der Position des Bundeskanzlers. Die Angriffe sollen taktisch möglichst so geführt werden, dass sie nicht etwa zu einer Einheitsfront der CDU führen. Die Gegensätze in der CDU sollen möglichst erhalten bleiben, also nicht durch ungeschicktes Verhalten der SPD beseitigt werden. Sonst bestehe die große Gefahr, dass der jetzige ›turbulente Wirbel‹ in einigen Monaten bei der Bevölkerung wieder in Vergessenheit gerate und propagandistisch nicht mehr mit Erfolg gegen die CDU ausgewertet werden könne. Ein Kanzler Adenauer und ein Wirtschaftsminister Erhard als wahrscheinlicher designierter Nachfolger würden dann bei der nächsten Bundestagswahl wieder eine für die SPD nicht zu überwindende Hürde darstellen.«

Schon am selben Montag, als das SPD-Präsidium in Klausur ging, hatte der angeschlagene Bundeskanzler den BND-Bericht darüber auf dem Tisch. Er war diesmal noch geheimer als geheim eingestuft, denn er trug eigens den Vermerk »Bitte absolut vertraulich behandeln.«[43] Anders als man es im Palais Schaumburg vielleicht erwartet hatte, befassten sich die Mitteilungen aus der SPD-Führung weniger mit dem amtierenden als mit einem möglichen sozialdemokratischen Bundeskanzler. In entsprechendem Crescendo hob der Bericht an, »die Teilnehmer an der Klausurtagung des Präsidiums haben sich gegenseitig verpflichtet, über das Ergebnis und die Vorgänge zu schweigen«, um danach umso wirkungsvoller fortzufahren: »Die Gespräche hatten folgendes Ergebnis«. Siegfried Ortloff hatte tatsächlich Bedeutsames mitzuteilen: »Ollenhauer hat offiziell auf die Kandidatur als Kanzlerkandidat verzichtet. Darüber hinaus ist grundsätzlich die Entscheidung über die Herausstellung eines sozialdemokratischen Kanzlerkandidaten gefallen [...] Über Personen hat man auf der Klausurtagung offiziell nicht gesprochen. Das war schon deshalb nicht möglich, weil Carlo Schmid, einer der Kandidaten, anwesend war.« Das SPD-Präsidium habe sich in dieser hochgeheimen Sitzung darauf geeinigt, die Auswahl eines sozialdemokratischen Kanzlerkandidaten ganz dem Parteivorstand anheimzustellen. Carlo Schmid werde der Vorrang gegeben, doch sei sein Gesundheitszustand nach wie vor »sehr anfällig«. Noch immer »esse er reichlicher und trinke er weniger mäßig, als seine Gesundheit dies erfordere. Es gilt deshalb nicht als ganz sicher, dass Schmid ein hundertprozentig einsatzfähiger Kanzlerkandidat der SPD sein werde.«

Dann wandte sich der Bericht dem ebenfalls angeschlagenen Parteivorsitzenden zu: »Die Frage, welche Funktion Ollenhauer in der SPD für den Fall einer Wahl Wehners zum Parteivorsitzenden und Schmids zum Kanzlerkandidaten in Zukunft übernehmen könne, wird im Parteivorstand mit dem Hinweis auf die ehrliche Selbstlosigkeit des derzeitigen SPD-Chefs beantwortet, für den die Partei alles, seine persönliche Stellung aber nichts sei. Ollenhauer wird von niemand in der Partei eine menschliche Unanständigkeit, ja nicht einmal Unaufrichtigkeit zugetraut, es sei denn als Schwäche oder in dem Bestreben, die Partei oder einen Freund zu decken«, unterstrich Ortloff, der seit Jugendtagen mit Erich Ollenhauer verbunden war: »Mit Ausnahme Schumachers«, so weiter, »habe kein Sozialdemokrat soviel menschliche Hochachtung in seiner Partei errungen wie er. Man erwartet, dass Ollenhauers Loyalität gegenüber der Partei ihn für den Fall eines Wechsels im Vorsitz von sich aus dazu bringen werde, sich mit der Stellung eines stellvertretenden Parteivorsitzenden zu begnügen. Ollenhauer sei sich stets dessen bewusst gewesen, dass er zwar ein guter zweiter, aber niemals ein besonders strahlkräftiger erster Mann sein könne. Er habe die Nachfolgeschaft Schumachers in der Tat auch nur widerstrebend angetreten. Seine gesunde Selbstkritik habe ihn niemals im Stich gelassen. Freunden gegenüber hat er einmal geäußert, dass er gerne Fraktionsvorsitzender wäre, wenn es der SPD gelänge, die Regierung im Bund zu übernehmen. Auf den Posten des Bundeskanzlers reflektiert er von sich aus nicht. Er würde sich aber wahrscheinlich nicht nachdrücklich wehren, wenn ihn die Partei – außerstande sich auf einen anderen zu einigen – hierfür nominieren sollte. Das könnte der Fall sein, wenn Carlo Schmid in der entscheidenden Zeit vor der Bundestagswahl ausfällt und Brandt keine ausreichende Mehrheit im maßgebenden Funktionärskörper der Partei finden sollte.«

Der populäre Carlo Schmid war sich selbstverständlich darüber im Klaren, dass er bei der Wahl des Bundespräsidenten am 1. Juli 1959 dem CDU-Kandidaten Heinrich Lübke unterliegen werde. Für Waldemar von Knoeringen war diese Perspektive alles andere als ein Beinbruch, wie der BND aus einer Vorstandssitzung berichtete. Der stellvertretende Parteivorsitzende habe drei Tage vor dem Zusammentreten der Bundesversammlung nämlich die Meinung vertreten, »dass es für die SPD eine großartige Propagandachance darstelle, Carlo Schmid im Rennen zu halten und gegen Lübke unterliegen zu lassen«.[44] Diese Niederlage trat denn auch ein. Viel drängender wurde bei den sozialdemokratischen Spitzenpolitikern inzwischen jedoch die Frage, wer von ihnen wohl dazu ausersehen sei, dem nun schon seit einem Jahrzehnt regierenden Konrad Adenauer wenigstens eine solche Schlappe beizubringen – wer hätte an einen Sieg glauben sollen? –, die geeignet war, einer Sozialdemokratie Zuversicht zu geben, die sich inmitten einer dramatischen Kurskorrektur befand.

Willy Brandt erwies sich in seinem Amt, das er nun seit zwei Jahren innehatte und das Kontakte zu Staatsmännern eröffnete, von denen seine Kollegen in den Bundesländern nur träumen konnten, als regelrechter Publicity-Star. In Washington wurde er ebenso herumgereicht wie in London oder Paris. Schnell keimte daher bei seinen Genossen die Hoffnung, Erwartung oder Befürchtung, die Symbolfigur der Verteidigung der Hauptstadt im »Roten Meer« (wie gerne gesagt wurde) werde dort wohl kaum schon am Ende seiner politischen Karriere angelangt sein. Deutschlandpolitisch markierte der von dem sozialdemokratischen Deutschlandplan 1959 befremdete Willy Brandt bis zu der erwähnten außenpolitischen Rede Wehners Mitte 1960 den »innerparteilichen Gegenpol« zum starken Mann der Bundestagsfraktion.[45] Sich von der Sowjetunion oder gar Walter Ulbricht, »der sächsischen Lenin-Imitation«, wie er spottete, irgendetwas zu erwarten, hielt Brandt schlicht für blauäugig. Konrad Adenauer hatte es also nicht leicht, ihn mit kompromissbereiteren SPD-Größen in eine Reihe zu stellen.

Nach dem sowjetischen Berlin-Ultimatum wurde der Regierende Bürgermeister endgültig zum »Symbol des Abwehrwillens und des Freiheitskampfes« in Berlin. Die Springer-Presse stellte sich auf seine Seite. Es war der Sommer 1959, da sich nicht nur einfache Genossinnen und Genossen, sondern auch sozialdemokratische Granden mit dem Gedanken anzufreunden begannen, diesmal vielleicht den charismatischen jungen Berliner, der sich so sicher auf der Weltbühne bewegte, ins Rennen um das Kanzleramt zu schicken. Doch bis diese Idee zu einem Beschluss der Partei reifte, dauerte es noch etwas.

Godesberg

Zunächst bezog sich die Ausforschung des BND vornehmlich auf die bevorstehende Verabschiedung des neuen Grundsatzprogramms der SPD sowie auf Mitteilungen, von denen angenommen werden durfte, dass sie bei Adenauer und Globke auf Beachtung stießen; beispielsweise mehrere Analysen zur Friedrich-Ebert-Stiftung.[46] Bald wurde auch »Ollenhauers Krankheit« Thema.[47] »Mitglieder des Parteivorstands befürchten, dass Ollenhauers Krankheit doch schwerwiegender sei, als in den Erklärungen zugegeben wird«, erfuhr das Kanzleramt: »Sein Arzt habe ein striktes Alkohol- und Rauchverbot erlassen und eine Abmagerungskur angeordnet. Es ist fraglich, ob Ollenhauer, wie vorgesehen, das Grundsatzreferat auf dem Parteitag halten kann. Eine Entscheidung darüber wird erst im Oktober fallen.« Die parteiamtliche Erläuterung, die Unpässlichkeiten des Vorsitzenden gingen allein darauf zurück, »dass er das oberbayerische Klima nicht vertragen habe«, werde als Fehlleistung der Pressestelle gesehen, »schließlich bleibe man nicht vier Wochen an einem Ort, wenn das Klima sich als schädlich erweise. Ollenhauer habe außerdem Oberbayern immer deutlich bevorzugt. Im Parteivorstand wird versucht, alle Gespräche über O.'s Gesundheitszustand zu unterbinden, indem man erklärt, Ollenhauer wolle sich lediglich auf den Parteitag vorbereiten. Durch diese Taktik hofft der Parteivorstand, voreilige Gespräche über eine mögliche Nachfolge für Ollenhauer und das in diesem Zusammenhang gefürchtete Aufbrechen innerparteilicher Gegensätze zu unterbinden.« Auch der führende sozialdemokratische Jurist, Adolf Arndt, sei gesundheitlich angeblich so angeschlagen, dass er nicht mehr für den Bundestag kandidieren wolle[48] – eine Fehlprognose, wie sich zeigte. Er trug vielmehr bald maßgeblich dazu bei, dass das geplante »Adenauer-Fernsehen« vor dem Bundesverfassungsgericht scheiterte, und arbeitete noch zehn weitere Jahre als Abgeordneter.

Mittlerweile waren die überaus komplizierten, von innerparteilichen Kontroversen und Konferenzen sowie einer hellhörigen Presse begleiteten Arbeiten an dem neuen Grundsatzprogramm der SPD abgeschlossen. Mehrere hundert öffentliche Veranstaltungen dazu lagen hinter den Sozialdemokraten. Obwohl der CDU-Spitze, dem Kanzleramt, Adenauer persönlich und selbstverständlich auch dem BND die eminente Bedeutung der sozialdemokratischen Neuorientierung bewusst war, kümmerte sich der Auslandsnachrichtendienst in seiner politischen Inlandsspionage eher am Rande um diese Umwälzung. Wohin die Reise der SPD gehen sollte, war aus der öffentlichen Debatte zu geläufig, als dass eine nachrichtendienstliche Exegese der neuen geistig-politischen Horizonte der Partei Bebels und Schumachers irgendwelche tieferen Einsichten hätte bieten können. Es blieb daher bei praktisch verwertbaren Meldungen aus dem innersten Führungszirkel der SPD, die einen unmittelbaren Nutzwert für den CDU-Vorsitzenden hatten.

Der Bericht aus der Sitzung des SPD-Vorstands am 3. September 1959, auf dem der Entwurf des neuen Programms verabschiedet wurde, der dem Parteitag in Bad Godesberg zehn Wochen später zur Beschlussfassung vorzulegen war, widmete sich vornehmlich den Spannungen, die in diesem Diskussionsprozess zutage traten: »In Abwesenheit des erkrankten Ollenhauer«, teilte die BND-Innenquelle Ortloff dem Dienst mit, »wurde die von insgesamt 18 Vorstandsmitgliedern besuchte Sitzung von Wehner geleitet. In der abschließenden Diskussion über das inzwischen erheblich verkürzte Grundsatzprogramm der Partei zeigte sich als einzige wesentliche Veränderung die inzwischen von der Presse gemeldete Tatsache, dass sich Deist mit seinen wirtschaftspolitischen Vorstellungen auf der ganzen Linie durchgesetzt hat. Einige Vorstandsmitglieder – darunter Brandt – wiesen allerdings darauf hin, dass der wirtschaftspolitische Teil des Programms nach wie vor nicht klar genug dargestellt, ja sogar als widersprüchlich zu bezeichnen sei. Allgemein herrschte die Auffassung vor, dass dem Programm ein echter propagandistischer Erfolg versagt bleiben werde. Erler meinte sogar, man müsse den Mut aufbringen und auf den außerordentlichen Parteitag und die Proklamierung dieses, wie er sagte, einschläfernden Programms überhaupt verzichten. Taktisch könnte ein solcher Schritt unter Hinweis auf die außerordentlichen Auffassungsunterschiede zu Grundsatzfragen in den Gliederungen der Partei begründet werden. Diese Auffassungsunterschiede hätten sich in der vom ›Vorwärts‹ seit Monaten durchgeführten Parteidiskussion deutlich genug gezeigt.«

Mit diesem radikalen Vorschlag drang Erler nicht durch. »Der Parteivorstand versagte diesen Anregungen jedoch die Zustimmung«, wurde weiter aus der Sitzung berichtet, »da die Voranküնdigung des Programms und des Bad Godesberger Parteitages ohne einen weiteren schweren Prestigeverlust für die Partei nicht wieder zurückgenommen werden könnte. Im Übrigen gab es eine Diskussion über Fragen von grundsätzlicher Bedeutung lediglich bei der Präambel und den vorausgeschickten Bemerkungen. Die schärfste Kritik äußerte Brandt. Er wollte die bloße Erwähnung des Begriffs Kapitalismus aus dem Programm ausgemerzt haben. Über so einfache und schematische Klassifizierungen sei die Entwicklung längst hinweggegangen. Die kapitalistische Welt sei heute so vielgestaltig, dass man treffendere Begriffe prägen müsse. Schablonen aus der Vergangenheit seien heute nicht mehr zu verwenden. Sie schadeten nur. Brandt verlangte in Politik und Diktion eine schärfere Abgrenzung vom Kommunismus.« Aus der Sicht des bald wieder wahlkämpfenden Bundeskanzlers waren das beunruhigende Nachrichten.

Bei der laufenden geheimen Berichterstattung des Auslandsnachrichtendienstes aus der SPD war selbst in diesen Monaten kein Detail zu nebensächlich. Ob es sich um den altmodischen und »geradezu parteischädlichen« Tenor der sozialdemokratischen Frauenzeitschrift *Gleichheit* handelte;[49] um den »egozentrischen« Deist, der sich von niemandem in seine Konzeption des künftigen sozialdemokratischen Wirtschaftskurses hineinreden lassen wolle;[50] ob ein Assistent bei der Bundestagsfraktion eine vierwöchige Wehrübung ableistete, was bei Herbert Wehner angeblich »einen Wutausbruch und Ausfälle gegen die Fraktion« ausgelöst hatte;[51] oder ob es um eine, wie es hieß, von »arabischen Stellen« initiierte Aktion Hans-Jürgen Wischnewskis (des Bundestagsabgeordneten und Vorsitzenden der Jungsozialisten) gegen die französische Fremdenlegion ging[52] – all das erschien Ortloff und Gehlens Leuten nicht nur mitteilenswert, es wurde im Kanzleramt auch zur Kenntnis genommen.

Die interessanteste Meldung in dieser Serie betraf das bevorstehende Godesberger Treffen der SPD: »Nach der Veröffentlichung des Grundsatzprogramms war man im Parteivorstand überrascht, dass der wirtschaftspolitische Teil, den man selbst als zusammengestoppelt bezeichnet, so wenig kritisiert wurde und vor allem die großen Zeitungen die Frage des Wettbewerbs und nicht die in Teilen immer noch bestehenden Sozialisierungswünsche in den Vordergrund stellten. In den linken marxistischen Kreisen wird es als Beweis dafür angesehen, dass die Entwicklung an der Ruhr [Streiks im Zusammenhang mit der ›Kohlekrise‹] auch die Wirtschaftskreise der Bundesrepublik hellhörig gemacht habe und die Privatisierungspolitik unter anderen Aspekten betrachtet werde. Es scheint, als ob daraufhin die Linke bei dieser Einschätzung der Lage keine weiteren Konzessionen machen, ja sogar versuchen wird, verloren gegangenes Terrain zurückzuerobern. Man erwartet gerade auf diesem Gebiet heftige Auseinandersetzungen auf dem Godesberger Parteitag.«[53]

Diese Erwartung trog: Die Delegierten nahmen das Grundsatzprogramm am 15. November 1959 mit 324 gegen 16 Stimmen an. SPD-Genosse Siegfried Ziegler hatte dem BND-Präsidenten den »Entwurf für ein Grundsatzprogramm der SPD« bereits Wochen zuvor zugeleitet.[54] Willy Brandt, der auf den Fluren der Godesberger Stadthalle bereits als künftiger Kanzlerkandidat gehandelt wurde, sah in dem neuen Programm eine »zeitgemäße Aussage«, die es dem politischen Gegner schwerer machen dürfte, an seinem »Zerrbild« der SPD festzuhalten.[55]

Brandt stand auch im Mittelpunkt einer SPD-Vorstandssitzung, die wenige Wochen vor dem Parteitag stattgefunden hatte und über die das Kanzleramt eingehend ins Bild gesetzt worden war.[56] Nach dem Treffen zwischen Präsident Dwight D. Eisenhower und Nikita Chruschtschow in Camp David habe er, Brandt, »den Eindruck gewonnen, dass die Amerikaner und die Sowjets bestrebt seien, in der Berlin-Frage auf der Basis des Status quo eine Einigung anzustreben«. Dieser Optimismus sei von den anwesenden Genossen »mit Erstaunen vermerkt« worden. Das sei wohl auch mit der Erleichterung zu erklären, »die Brandt nach der offensichtlichen endgültigen Aufhebung des sowjetischen Ultimatums vom

27. November vorigen Jahres verspürt«, hieß es in der mit kräftigen Bearbeitungsspuren versehenen Mitteilung. »Die Diskussion zu diesem Punkt ergab weitgehende Übereinstimmung dahingehend, dass mit einer – wenn nicht schon getroffenen, so doch nahe bevorstehenden – Kompromissvereinbarung zwischen den beiden Weltmächten in der Berlin-Frage zu rechnen sei, die ihrerseits auf eine Zementierung nicht nur des Status quo für die Stadt, sondern auch für die deutsche Frage hinauslaufen werde.« Diese Passage, welche den weltpolitischen Wandel der kommenden Jahre recht genau prognostizierte, ist am Rande mit einem besonders dicken Strich markiert. Der Parteivorstand, so der Bericht, habe der Fraktion sogar empfohlen, »die Forderung nach einer generellen Aufnahme diplomatischer Beziehungen zu allen Ostblockstaaten zu erheben«. Im SPD-Protokoll steht nichts von einer so weitgehenden Empfehlung.[57]

Die sozialdemokratische Führung beriet laut BND-Bericht neben der Kritik an wichtigen SPD-Zeitungen, die immer weniger auf Parteilinie lägen, auch noch über den Fernsehstreit. Die Diskussion über das »Adenauer-Fernsehen«, zu dem das Bundeskabinett wenige Tage zuvor das entsprechende Gesetz verabschiedet hatte, fand im Kanzleramt naturgemäß besonderes Interesse: »Die Vertreter der Bundesländer«, hieß es, »unter ihnen vor allem Brauer und Zinn, kritisierten heftig, dass die SPD durch die überraschende Schwenkung in Richtung auf ein Bundesrundfunkgesetz das föderalistische Prinzip zu verletzen drohe. Der Vorsitzende des Verwaltungsrates des Süddeutschen Rundfunks, Alex Möller, tat sich hierbei als Sprecher der Föderalisten besonders hervor, während Kühn und Eichler ihm heftig widersprachen. Der Parteivorstand beauftragte daraufhin die Rundfunkexperten Knoeringen, Kühn, Eichler und Senator [Günter] Klein [Berlin], eine Resolution auszuarbeiten, die am Samstag angenommen wurde. Sie fordert die Inbetriebnahme des zweiten Fernsehprogramms durch die bestehenden Rundfunkanstalten bei gleichzeitiger Bildung einer Nord- und einer Südgruppe, die Kontrastprogramme ausstrahlen sollen

[…] Obgleich Zweifel an der Zweckmäßigkeit einer Anrufung des Bundesverfassungsgerichts bestehen, ist mit diesem Schritt der SPD zu rechnen.« Der erfolgte denn auch, und Anfang 1961 sprach Karlsruhe in dem bedeutsamen »Fernsehurteil« den Ländern die volle Rundfunkkompetenz zu.

BRANDT-ALARM: DER »FRONTSTADT«-BÜRGERMEISTER BRINGT SICH IN STELLUNG

Dem BND und seinem Präsidenten blieb es ebenso wenig wie dem Bundeskanzler und der deutschen, ja internationalen Öffentlichkeit verborgen, dass sich während der dritten Legislaturperiode des Deutschen Bundestages große Veränderungen in der Sozialdemokratie vollzogen hatten. Aus späterer Perspektive mag diese Reformperiode tatsächlich wie »ein Heldenzeitalter der modernen Sozialdemokratie«[58] erscheinen, da hier die Grundlagen für ihren Aufstieg zur Regierungspartei gelegt wurden. Am Übergang von den fünfziger zu den sechziger Jahren war das freilich noch eine ferne, doch immerhin realistischer gewordene Perspektive.

Die Neuorientierung der SPD in der Gesellschafts- und Wirtschaftspolitik und ihre noch radikalere Umorientierung in der Deutschland- und Außenpolitik zwangen nicht nur den Bundeskanzler und die CDU zu einem Nachdenken darüber, wie dieser modernisierten Oppositionspartei zukünftig am besten entgegenzutreten sei, auch Pullach hatte sich allmählich die Frage vorzulegen, ob es klug sei, die Geheimoperation gegen die SPD-Spitze in gleichbleibender Intensität fortzusetzen. Was würde geschehen, wenn der Stern des Bundeskanzlers weiter verblasste und die Sozialdemokraten in nicht allzu ferner Zeit in die Regierungsverantwortung kämen, gar das Bundeskanzleramt übernähmen?

Vor einer so existenziellen Frage konnte die Leitung des Auslandsnachrichtendienstes die Augen auf Dauer nicht verschließen.

Reinhard Gehlen kam immer weniger umhin, sich ein Szenario auszumalen, was wohl geschehen würde, wenn herauskam, dass er neben seiner staatsmännischen Kontaktpolitik gegenüber Ollenhauer, Erler und anderen Genossen die SPD-Führung seit Jahr und Tag nach Strich und Faden ausspionieren ließ, dass der Präsident des Auslandsnachrichtendienstes den Bundeskanzler in geradezu verschwörerischer Symbiose mit dem Kanzleramtschef mit Informationen aus der »Baracke« in der Bonner Friedrich-Ebert-Allee fütterte? Da Pullach für den Fall der Entdeckung der SPD-Operation unabsehbare Konsequenzen gewärtigen musste, leitete der BND-Präsident, wie wir sehen werden, parallel zur Veränderung der politischen Großwetterlage behutsam erste Schritte ein, um dieses Risiko zu begrenzen. Zwar gingen Meldungen aus der SPD noch ein gutes weiteres Jahr lang an den Kanzleramtschef, doch »Dr. Schneider« begann die Weichen nun so zu stellen, dass er im schlimmsten Fall wenigstens nicht persönlich ungedeckt in der Schusslinie stand.

Das Jahr 1960 begann mit einem weiteren Bericht Ortloffs aus einer SPD-Vorstandssitzung.[59] Adenauer und Globke konnten daraus entnehmen, Erich Ollenhauer und Herbert Wehner würden angesichts der seit Monaten anhaltenden Welle antisemitischer Aktionen (einer schweren Krise, die in der Attacke auf eine Kölner Synagoge einen Höhepunkt fand[60]) darauf bestehen, »dass die Bundesregierung dem Bundestag einen Gesamtbericht über die neonazistischen und antisemitischen Umtriebe erstatte«. Sehr ausführlich war dann der Inhalt einer Unterredung der beiden Spitzenpolitiker mit dem Innenminister wiedergegeben, die in gutem Gesprächsklima stattgefunden habe. Gerhard Schröder habe ihnen allerdings auch gesagt, »dass er von einem solchen Gesamtbericht nicht viel halte. Stelle es sich heraus, dass es sich bei den Ausschreitungen lediglich um Dumme-Jungen-Streiche handele, so werde durch eine solche ernsthafte Behandlung im Bundestag die beginnende Selbstbesinnung im deutschen Volk gestört und im Ausland der Eindruck erweckt, als stecke mehr hinter den

Schmierereien als lediglich Aktionen von Halbstarken. Sollte sich andernfalls aber herausstellen, dass dic antijüdischen Ausschreitungen von einer geheimen NS-Organisation gesteuert würden, so würde die Bekanntgabe dieser Tatsache im Ausland unabsehbaren Schaden anrichten. Ollenhauer und Wehner betonten, dass sie Schröder widersprochen hätten. Die SPD sollte auf einer Aussprache im Bundestag nach einer vorherigen Regierungserklärung bestehen.«[61]

In dem Bericht aus der SPD-Vorstandssitzung wurden auch die Rundfunkpläne Adenauers noch einmal erwähnt: »Auffallend war die Skepsis, mit der man die Forderung aussprach, dass die SPD-Ministerpräsidenten in dieser Frage hart bleiben müssten«; im eigentlichen Protokoll der Vorstandssitzung ist dazu nichts zu finden. Regelrechte Unzufriedenheit habe sich ferner über den »Verbotskatalog von Ostkontakten« Luft gemacht, den Waldemar von Knoeringen zusammen mit einem ausführlichen Kommentar zum Godesberger Grundsatzprogramm vorgelegt habe. Die streng vertraulichen Richtlinien von zwei Seiten Länge, die dem Spitzelbericht beilagen, dürften laut Vorstand nicht veröffentlicht werden, »da dies bei der Regierung den Eindruck erwecken könnte, dass die SPD auf jede wiedervereinigungspolitische Beweglichkeit verzichten wolle«; das Papier müsse überarbeitet werden. Immerhin waren darin so entschiedene Passagen zu finden wie »Für die Kommunisten ist die Kontaktaufnahme nur ein taktisches Mittel« oder »Man muss wissen, dass die SED alles tut, um die Gegensätze zwischen dem Kommunismus und der Sozialdemokratie zu verwischen. Sie versucht, den demokratischen Sozialismus zu missbrauchen, um eine Wiedervereinigung zu verhindern« – doppelte Anstreichung. Die Aufzeichnung des BND für das Kanzleramt endete mit dem Bemerken, im sozialdemokratischen Parteivorstand herrsche eine starke Unzufriedenheit »gegenüber den bisherigen Arbeitsergebnissen der Siebener-Kommission, die weder in der Frage des Wahlprogramms noch der des Kanzler-Kandidaten vorangekommen sei«.[62]

Einige Sozialdemokraten von Gewicht (darunter Fritz Erler, Annemarie Renger und Helmut Schmidt) hatten Willy Brandt mittlerweile ermuntert, die Kanzlerkandidatur zu übernehmen. Der lehnte einstweilen noch ab, doch der Druck auf ihn wuchs. Das letzte Wort sollte bei der federführenden Siebener-Kommission liegen, der außer dem Parteivorsitzenden und Brandt selbst noch Max Brauer, Heinrich Deist, Fritz Erler, Carlo Schmid und Georg August Zinn angehörten. Ein Gegenkandidat Willy Brandt, der mehr und mehr das Image eines Mannes der Zukunft gewann, war für den Bundeskanzler und die CDU ein ernstes Problem. Im Zuge ihres außenpolitischen »Gemeinsamkeits-Kurses«, der sich in der SPD schon vor Godesberg und Wehners weichenstellender Bundestagsrede herauskristallisiert hatte,[63] war es zwischen Adenauer und dem Regierenden Bürgermeister zu Beginn des neuen Jahres außerdem zu einer bemerkenswerten Übereinstimmung in der Einschätzung des Berlin-Problems gekommen. Beides, Konkurrenz und Annäherung, schlug sich sogleich in der Berichterstattung des BND nieder. Sein leitender Mitarbeiter Kurt Weiß sandte Gehlen eine »Führungsunterrichtung« dazu,[64] in der er sich auf »führende Westberliner SPD-Gruppen« bezog, speziell auf den Berliner Bundestagsabgeordneten Kurt Mattick: »Der Besuch des Bundeskanzlers in Westberlin, seine dabei betont herausgestellte Übereinstimmung mit der Haltung Brandts zur Berlin-Frage sowie die immer klarer hervortretende Solidarität der CDU und SPD im Hinblick auf dieses Problem erlauben den Schluss, dass aller Wahrscheinlichkeit der Bundestagswahlkampf 1961 in gegenseitiger Absprache, d.h. ohne die bisher übliche wahlkämpferische Note geführt werden würde, weil dies die außenpolitische Lage zwingend erfordere. Die CDU/CSU sei bereit, eine Große Koalition zu bilden, und Dr. Adenauer werde Brandt als Vizekanzler in das Bundeskabinett aufnehmen. Die SPD würde mit einem solchen Arrangement nichts verlieren, da die Chancen für einen Wahlsieg 1961 ohnehin gering seien. Außerdem bliebe bei dieser Taktik dem in politischen Kämpfen bisher unbesiegten Willy Brandt eine erste Niederlage erspart. Dieser letztere Umstand könne Brandts Chancen, nach dem sicheren Abtreten Dr. Adenauers spätestens 1965 als Kanzler-Nachfolger zu folgen, nur steigern.«

Für die politische Inlandsspionage des BND waren das kaum weniger gefährliche Aussichten als für Adenauer die Tatsache, dass er es bei der nächsten Bundestagswahl nun wohl wirklich mit Willy Brandt zu tun bekommen werde. Nach der überzeugenden Wahl des erst 34-jährigen Hans-Jochen Vogel zum Münchener Oberbürgermeister Ende März konnte der BND aus einer »Bürobesprechung« Waldemar von Knoeringens melden, dass dieser sich nun »in aller Form für die Nominierung Brandts einsetzen« werde.[65] »Deutlicher als jemals« habe der stellvertretende SPD-Vorsitzende von der Notwendigkeit gesprochen, »den ›geeigneten Mann‹ herauszustellen. Nach seiner Einschätzung ist in München klargestellt worden, dass die Zustimmung zur Kandidatur nicht an der Jugend eines Bewerbers scheitern müsse, wenn dieser Kandidat sein Können und seine Erfahrungen unter Beweis gestellt habe. Man müsse Mittel und Wege finden, dass im Falle Brandts für die kommenden Monate solche Gelegenheiten geschaffen werden. In den Kommunalwahlkämpfen wird Brandt als Spitzenredner auftreten. Die Absprachen sind bereits getroffen. Man müsse sich aber hüten, Brandt nur als Oberbürgermeister von Berlin herauszustellen. Brandt müsse vor allem als Außenpolitiker in den Vordergrund gespielt werden. Dabei war davon die Rede, dass man vor oder nach der [in Paris Mitte Mai nach dem Abschuss eines amerikanischen Spionageflugzeugs bereits im Auftakt gescheiterten] Gipfelkonferenz und zu anderen Gelegenheiten, die das Interesse der Menschen und der Bundesbürger hätten, Brandt in die Hauptstädte des Westens schicken solle. Dabei fiel auch ein Seitenhieb gegen Wehner. Brandt dürfe nicht als Exponent einer eigenen sozialdemokratischen Außenpolitik in Erscheinung treten, sondern gewissermaßen als Repräsentant einer überparteilichen Haltung, die vom Vertrauen zum Westen und des Westens zu Brandt getragen sei.«

»Was tut die CDU?«

Auf keiner der seit Jahr und Tag beim Bundeskanzler eingehenden Informationen aus der SPD-Spitze tobte Konrad Adenauer sich so vehement mit Anstreichungen aus wie an dem letzten Satz dieses Berichts. Mit seinen großen Lettern grub er in seiner markanten Schrift in das Papier: »Unsere Aktion gegen die bisherige SPD Politik gegen den Westen (EWG – [?] – Aufrüstung – Deutschlandplan der SPD – Europapolitik).« Fraglos: Der Kanzler war nicht nur empört, er war alarmiert.

Den übrigen Nachrichten des Gehlen-Apparats, die im ersten Halbjahr 1960 bei ihm eingingen, widmete der Bundeskanzler ebenfalls gesteigerte Aufmerksamkeit, wie an seinen Marginalien ablesbar ist. Da war etwa der Hinweis des BND, die SPD-Fraktion habe einen jungen Historiker damit beauftragt, »eine Dokumentation gegen Bundesverteidigungsminister Strauß herzustellen. Gegenstand sollen die Widersprüche, Dementis und ›falschen Zungenschläge‹ von Strauß in den vergangenen Jahren sein. Die Fraktion möchte durch diese Polemik nachweisen, dass sie zwar die Politik von Strauß, aber nicht die Verteidigungsbemühungen ablehne.« Der Kanzler bat Globke um Rücksprache und nannte in seiner Randbemerkung auch gleich das Thema: »Unsere Aktion gegen SPD-Politiker?«[66]

Einen Tag später setzte Adenauer angesichts des heraufziehenden Wahlkampfs Staatssekretär Globke neuerlich mit einer Randbemerkung unter Druck. »Was tut die CDU?«, fragte er nach der Lektüre einer geheimen Kanzler-Orientierung über die »innerparteiliche Aktivität des Ostbüros«.[67] Darin ging es um eine von diesem erstellte Dokumentation über die Auseinandersetzung mit dem Kommunismus und um die Warnung Waldemar von Knoeringens vor den Gefahren kommunistischer Unterwanderung. Dazu sei demnächst eine innerparteiliche Aktion zu erwarten, »die der Aufklärung der Parteimitglieder vor kommunistischer Beeinflussung dient. Nach langen Jahren des Schaukelns«, so weiter, habe der stellvertretende SPD-Vorsitzende »eine Haltung durchgesetzt, die bisher immer am Widerstand Wehners gescheitert« sei. Es gehe um eine Broschüre mit enormer Auflage: »Überrascht hat dabei, dass bei dieser Aktion das Ostbüro eingeschaltet wurde, nachdem bekannt geworden war, dass sich Wehner für eine Durchführung dieser Aktion durch das Referat Propaganda und die Organisationsabteilung eingesetzt hatte. Von [dem Leiter des Ostbüros] Thomas ist diese Entscheidung als Beweis dafür angesehen worden, dass die Kampagne Wehners gegen das Ostbüro durch die außenpolitische Entwicklung und die unnachgiebige sowjetische Haltung in der Deutschlandfrage nicht zu einer Schwächung, sondern zu einer neuen Erstarkung des Einflusses des Ostbüros geführt habe. Er sprach sogar davon, dass eine Erweiterung des Ostbüros geplant sei. Dieser Einschätzung wird jedoch von anderen Kennern der Situation widersprochen [...] Eine Renaissance des Ostbüros wird auch von Knoeringen nicht als wünschenswert erachtet.« Herbert Wehner, dafür gebe es bereits erste Indizien, werde das nicht zulassen. Gegenüber seinen engsten Mitarbeitern habe er »bereits gegen Thomas persönlich gerichtete Äußerungen fallen lassen«, der ja wohl »heute noch privat amerikanische Gelder erhalte«. Die große Zeit des SPD-Ostbüros war in der Tat vorüber, und einige Jahre später legte Stefan Thomas denn auch »verbittert«, wie die Presse wusste, die Leitung nieder.[68]

Ein gutes Jahr vor den Bundestagswahlen hatte Bundeskanzler Adenauer die Sozialdemokraten und ihren Hoffnungsträger Willy Brandt unverwandt im Auge. Er zog von allen Seiten Informationen ein und schenkte den Berichten des BND weiterhin größte Aufmerksamkeit, zumal in diesem Sommer sowohl die Wehner-Rede im Deutschen Bundestag als auch die Nominierung Brandts – sie wurde im Herbst vom Parteitag abgesegnet – Furore machten. In der Sitzung des SPD-Präsidiums drei Tage vor der großen außenpolitischen Bundestagsdebatte sei es zunächst um die Rednerfolge am 30. Juni 1960 gegangen, erfuhr man in der Regierungszentrale, und außerdem um die Auseinandersetzungen des Regierenden Bürgermeisters mit der Union.[69] »Die Verhärtung des Verhältnisses

Adenauer–Brandt wurde begrüßt (Brandt war in der Präsidiumssitzung nicht anwesend.)«, berichtete Ortloff, »da sie Brandts Selbständigkeit gegenüber der SPD einschränke. Es wurde beschlossen, CDU-Angriffe gegen Brandt in Zukunft betont aufzugreifen, um die Einheitsfront der SPD zu betonen und gleichzeitig Brandt stärker in die Hand zu bekommen«; im SPD-Protokoll findet sich dazu natürlich kein Wort.[70]

Einen Tag nach Abfassung dieser Meldung saß der BND-Präsident beim Bundeskanzler. Der hatte ihn kommen lassen, um über den Besuch von CIA-Direktor Allen W. Dulles am Vortage unterrichtet zu werden und »andere Fragen zu besprechen«.[71] Adenauer brachte in dem Gespräch wieder einmal »seine Sorge um die im Grunde schlechte Sicherheitslage innerhalb der Bundesrepublik zum Ausdruck«. Gehlen widersprach ihm vorsichtig, räumte aber ein, dass diese noch nicht befriedige und es »noch lange dauern werde, bis überall für die Sicherheitsnotwendigkeiten das erforderliche Verständnis vorhanden sein werde, dass aber doch sowohl beim BfV wie beim MAD in den letzten Jahren ganz erhebliche Fortschritte zu verzeichnen seien«. Dann ging der CDU-Chef zu einer Frage über, die vor allem seine eigene politische Sicherheit betraf. »Frage nach dem Werde- und Entwicklungsgang von Bürgermeister Brandt«, hielt Gehlen in seiner Gesprächsnotiz fest: »Ist er nachrichtendienstlich tätig gewesen?« Der Bundeskanzler, der dazu schlecht den Verfassungsschutz einschalten konnte, war auf der Suche nach Munition gegen den Kanzlerkandidaten. Schützenhilfe durfte er sich dabei am ehesten von der politischen Inlandsspionage seines Auslandsnachrichtendienstes erwarten.

Der BND wusste, was von ihm erwartet wurde. Bereits zwei Tage nach der Visite des Präsidenten im Palais Schaumburg meldete sein Dienst Neues über den wahrscheinlichen sozialdemokratischen Spitzenkandidaten: »Von einer Seite, von der es bisher nicht zu erwarten war, können sich für Brandt bei der Kandidatur um die Position des Anti-Adenauer-Kandidaten Schwierigkeiten ergeben«, teilte Gehlen am Tag der Aufsehen erregenden Wehner-Rede dem Kanzleramt mit.[72] Der Bremer Senatspräsident Kaisen sei von Freunden gebeten worden, »Brandt seine Unterstützung zu gewähren. Einen erfolgreicheren Gegenkandidaten für Adenauer gebe es von sozialdemokratischer Seite wohl kaum. Kaisen hat das rundweg abgelehnt, da Brandt ihm zu sehr der Typ des Filous sei. Diese Haltung von Kaisen ist nicht unwesentlich, da Kaisen im Wahlausschuss der Partei sitzt und damit Einfluss auf die Nominierung Brandts hat. Brandt ist für Kaisen zu wenig grundsatztreu. Kaisen wird jetzt von Brandts Freunden bearbeitet, seinen Widerstand aufzugeben, da es in der SPD weit und breit keine Alternative für den Vorschlag Brandt gebe.«

Vier Tage später setzte der BND eine weitere alarmierende Brandt-Meldung ab.[73] Diesmal ging es um Unterstützung für den Regierenden Bürgermeister aus Übersee: »Von den US-Gewerkschaften werden im Laufe des kommenden halben Jahres Aktionen zu Gunsten von Willy Brandt erwartet, wie sich aus Informationen ergibt, die der [SPD-Abgeordnete] Wenzel Jaksch von einer US-Reise mitbrachte. Zunächst werde eine Delegation von US-Gewerkschaftlern im Herbst dieses Jahres nach Deutschland kommen, um das Terrain zu sondieren. Die US-Gewerkschaftler um Walter [Philip] Reuther hätten ihr offenes Interesse bekundet, Brandt bei der Kandidatur zu unterstützen. Die US-Gewerkschaftler möchten gerne eine Balance im Bündnissystem der USA erreichen. Sie glauben weite Teile Asiens für den Kommunismus abschreiben zu müssen und möchten gerne mit der deutschen Sozialdemokratie und dem Renommee der deutschen Arbeiterbewegung in der Welt dem Kommunismus wirksam entgegentreten können. Dabei würden sozialistische Träume der Reuther-Familie eine Rolle spielen. Geplant sei neben der Deutschlandreise der Gewerkschaften eine neue Reise Brandts nach den USA, wo Brandt die Gelegenheit bekommen soll, die Belange Berlins nicht nur vor den Körperschaften, sondern darüber hinaus vor Massenmeetings des amerikanischen Volkes unmittelbar zu vertreten«; Ankreuzung Adenauers. »In Zusammenhang mit dem Bundestagswahlkampf soll dadurch für den

Hausgebrauch seine Anerkennung in der Welt deutlich gemacht werden. Die Gewerkschaftler sollen ihm zugesichert haben, nicht nur die Fernseh- und Rundfunkstationen zu mobilisieren, sondern ihm vor allem am Labour Day Massenversammlungen von bis zu 100 000 Menschen zu garantieren. Die Gespräche mit Brandt seien bereits abgeschlossen. Man wolle lediglich eine Entscheidung der deutschen Partei (der SPD) über Brandts Nominierung abwarten.« Das alles las sich recht bedrohlich.

Selbstverständlich sind es nicht die Ortloff-Berichte aus der SPD-Spitze allein gewesen, die den Bundeskanzler immer allergischer auf Willy Brandt reagieren ließen. Anfang Juli 1960 machte er sich in einer Vorstandssitzung der CDU Luft.[74] Die Bedeutung Brandts werde unterschätzt, begann Adenauer laut Protokoll; Allensbach hatte gerade herausgefunden, die Bevölkerung ziehe Brandt ihm und Wirtschaftsminister Erhard als Bundeskanzler vor: »Daran sehe man die ganze Dummheit des deutschen Volkes, über die man erschüttert sein müsse. Der Herr Brandt habe doch auf seinem eigentlichen Gebiete, nämlich in Berlin, bisher noch gar nichts geleistet. Reuter habe mehr geleistet, dessen Nachfolger auch, Brandt aber könne nur repräsentieren und Reden halten, aber ob er arbeiten könne, das habe er noch nicht gezeigt. Jedermann wisse, wie es um Brandt stehe, aber das störe das deutsche Volk nicht. Damit sei etwas berührt, was sehr schmerzlich sei, nämlich das mangelnde Nationalgefühl des Deutschen. Es sei erschütternd, dass das Nationalgefühl dem deutschen Volke einstweilen vollkommen abhanden gekommen sei.«

Eine Zeitung, so der erregte Adenauer weiter, berichte darüber, »dass Herr Brandt einen norwegischen Orden, den St.-Olafs-Orden, erhalten habe. Zur Verleihung dieses Ordens sei dort ausgeführt, dass mit der Verleihung dieses Ordens die Tätigkeit Brandts während des Krieges in Norwegen und sein Eintreten für die demokratischen Ideen und für die Freiheit gewürdigt werden solle. Er, der Bundeskanzler, finde diesen Schritt der norwegischen Regierung als sehr eigenartig; diese Regierung sei allerdings sozialistisch [...]

Es sei doch recht unglücklich, so etwas zu machen. Schließlich seien doch einige deutsche Soldaten in Norwegen gewesen, die keine Nazis gewesen sind und gegen die Brandt gekämpft habe. Brandt heiße ja in Wirklichkeit Frahm, sei nach diesem Artikel norwegischer Soldat geworden [...] Wenn er sich vorstelle, dass Brandt als Kanzlerkandidat der SPD in Frage komme, dass in der SPD auch Herr Wehner sei, der in Moskau ausgebildet worden ist und dann aus irgendwelchen Gründen, zu denen es verschiedene Lesarten gebe, zur SPD herübergewechselt ist, und dass Brandt jedenfalls Mitglied der norwegischen Armee gewesen ist, und man fände nichts daran, dann müsse er schon sagen, dass er erschüttert sei über den Mangel an National- und Selbstgefühl des deutschen Volkes. Man müsse sich jetzt überlegen, was zur Aufklärung über Brandt zu geschehen habe. Auch sonst möchten die Anwesenden sagen, was sie meinen, das geschehen müsste, um die Wahl 1961 zu gewinnen ...«

Wahlkampfvorbereitungen, Kehrtwende in der Westpolitik

Allein in diesem missvergnüglichen Juli landeten sieben BND-Berichte aus der SPD-Spitze auf dem Schreibtisch des Bundeskanzlers. Sie wurden meist auch dem Bundesgeschäftsführer der CDU zur Kenntnis gegeben, zumal es bereits um erste Vorbereitungen für den Bundestagswahlkampf im kommenden Jahr ging. Die Wiedergabe eines Gesprächs der beiden stellvertretenden Parteivorsitzenden von Knoeringen und Wehner mit dem sozialdemokratischen »Parteikassierer Nau« war daher von einigem Interesse.[75] Herbert Wehner habe zum Ausdruck gebracht, seines Erachtens werde die CDU versuchen, »mit einem bisher nicht dagewesenen Mitteleinsatz den Bundestagswahlkampf zu führen, um zu retten, was noch zu retten ist. Aus dem Kreise der Fördergesellschaften sei ihm eine Information zugegangen, wonach der Bundeskanzler die Führungskräfte der Wirtschaft unter schwersten Druck setze, um die von der CDU gewünschten Gelder zu erhalten« – Anstreichung. Die Partei, so weiter, werde höchstwahrscheinlich »mit einem Masseneinsatz auch modernster Propagandamittel nach amerikanischem Stil in den Wahlkampf gehen. Die SPD müsse demgegenüber darauf hinweisen, dass sie sich nicht von der Wirtschaft kaufen lasse und ihre Geldmittel aus Beiträgen und Spenden kleiner und mittlerer Einkommensempfänger stammten, die mit Hilfe der SPD eine Verbesserung ihres Lebensstandards anstrebten. Die Geldgeber der CDU wollten dagegen nur ihre ungeheuerlichen Profite sichern.«

Wehner prophezeite sodann, auf seine Partei werde »die größte Wahlschlacht seit Kriegsende« zukommen und mit früheren Erfahrungen überhaupt nicht zu vergleichen sein. Dem sei nur mit »restloser Einsatzbereitschaft aller Funktionäre«, erstklassigem Reaktionsvermögen und maximalem eigenem Mitteleinsatz zu begegnen. Er habe nichts dagegen, »wenn kleinere und mittlere Betriebe, deren Inhaber oder Leiter nicht ausgesprochen CDU-gebunden seien, um Spenden für den Wahlkampf angegangen werden. Man müsse hierbei einkalkulieren, dass manche Betriebsinhaber bei dem heutigen Arbeitskräftemangel im Interesse der Erhaltung eines guten Betriebsklimas spendenfreudiger sein werden, als dies in der Vergangenheit gegenüber der SPD der Fall war«; am Rande ein kräftiger Anstrich mit Ausrufungszeichen.

Noch größer war ausweislich kräftiger Marginalien des Kanzlers und CDU-Vorsitzenden Interesse an der internen Verarbeitung von Wehners spektakulärem außen- und deutschlandpolitischem Schwenk.[76] Dazu stellte die geheime Ortloff-Information fest: »Die Auseinandersetzung in der SPD als Folge der letzten außenpolitischen Debatte wird nach Auffassung des Parteivorstands bei der Beurteilung von außen bei weitem überschätzt. Erstens gehe der Kurswechsel der SPD nicht so weit, wie es im Allgemeinen angenommen werde. Mit einer geschickten Argumentation lässt sich nach Meinung des Parteivorstands die Brücke zu der Haltung der letzten Jahre schlagen. Zweitens bestehe alle Aussicht, dass sich die Polemik der Parteilinken gegen den Kurswechsel des Parteivorstands durch das Sieb der Funktionärskonferenzen und auch der Delegiertenversammlungen bis zum kommenden SPD-Parteitag auffangen lässt. Die Bedeutung der Kritik aus Kreisen der Mitgliedschaft werde in der Presse bei weitem überbewertet.«[77]

Dann wieder Wehner, der dem Kanzler durch die politische Inlandsspionage als eine Art politischer Magier nahegebracht wurde. Die von diesem persönlich geleiteten Funktionärskonferenzen in Süddeutschland hätten »deutlich gemacht, dass die Organisation und ihre Funktionäre Wehner bereits treu ergeben sind, geradezu abhängig davon, welchen politischen Kurs Wehner steuert. Von den anwesenden Funktionären haben nur wenige Wehner widersprochen [...] Die Mehrheit aber unterstützt Wehner und es wurde klar, dass diese neue politische Linie den Auffassungen der Organisation mehr Rechnung trägt, als das in den vergangenen Jahren der Fall war. Bei Wehner«, so der BND getreu seiner bisherigen Porträtierung weiter, »hat diese Haltung nichts weiter als Verachtung für den ›Kretenismus [sic!] des Apparates‹ ausgelöst. Trotzdem bleibt festzustellen, dass beim Parteivorstand sich die Auffassung durchzusetzen beginnt, dass man sich in den letzten Jahren ein X für ein U vorzumachen geneigt war und die Grundsatzfestigkeit der SPD-Mitgliedschaft und selbst der Funktionäre nicht überbewertet werden darf. Im Parteivorstand wird von Thomas und [Karl] Mommer sowie von einer Reihe anderer, vor allem von Gewerkschaftlern, betont, es habe sich doch jetzt herausgestellt, dass der Parteivorstand immer Trugschlüssen erlegen sei, wenn er die Bedeutung der Linken überschätzt habe. Insbesondere auf der Konferenz in München, die der Parteivorstand als echte Vorentscheidung für den kommenden Parteitag (im November in Hannover) ansieht, hat sich herausgestellt, dass die neutralistische und Anti-Atomkampagne der SPD niemals echt von der breiten Mitgliedschaft der Partei getragen wurde.« Das war sicherlich eine zutreffende Analyse. Bundeskanzler Adenauer glaubte jedoch weder in diesem Sommer noch auch später an einen wirklichen Wandel der sozialdemokratischen Außen- und Deutschlandpolitik.[78]

Einen Tag später meldete sich Gehlens Top-Agent erneut. Diesmal berichtete er aus einer Klausurtagung des Präsidiums.[79] Der

Parteivorstand habe mit der wichtigen Siebener-Kommission getagt, hieß es in dem Bericht (der auch an den Bundesgeschäftsführer der CDU weitergeleitet wurde), um Beschlüsse zu der SPD-Mannschaft für den Wahlkampf zu fassen. Dazu sei es dann aber doch nicht gekommen, vielmehr habe Willy Brandt hinsichtlich der »Wahlmannschaft« gebeten zu überlegen, »ob es zweckmäßig sei, die Mitglieder dieses Kreises frühzeitig zu bestimmen, da man ja kein Schattenkabinett aufstellen wolle. Die Gefahr sei nicht auszuschließen, dass die CDU versuchen wird, die Mitglieder der Wahlmannschaft einzeln zu diskreditieren und zu verschleißen, was bei einem längeren Zeitraum besser möglich sei. Er bat darum, bei öffentlicher und halböffentlicher Diskussion um die Kanzlerkandidatur weitgehende Zurückhaltung zu üben. Dies liege im Interesse Berlins und biete auch der Partei bessere taktische Möglichkeiten. Brandt fand keinen Widerspruch, Beschlüsse wurden zu der Frage der ›Mannschaft‹ nicht gefasst.«

In der folgenden Woche schlugen die Wellen im SPD-Vorstand hoch, denn es hatte zahlreiche Indiskretionen aus den Beratungen des Präsidiums gegeben.[80] Erich Ollenhauer brachte seine »Entrüstung« zum Ausdruck und entschuldigte sich bei den 23 anwesenden Genossen. Die Durchstechereien hätten »einige strategische Überlegungen zur Führung des Wahlkampfes über den Haufen geworfen«, sagte er. Nun gelte »Willy Brandt schon früher offiziell als der Kanzlerkandidat der SPD«, noch ehe der Parteirat der Sozialdemokraten überhaupt seine formelle Zustimmung erteilt habe. Der hessische Ministerpräsident Zinn meinte, »dass einer aus dem Kreis der Beteiligten geplaudert haben müsse. Er werfe die Frage auf, ob nicht der Eindruck entstehen müsse, ob die SPD überhaupt regierungsfähig sei, wenn nicht einmal solche Dinge vertraulich behandelt werden könnten.« Helmut Schmidt beklagte, »offenbar gebe es kein Mittel, sich gegen Indiskretionen, die wir in der Vergangenheit sehr häufig erlebt hätten, zu wehren«. Ansonsten frage er sich, was die Mannschaft überhaupt darstellen solle, »wenn es sich um kein Schattenkabinett handle«. So ging es weiter. Man diskutierte über Namen, versuchte die Aufgaben der Mannschaft wie der Siebener-Kommission zu definieren und beschloss schließlich, dass Willy Brandts Team aus elf Personen bestehen und mit dem DGB-Vorsitzenden Willi Richter einen prominenten Gewerkschafter in seinen Reihen haben solle.

Mittlerweile pfiffen es die Spatzen von den Dächern, dass der Regierende Bürgermeister von Berlin den Bundeskanzler herausfordern werde. Die »Mannschaft« war auch kein Geheimnis mehr. Carlo Schmid, der zunächst als Spitzenmann im Gespräch gewesen war, sollte Stellvertreter des Kanzlerkandidaten sein. Zum Team gehörten außerdem Max Brauer, Heinrich Deist, Fritz Erler, Wenzel Jaksch, Alex Möller, Fritz Steinhoff, Willi Richter, Käte Strobel und Georg August Zinn. Im Wahlkampf spielte diese Aufstellung dann nur eine untergeordnete Rolle, »die Hoffnungen auf personale Attraktivität konzentrierten sich auf den Kanzlerkandidaten Willy Brandt«.[81] Es gab auch schon eine zentrale Wahlkampfleitung mit Ollenhauer, Wehner, von Knoeringen, Nau und Brandt selbst. Dessen Vertrauter Klaus Schütz reiste in die USA, um den Wahlkampf von Richard Nixon und John F. Kennedy zu studieren, mit dem mancher den deutschen Kanzlerkandidaten inzwischen schon verglich.

Da dies alles nicht recht geeignet war, die Hoffnung der Union auf eine neuerliche absolute Mehrheit der Bundestagsmandate zu stärken, waren die Ergebnisse der politischen Geheimoperation des BND auch in diesen Wochen der Aufmerksamkeit der CDU-Spitze sicher. Noch am Tag der Sitzung der SPD-Bundestagsfraktion konnte man im Kanzleramt deren Ergebnisse schwarz auf weiß zur Kenntnis nehmen.[82] Fritz Erler hatte demnach im Anschluss an seinen ausführlichen Bericht über die politische Lage »Richtlinien für die Arbeit der Fraktion« im Jahr vor der Wahl ausgegeben, die »im Wesentlichen von wahltaktischen Überlegungen« bestimmt seien. »Als wahlpolitisch besonders interessant bezeichnete Erler die Gesetzgebungsgebiete Sozialpolitik einschließlich Krankenversicherung, Erziehungspolitik und Entwicklungspolitik«; so weit die Berichtsroutine. Dann aber sei Erler auf »die bereits in Vorgesprächen erkennbare Kritik an der Übergehung der Fraktion bei der Bildung der SPD-Mannschaft« eingegangen. Er habe sich dabei bemüht, der Verärgerung »mit der Versicherung zu begegnen, dass diese Mannschaft unter gar keinen Umständen ein Schattenkabinett sei. Bei der Auswahl der Mitglieder« – nicht gerade ein Kompliment und noch weniger glaubhaft – »sei man wesentlich auch von regionalen Gesichtspunkten ausgegangen. Die Verteilung der Ressorts werde die Angelegenheit möglicher Koalitionsverhandlungen sein, da es irrsinnig sei, an eine Alleinregierung der SPD selbst bei einem außergewöhnlichen Wahlerfolg zu glauben«; Anstreichung.

Anschließend war Fritz Erler deutlich geworden: »Der Anti-Brandt-Propaganda der Bundesregierung und der CDU/CSU müsse die SPD mit einer offensiven Note begegnen«; Anstreichung und Unterstreichung. »Wer Brandt vorwerfe, während des Zweiten Weltkriegs auf alliierter Seite gestanden zu haben, müsse sich die Feststellung gefallen lassen, dass alle, die gegen Hitler gekämpft hätten, Deutschlands Freiheit gewollt hatten.«

Einer der bedenkenlosesten Anti-Brandt-Propagandisten war, wie jedermann wusste, Konrad Adenauer selbst. In einer Vorstandssitzung hatte der Kanzler seine Parteifreunde gemahnt, man müsse Brandts Vergangenheit als »norwegischer Soldat« herausstellen, der womöglich gegen deutsche Soldaten gekämpft hatte und als Besatzer nach Deutschland gekommen war.[83] Zeitungen, die auf dieser Linie lagen, ermunterte Adenauer ausdrücklich. Der BND war ohnehin in diese Art Brandt-Forschung eingespannt. Wie der Bundeskanzler stellte auch der Kanzleramtschef Präsident Gehlen immer wieder einschlägige Fragen, im Herbst 1960 etwa: »Brandt: Er soll während des Spanischen Bürgerkrieges der Partido OUM [POUM, Partido Obrero de Unificación Marxista], einer zwischen Sozialisten und Kommunisten stehenden Partei angehört haben. Die Mitglieder der TUM wurden liquidiert außer Brandt, und es wird behauptet, dass er Schuld an dieser Liquidation gehabt habe. Ist darüber etwas bekannt? […] Wer war die erste Ehefrau von Brandt?«[84]

Den Bundeskanzler interessierte auch, was ihm über die »Brandt-Nachfolge in Berlin« mitgeteilt wurde.[85] Doch auf keine andere Meldung aus der SPD-Führung setzte er neben die Aufforderung an Globke zur Rücksprache ein so entschiedenes »Eilt!« wie bei dem Bericht mit der Überschrift »Brandtbesuch bei Kennedy«.[86] Der Kanzler bekam Folgendes zu lesen: »Die Mitglieder des Präsidiums führten außerhalb der Routinesitzung auch zur Endabstimmung über den Ablauf des Parteitages eine Lagebesprechung durch. In der allgemeinen politischen Diskussion begrüßte Ollenhauer warm die Wahl Kennedys. Es wurde beschlossen, dass über den amerikanischen Stadtkommandanten in Berlin und über die US-Gewerkschaftler sowie alle weiteren sich ergebende Kanäle der Versuch gemacht werden soll, Brandt – möglichst noch vor der Reise des Bundeskanzlers nach den USA – die Aufforderung zu besorgen, den neuen Präsidenten zur Informierung über die Berliner Situation aufzusuchen. Gegen Brandts ursprüngliche Idee, seinen Wunsch, Kennedy aufzusuchen, zumindest offiziös zu erkennen zu geben, hatte man allgemein Bedenken. Vor allem Brauer befürchtete, dass sich Brandt und damit die SPD bei einem solchen Vorgehen einen Korb holen könnte. Auf keinen Fall würde es zu einem solchen Besuch vor der Reise des Bundeskanzlers nach den USA kommen können, womit die wahltaktische Wirkung des Brandtbesuches weitgehend verpuffen würde.« Tatsächlich suchte der, so manche, »deutsche Kennedy« dann einen Monat vor Adenauer mit großem Medientross den echten Kennedy auf.

Der Emigrant fordert Adenauer heraus und unterliegt

Am 25. November 1960 bestätigte der Bundesparteitag in Hannover den Vorschlag der SPD-Führung, Berlins Regierenden Bürgermeister zum sozialdemokratischen Kanzlerkandidaten zu küren. Carlo Schmid verlas den Aufruf: »Mit den unverbrauchten Energien der jungen Generation müssen unverbrauchte Kräfte ans Werk. Darum muss Willy Brandt Bundeskanzler werden!« Der hielt denn auch eine eindrucksvolle Rede, die nach Beobachtung der *Süddeutschen Zeitung* bei den Delegierten gut ankam: »Seine Worte sind dazu angetan, die Teilnehmer des Parteitages von den Plätzen zu reißen. Sie wissen nicht, dass Willy Brandt in diesem Augenblick einen zuvor schon von John F. Kennedy in Amerika sorgsam erprobten Effekt ausspielt: Er spricht den Amtseid des Bundeskanzlers. Willy Brandt suggeriert dem Parteivolk ein Vorgefühl von Siegestaumel, als er mit den Worten schließt: ›... so wahr mir Gott helfe!‹«[87]

Kurz vor dem SPD-Parteitag schlugen sich die Nervosität und die politischen Sorgen des Bundeskanzlers in einem Gespräch mit Reinhard Gehlen nieder. Weit davon entfernt, sein Grundmisstrauen gegenüber der Sozialdemokratie etwa abzustreifen oder seine in vielen Wahlkämpfen erprobten Verleumdungen gegen ihr Spitzenpersonal einzustellen, forderte Adenauer den BND-Präsidenten neuerlich auf, »abwehrmäßig und eventuell auch politisch fragwürdige« SPD-Politiker wie Herbert Wehner oder Willy Brandt besondere Aufmerksamkeit zu schenken und ihm darüber zu berichten.[88] Gehlen und sein Apparat hätten dieser Ermunterung nicht eigens bedurft. Pullach wusste seit Jahren, was Adenauer erwartete.

Man kann sich fragen, weshalb Gehlen die allgemeine Erwartungshaltung und die Wünsche Adenauers trotzdem so ausführlich wie nie – und vor allem unnötigerweise – einem Aktenvermerk anvertraute. Gut möglich, dass er damit ein Dokument griffbereit haben wollte, falls es zu einer sozialdemokratischen Regierungsbeteiligung kommen sollte oder, entsetzliche Vorstellung, die gegen die SPD-Führung gerichtete innenpolitische »Aufklärung« ans Licht kommen sollte: Der Bundeskanzler habe das ja angeordnet ... Wir werden sehen, dass sich solche Vorsichtsmaßnahmen gut in eine Reihe anderer, ähnlich gelagerter Vorkehrungen einfügten. Einstweilen hielt Gehlen aber noch an seiner Doppelstrategie der heimlichen Ausforschung bei offiziöser Hofierung der SPD-Spitze fest.

Vermutlich erfuhr Bundeskanzler Adenauer nicht, dass der BND-Präsident Willy Brandt schon wenige Tage nach seinem Kanzler-Gespräch in der Pullacher Zentrale empfing. Gegenüber Staatssekretär Globke hatte er sich dafür mit einem besonders hoch eingestuften Schreiben abgesichert: nur zwei Ausfertigungen, »streng geheim, nur persönlich«.[89] Der Brief des BND-Präsidenten hatte folgenden Wortlaut: »Am Mittwoch, dem 9.11.1960, wird der Regierende Bürgermeister von Berlin, Herr Brandt, zu einem kurzen Besuch hier sein, der sich kurzfristig ergeben hat. Mir ist an diesem Zusammentreffen vor allem deswegen gelegen, weil der BND für seine laufenden Vorbereitungen für einen Spannungsfall in Berlin die besondere Unterstützung des Regierenden Bürgermeisters benötigt. Es handelt sich hierbei insbesondere um die getarnte Unterbringung der Fernmeldeeinrichtungen des BND im Rahmen geeigneter Berliner Dienststellen (Polizei usw.), Unterbringung von Meldeköpfen, persönliche Abtarnung u.ä. Auf der Arbeitsebene sind alle diese Dinge geregelt, bedürfen aber der endgültigen Sanktionierung durch Herrn Brandt. Auf Wunsch von Herrn Brandt unterliegt dieser Besuch auch in seinem Bereich einer besonderen Abschirmung. Über das Ergebnis der Besprechung darf ich bei meinem Vortrag in der nächsten Woche berichten.« Das wird denn wohl bei Gehlens Besuch im Palais Schaumburg am 17. November geschehen sein.

Der Präsident konnte dem Kanzleramtschef darüber hinaus noch mitteilen, sein Vizepräsident Worgitzky sei jüngst mit Fritz Erler zusammengetroffen, er selbst plane das ebenfalls: »Ich trug vor«, so Gehlen, »dass ich Herrn Erler wahrheitsgemäß davon unterrichten werde, dass weder ich selbst noch eine Führungsstelle im Bundesnachrichtendienst einen Auftrag gegen Herrn Brandt gegeben habe. Falls Derartiges erwogen worden sei oder besprochen worden sei, müsse Loch im Bundeskanzleramt sein.«[90] Hans-Heinrich Worgitzky wandte sich sogar brieflich an Erler, der ihm bei einem Zusammentreffen vorgeworfen hatte, der BND sammle Material gegen Brandt. Diesen Vorwurf habe er, Worgitzky, sogleich dem Präsidenten gemeldet: »Er beabsichtigt, Sie bei nächster Gelegenheit aufzusuchen, um mit Ihnen darüber zu sprechen«, heißt es in dem Schreiben. »Leider ist es dazu bisher nicht gekommen. Da er jetzt plötzlich eine Auslandsreise antreten muss, bin ich beauftragt, Ihnen mitzuteilen, dass derartige Nachrichten von uns nicht gesammelt worden sind.«[91] Auch diese Notiz und dieser Brief konnten eines Tages nützlich werden. Sie änderten aber nichts an der Tatsache, dass der Auslandsdienst seine geheime Berichterstattung über die SPD und ihren Spitzenkandidaten noch immer uneingeschränkt fortsetzte.

Unmittelbarer Auslöser dieser nachgerade hektischen Beteuerungen dürfte ein Zusammenstoß gewesen sein, den der Vizepräsident (vielleicht war es auch der leitende Mitarbeiter Hans Langemann) mit Fritz Erler gehabt hatte.[92] Der BND sammle Material gegen Brandt, hatte der SPD-Politiker ihm ziemlich direkt an den Kopf geworfen: »Ich spontan: ›Nein!‹«, hielt der Vermerk fest. Darauf Erler: »›Doch, ich weiß es ganz genau. Der Auftrag kam von einer ziemlich hohen Stelle, aus der Spitze heraus. Ich möchte nichts Näheres sagen. Es ist schon genug Porzellan zerschlagen, das jetzt gekittet werden muss. Die Zusammenarbeit war doch immer so gut.‹ Ich: ›Eben. Ich war jetzt auf Urlaub, aber das hätte ich sofort nach Rückkehr erfahren.‹ ›Nein, nein, es ist so. Ich weiß, dass Sie auf Urlaub waren. Bitte, unterbinden Sie das und lassen Sie es mich wissen, dass es unterbunden ist.‹« Die an Erler gerichtete Zusicherung war insofern nicht glatt gelogen, als ein expliziter, gegen Brandt gerichteter *Auftrag* nicht existierte – und auch gar nicht zu existieren brauchte.

Es verstrichen nur drei Wochen, da stattete der Auslandsnachrichtendienst Adenauer und Globke neuerlich mit den wichtigsten Ergebnissen der letzten SPD-Vorstandssitzung aus.[93] Die halbtägige Zusammenkunft »wurde im Wesentlichen mit der Diskussion der auf Grund des Parteitages Hannover zu ergreifenden propagandistischen Maßnahmen ausgefüllt. Wie schon in der Fraktionssitzung vom 6.12. hielt Ollenhauer eine längere Rede zu diesem Thema«, erfuhren der Kanzler und sein Staatssekretär: »In den Monaten Januar bis März 61 sollen der Appell von Hannover und der Inhalt der Rede Brandts innerhalb der Partei propagiert und erreicht werden [sic!], dass sich Funktionäre und Werbehelfer mit beidem identifizieren. Rednerdispositionen zu beiden Themen sollen ausgearbeitet werden, so weiter. Hierbei soll klargestellt werden, dass über die Beschlüsse von Hannover als solche keine Diskussion mehr zulässig ist. Sie sind für die Dauer des Wahlkampfes verbindlich.« Die Regierungsmannschaft solle das »Regierungsprogramm« bis zum Frühjahr fertigstellen. »Grundidee des Programms muss sein: keine Neuauflage des Godesberger Programms, sondern in kurzen konkreten Formulierungen Herausstellung der Ziele für die kommende Legislaturperiode. Die Veröffentlichung des Programms soll nicht vor dem Frühsommer erfolgen. Stark gepflegt werden muss in den nächsten Monaten der Kontakt mit Betriebsvertrauensleuten und Gewerkschaftern. Es muss erreicht werden, die Gewerkschaften davon zu überzeugen, dass die SPD mit ihrem Hannover-Kurs den Absichten der Gewerkschaften dient.« Über die Beurteilung der Wahlen an der Saar, über die Zustimmung zum Vorgehen von Außenminister Brentano bei der Diskussion über den Handelsvertrag mit der UdSSR und die Haltung Erlers zu »de Gaulles Atomplänen« wurde das Kanzleramt ebenfalls auf den neuesten Stand gebracht, und zwar wiederum sehr viel detaillierter, als wenn Adenauer und Globke das Originalprotokoll[94] vorgelegen hätte.

GEHLEN BRICHT DIE SPD-OPERATION AB

Die letzte ausführliche Berichterstattung des Gehlen-Dienstes vor einem ersten abrupten Abbruch der sieben Jahre zuvor gestarteten SPD-Operation bezog sich auf die letzte Präsidiumssitzung im Jahr 1960.[95] Neuerlich ging es darin um die Reaktion auf den Parteitag von Hannover. »Wehner zeichnete, teilweise ergänzt von

Ollenhauer und Nau, ein ziemlich dunkles Bild«, stand in dem Papier zu lesen: »In den letzten drei Wochen gehen direkt beim Parteivorstand täglich rund zehn Austrittserklärungen ein, während der Wochendurchschnitt vor dem Parteitag drei betrug. Hierbei sei zu berücksichtigen, dass diese Erklärungen, die unmittelbar an den Parteivorstand gehen, nur einen Bruchteil der tatsächlichen Austritte ausmachten.« Es sähen sich ja nur die politisch besonders aktiven Mitglieder veranlasst, wegen ihrer ablehnenden Haltung zu der neuen politischen Linie dem Vorstand direkt zu schreiben. Fast alle Bezirke hätten einen »erheblichen stillen Mitgliederschwund«. Ollenhauer habe in dieser »pessimistischen Diskussion« jedoch aufmunternde Worte gefunden und seine Hoffnung bekräftigt, »dass die parteiinterne Aufklärungsaktion, die jetzt anlaufe, sich sicherlich noch positiv auswirken werde«. Auch das war eine Information, die im internen Protokoll der SPD keinen Niederschlag fand.[96]

Dann erfolgte die Wende. Wie abgeschnitten endet mit dem ablaufenden Jahr 1960 die Überlieferung der geheimen Kanzler-Orientierungen aus der SPD-Spitze. Weshalb? Weil Gehlen und Globke es für geboten hielten, den Top-Agenten Siegfried Ortloff zum 1. Januar 1961 aus der sozialdemokratischen Parteizentrale direkt in den hauptamtlichen Dienst des BND zu überführen! Wir werden sogleich sehen, wie es zu diesem dramatischen Schritt kam. Wenige Wochen vor den Bundestagswahlen am 17. September 1961 begannen die Informationen für Bundeskanzler Adenauer für ein knappes halbes Jahr dann noch einmal zu fließen. Doch im Mai 1962 verstummte der langjährige Informant endgültig.[97] Die elaborierteste und riskanteste Form von Reinhard Gehlens politischer Inlandsspionage, eine der erfolgreichsten Operationen seines Dienstes überhaupt, war zu Ende.

Siegfried Ortloffs erster Bericht nach seinem Übertritt zum BND informierte das Bundeskanzleramt Anfang Juli 1961 über eine Zusammenkunft der SPD-Spitzengremien. Adenauer traktierte das Papier mit so vehementen Anstreichungen und so vielen Ankreuzungen wie wenig andere Meldungen aus dem sozialdemokratischen Nähkästchen.[98] »Zur Besprechung mit Staatssekretär Globke«, setzte er an den Rand. Referiert habe Kanzlerkandidat Willy Brandt, war in dieser Mitteilung zu lesen: »Im Gegensatz zu dem Optimismus, der seine Ausführungen vor dem Parteivorstand kennzeichnete (am 30.6.), berücksichtigte er jetzt stark den pessimistischen Erlerschen Standpunkt in seinen Ausführungen.« Das bezog sich auf die verhärtete Haltung des sowjetischen Staats- und Parteichefs Nikita Chruschtschow in der Berlin-Frage. »Die westliche Gegenposition sei bisher nicht genügend durchdacht«, befand Brandt. Notwendig sei eine friedliche Gegenoffensive. Nach seinen Informationen werde die amerikanische Antwort an Moskau – Kennedys berühmte »three essentials« – Ansatzpunkte dafür liefern.

Willy Brandt, so Ortloff weiter, habe die »Gerstenmaier-Erklärung« im Bundestag tags zuvor ausdrücklich gelobt – förmliches Aufbäumen des lesenden Kanzlers, der wegen der, wie er es sah, außenpolitischen Eskapaden des Bundestagspräsidenten häufiger mit ihm im Streit lag. Sein Stellvertreter im christdemokratischen Parteivorsitz hatte wieder einmal Verhandlungen zwischen den USA und der Sowjetunion über einen Friedensvertrag gefordert. Darauf habe Adenauer »ergrimmt« reagiert, schreibt sein Biograf.[99] Die handschriftliche Bearbeitung des Spitzelberichts bestätigt das optisch. Der sozialdemokratische Kanzlerkandidat erklärte, fuhr das Papier fort, die politische Aussage dieses Vorstoßes sei richtig gewesen, »sie könne außerdem in geeigneter Weise benutzt werden, um als Kronzeugnis für die Richtigkeit der SPD-Forderung nach gemeinsamer politischer Bestandsaufnahme zu dienen. Hierbei sei aber Vorsicht am Platze, keinesfalls dürfe die Ausschlachtung der Gerstenmaier-Rede gegenwärtig parteipolitisch überdreht werden. Sie würde dann ihren Wert für die SPD verlieren« – Gemeinsamkeiten mit den Sozialdemokraten war so ziemlich das Letzte, was Bundeskanzler Adenauer sich generell und erst recht wenige Wochen vor der Wahl wünschte.

Erich Ollenhauer war laut dieses Berichts noch etwas deutlicher geworden als der Kanzlerkandidat: »Der Bundeskanzler wird die neue internationale Spannung nutzen, um sich mit Appellen an das Sicherheitsbedürfnis der Wähler hochzuspielen«, hieß es. »Darum darf sich die SPD die Außenpolitik nicht als Zentralpunkt der Wahlauseinandersetzung aufzwingen lassen. Diese Taktik wird schwierig sein, aber leichter als bei früheren Wahlen. So eröffnet Gerstenmaiers Rede erneut die Möglichkeit, die SPD-Bereitschaft zur gemeinsamen Außenpolitik ohne Prestigeverlust für die SPD zu unterstreichen [...] Der Verzicht auf außenpolitische Auseinandersetzungen im Wahlkampf ist keine Kapitulation vor der CDU, sondern eine Konsequenz aus der Erkenntnis des Ernstes der Lage. Entsprechend ist die Betonung innenpolitischer Schwerpunkte kein Opportunismus, sondern eine echte politische Aufgabe, da von einem gesunden sozialen und demokratischen Status der Bundesrepublik ihre Kraft in künftigen außenpolitischen Auseinandersetzungen abhängt.«

Helmut Schmidt habe sich in der Diskussion der beiden Referate »gegen die Ausklammerung der Außenpolitik aus dem Wahlkampf« gewandt, fuhr die Schilderung fort: »Das hinge nicht von der SPD ab. Die CDU werde in diese offene Flanke hineinstoßen. Hier müsse die SPD offensiv werden. Dies sei schon notwendig, um die eigenen Anhänger aufzumuntern, die in den letzten Monaten zunehmend verwirrt würden. Wehner« – Ankreuzung Adenauers – »unterstrich Brandts Ausführungen, jedoch mit optimistischem Tenor zusätzlich: Falls die UdSSR eine Friedenskonferenz einberuft, sei es falsch, die Russen auf dieser Konferenz mit ihren Satelliten allein zu lassen. Der Westen müsste zumindest durch Verbündete und sympathisierende Staaten vertreten sein und einen Friedensvertrag mit ganz Deutschland unter Beachtung des Rechtes des Deutschen Volkes zur Selbstbestimmung fordern.« Willy Brandt habe dann noch einmal in die Diskussion eingegriffen und gesagt, man könne außenpolitische Themen nicht vermeiden, man dürfe sie durch »unnötiges Eingehen« auf die Argumente des

Gegners aber auch nicht hochspielen. »Grundthese müsse bleiben: Wir bestimmen unsere Wahlkampfthemen selbst.« Solche keineswegs nebensächlichen Details der Debatte haben im SPD-Protokoll keinen Niederschlag gefunden.[100] Wieder einmal saßen Adenauer und Globke mit am Tisch, als die Sozialdemokraten ihre Marschroute festlegten.

Der ausführliche Bericht war die letzte umfangreiche BND-Orientierung vor dem Mauerbau am 13. August 1961, eines Ereignisses, das für den Bundeskanzler zu einer Wahlkampfhilfe und einem Handicap zugleich wurde. War er, der sich jetzt augenblicklich in einen »besonnenen Friedenskanzler«[101] verwandelte, nicht derjenige gewesen, der immer gesagt hatte, mit den gefährlichen Sowjets verhandeln zu wollen, sei im besten Falle blauäugig? Aber war er nicht auch derjenige gewesen, der es zugelassen hatte, dass die Dinge nun so kreuzgefährlich eskalierten?

Wie immer interessierte Adenauer sich auch bei dieser Mitteilung aus den SPD-Spitzengremien vor der Abriegelung West-Berlins besonders für die praktischen Wahlkampfvorbereitungen der Sozialdemokraten. Dazu habe, wie der BND-Informant wusste, der stellvertretende Parteivorsitzende Herbert Wehner referiert: »Die FDP manövriert, wenn auch halben Herzens, als Hilfstruppe der CDU. SPD-Taktik muss bleiben: FDP nicht beachten, CDU immer wieder auffordern, und im letzten Stadium des Wahlkampfes zwingen, zum SPD-Programm Stellung zu nehmen. Adenauer habe im engsten Kreise geäußert: Wenn die SPD diese Linie durchhält, wird es gefährlich für die CDU« – hier eine Hervorhebung des Kanzlers, sogar mit zwei Kreuzchen.

Danach war es um eine »Kupfer-Tiefdruckschrift« mit einer Auflage von zwölf Millionen Stück, großformatige Plakate, Inserate in allen wichtigen Zeitungen, etc. gegangen. Brandt habe bedauert, dass »die Suggestiv-Propaganda der CDU, die Wahlentscheidung ist schon gefallen«, von der großen Presse vielfach aufgegriffen worden und sogar in der SPD erfolgreich sei. Tatsächlich gingen die Umfragen inzwischen in diese Richtung. Hier müsse unbedingt gegengehalten werden. Dann folgten Hinweise auf diese und jene Vorhaben, die alle durch den Mauerbau über den Haufen geworfen wurden. Als Letztes dann die zusammenfassenden Maximen für den restlichen Wahlkampf: Keine neuen Themen anschneiden, »auf jeden Fall Linie halten. Manöverkritik kann nach der Wahl erfolgen. Gegner ist die CDU, nicht die FDP. Sie kann man spöttisch links liegen lassen.«

Zur plötzlich akut gewordenen Lage der geteilten Hauptstadt ging dem Bundeskanzler vor der Wahl nur noch ein einziger Bericht zu.[102] Er war mit »Berlin-Krise« überschrieben und teilte mit: »Aus absolut zuverlässiger amerikanischer Quelle habe er, Brandt, erfahren, dass die amerikanische Regierung aufgrund der Berichte des US-Nachrichtendienstes damit gerechnet habe, dass die Luftverbindungen zwischen der Bundesrepublik und Westberlin durch sowjetische Störmaßnahmen erheblich beeinträchtigt werden«; im Einvernehmen mit Moskau wolle die »Sowjetzonenregierung« das Ausfliegen von Flüchtlingen weitgehend lahmlegen. »Die US-Regierung habe geradezu erleichtert aufgeatmet, dass nicht die befürchteten Maßnahmen, sondern die Absperrungen in Berlin durchgeführt worden sind. Dadurch sei die Möglichkeit eines ernsten Konflikts ausgeschaltet worden.« Das traf ebenso zu wie der Hinweis, »die US-Regierung sei bis zum Äußersten entschlossen, alle ernstlichen Zwischenfälle zu vermeiden und Konflikten, die zu militärischen Auseinandersetzungen führen könnten, aus dem Wege zu gehen«. Wie vordem schon, kreuzte der im 86. Lebensjahr stehende Kanzler auch hier den Passus an, der sich auf das Verhältnis des jungen Bürgermeisters zu dem jungen Präsidenten bezog, nämlich, »dass Brandt – nach allgemeiner Überzeugung der Vorstandsmitglieder – über sehr gute Beziehungen zu einflussreichen Persönlichkeiten im Kreis um Kennedy verfügt«.

Welche Hoffnungen der Kanzlerkandidat Willy Brandt und die SPD vor dem Urnengang am 17. September 1961 auch gehegt haben mochten, sie erfüllten sich nicht. Die Union verlor mit 45,3 % zwar ihre absolute Mehrheit, die SPD gewann mit 36,2 % der Stimmen durchaus hinzu – ihr bestes Ergebnis seit 1919 –, ein Durchbruch blieb den Sozialdemokraten jedoch versagt. Willy Brandt, dessen »große Stunde der Bewährung«[103] erst lange nach dem Bau der Berliner Mauer schlug, war deprimiert. Er hatte in den Umfragen weit vor seiner Partei gelegen, doch die Unsicherheit der Wähler, ob der neue Kurs der SPD als wahltaktisches Manöver oder als ein wirklicher Aufbruch anzusehen sei, war offenbar zu groß. Zu der von Brandt gewünschten Allparteienregierung angesichts der Bedrohung Berlins kam es auch nicht. Konrad Adenauer blieb Kanzler. Erich Ollenhauer empfing den Regierenden Bürgermeister, seinen Nachfolger als Kanzlerkandidat, in der »Baracke« mit der feinfühligen Bemerkung, andere kochten eben auch nur mit Wasser.

Bald nach der Wahl gab der BND dem Kanzleramt einen ersten Überblick über die sozialdemokratische Befindlichkeit.[104] »Seit der Bundestagswahl hat innerhalb der SPD-Spitze ein Tauziehen um Machtpositionen und Einfluss eingesetzt«, wurde berichtet. »Ollenhauer, der in den letzten eineinhalb Jahren weitgehend inaktiv geworden war und sich vorwiegend darauf beschränkte, Differenzen im Präsidium und im Parteivorstand auszugleichen, zeigt jetzt plötzlich eine wesentlich stärkere Aktivität. Er hat auch inzwischen Knoeringen und Wehner an die Vereinbarung der drei Vorsitzenden, dass alle wesentlichen Schreiben der Vorsitzenden den beiden anderen *vor* Abgang zur Kenntnis gebracht werden müssten, erinnert, und schaltet sich vor allem in die Arbeit von Wehner immer stärker mit Kritik und Anregung ein. Direkte Gegenaktionen von Wehner sind bisher nicht erkennbar. Ollenhauers Aktivität in Sitzungen nimmt ebenfalls zu. So forderte er vor der letzten Parteiratssitzung, dass kein Punkt der Tagesordnung in seiner Abwesenheit beraten werden sollte, was den Parteivorstand zwang, den Sitzungsbeginn um eine Stunde zu verschieben, da Ollenhauer sich verspätete.«

Der Insider Siegfried Ortloff lieferte noch eine Weile Einblicke in das innere Machtgefüge an der Spitze der Oppositionspartei: »Wehner hält sich zwar gegen Ollenhauer zurück, arbeitete aber daran, den Parteiapparat durch Ausweitung seines Einflusses völlig in die Hand zu bekommen.« Zahlreiche Details folgten. Abzusehen sei der Rückzug Waldemar von Knoeringens nach Bayern: »Er sieht seine Pläne zur ideologischen Aufrüstung der SPD in der Auseinandersetzung mit dem Osten und zur Schaffung einer großzügigen Planung für Bildung und Erziehung als gescheitert an und ist außerdem der ständigen Auseinandersetzungen im Parteivorstand und im Präsidium und namentlich des dauernden Kleinkrieges mit Wehner müde. Damit ergeben sich verschiedene Möglichkeiten für die zukünftige Ausgestaltung der Parteispitze: Die entschiedenen Brandt-Freunde möchten beim nächsten Parteitag Brandt zum Vorsitzenden machen, sehen aber selbst, dass dieser Plan nur sehr geringe Aussicht auf Annahme hat. Brandt selbst und ein breiter Kreis der mit ihm Sympathisierenden strebt daher eine Parteispitze an, die von drei gleichberechtigten Vorsitzenden gebildet werden soll. Mit diesem Plan sympathisiert Wehner unter der Voraussetzung, dass Brandt sich vorwiegend in Berlin aufhält und so eine Ausdehnung des Wehnerschen Einflusses nicht gefährdet wird.«

Es wurden noch weitere taktische Erörterungen verraten. Im Hinblick auf die SPD-Bundestagsfraktion gebe es bereits einige Planspiele: »Nach dem einen Plan soll Brandt Parteivorsitzender, Ollenhauer dagegen Fraktionsvorsitzender werden, die bisherige Personalunion beider Ämter also aufgehoben werden. Ollenhauer und Wehner sind strikt gegen diesen Plan. Auch die umgekehrte Lösung ist im Gespräch. Nämlich die Abgabe des Fraktionsvorsitzes durch Ollenhauer an Brandt. Ollenhauer selbst arbeitet an dem Plan, Brandt lediglich in Nachfolge von Kaisen zum Vorsitzenden des Parteirats wählen zu lassen, eine Absicht, die aber nur von entschiedenen Brandt-Gegnern unterstützt wird. Allgemein ist festzustellen, dass selbst bei grundsätzlichen Anhängern Brandts, wie zum Beispiel bei Erler, Befriedigung über die Abwertung Brandts durch den Wahlausgang innerhalb der Partei herrscht.«

All das konnte nur jemand erkunden, der mit den Schwingungen und Windungen an der SPD-Spitze trotz seines Weggangs vertraut geblieben war. Bei dem Wahlsieger Adenauer stießen solche Mitteilungen nur noch auf abgeschwächtes Interesse, jedenfalls sind sie nicht mehr derart mit spitzem Stift bearbeitet wie zuvor. Das gilt auch für den letzten Bericht des Jahres 1961, einen knappen Einblick in eine SPD-Präsidiumssitzung Ende Oktober,[105] vielleicht, weil inzwischen »Kanzlerdämmerung angesagt«[106] war und der hochbetagte Adenauer nun erst einmal nicht mehr so sehr mit den Sozialdemokraten zu kämpfen hatte; im Gegenteil, er flirtete sogar ein bisschen mit ihnen. Der CDU-Vorsitzende rang jetzt mit den Freien Demokraten, seinem neuerlichen Koalitionspartner, und mit seinen innerparteilichen Rivalen. Der große alte Mann hatte das Palais Schaumburg zwar noch einmal verteidigt, doch nach der Hälfte der vierten Legislaturperiode musste Konrad Adenauer gehen. Das war der vereinbarte Preis, den er für die allerletzte Prolongierung seiner schwindenden Macht zu entrichten hatte.

Gleichwohl, der alte und neue Bundeskanzler, akribischer Aktenarbeiter, der er war, nahm auch den Oktober-Bericht des BND zur Kenntnis. Es hieß darin, in der kurzen Sitzung der SPD-Spitze sei lediglich über die Koalitionsvereinbarung zwischen CDU/CSU und FDP gesprochen worden. Brandt, »der an dieser Sitzung gegen Ende kurz teilnahm«, habe sich besonders enttäuscht gezeigt und zu erkennen gegeben, »dass er bis zum letzten Augenblick geglaubt hatte, es würde nicht zu einer Einigung zwischen CDU und FDP kommen, sodass eine reale Chance für eine Allparteien-Koalition bestände«. Überhaupt habe sich in dieser Sitzung erhebliche Kritik an dem Verhalten der SPD in den entscheidenden Wochen der Regierungsbildung erhoben. Ollenhauer, Wehner und Brandt sei vorgeworfen worden, dass sie »durch ihre Bereitschaft, sich an einer Koalition unter Adenauer zu beteiligen, die FDP gezwungen hätten, ihre Forderung auf Ausscheiden Adenauers aufzugeben. Es sei zwar richtig gewesen, im Sinne der SPD-Parole der Gemeinsamkeit in ernsten Zeiten, die Bereitschaft zur Mitarbeit in einer Koalition grundsätzlich zu betonen. Da aber die Aussicht, tatsächlich mit der CDU ins Geschäft zu kommen, nie sehr groß gewesen sei, wäre es sinnvoll gewesen, eine Zusammenarbeit mit Adenauer auch seitens der SPD abzulehnen«, usw. usf. Das war jetzt alles verschüttete Milch, weshalb besonders Herbert Wehner allergisch reagiert habe (»dilettantische Spekulation«). Im Protokoll des SPD-Präsidiums findet sich davon nichts.

Nach beinahe einem Jahrzehnt ging in der ersten Hälfte des Jahres 1962 die ungemein dichte geheime Unterrichtung des Bundeskanzleramts (und der CDU-Spitze) aus den Führungsgremien der Oppositionspartei zu Ende. Sieben restliche Berichte trafen in den ersten Monaten noch ein. Der erste handelte von der wachsenden »Kritik an der ›neuen Linie der SPD‹« nach Godesberg;[107] von »kritischen Resolutionen«, »Verärgerung« und der abflachenden Kurve der Parteieintritte nach den Bundestagswahlen war die Rede, sogar von »parteiinternem Stalinismus«, was auf Herbert Wehner gemünzt gewesen sei.

Auch Brandt war noch einmal Thema.[108] »Mit starker Besorgnis verfolgt man beim Parteivorstand die sich aus Berlin mehrenden Anzeichen für ein Nachlassen der dortigen Popularität Brandts«, meldete der BND: »Nach dem Urteil der Berliner Funktionäre hat Brandt es nicht verstanden, seine Rolle als Volksführer, in die er infolge des 13. August hineingewachsen war, weiterzuspielen. Er wird mehr und mehr zu einem zwar geachteten, aber im Bewusstsein der Öffentlichkeit verblassenden Diplomaten und Verwaltungschef.« Der SPD-Vorstand werde Sympathieaktionen für den Regierenden Bürgermeister von Berlin daher jetzt »planmäßig unterstützen.« Immerhin, kurz darauf rückte Brandt nach vergeblichen Versuchen dank der Rückendeckung Herbert Wehners zum stellvertretenden SPD-Vorsitzenden auf.

Die drei definitiv letzten BND-Berichte aus der Bonner »Baracke« gingen im Mai 1962 im Kanzleramt ein, kurz vor dem Bundesparteitag der SPD. Den ersten ließ Anneliese Poppinga auf Adenauers Weisung hin »besonders verwahren« (wie sie handschriftlich vermerkte).[109] Die vier Schreibmaschinenseiten wiesen allerdings nichts auf, was eine exzeptionelle Geheimhaltung verlangt hätte.

Es waren die üblichen Informationen aus dem Innersten der Sozialdemokratie. Der Kanzler erfuhr neben anderen wenig aufregenden Neuigkeiten, dass Wehner ihn wegen seiner Berlin- und Deutschlandpolitik mit dem Epitheton »altersschwachsinnig« geschmückt hatte. Ein weiterer Bericht über zwei kurz darauf folgende Vorstandssitzungen rundete die angeschnittenen Themen ab.[110]

Mit einer zweiseitigen Information über die Präsidiumssitzung am 21. Mai 1962 endete Adenauers Watergate, die jahrelange BND-Geheimoperation gegen die SPD-Spitze. Also sei ihr eine leicht überproportionale Aufmerksamkeit gewidmet.[111] Die Parteiführung diskutierte über die letzten Vorbereitungen für den bevorstehenden Parteitag: »Wehner unterstrich verschiedentlich, dass alle Grundsatzfragen der Wehrpolitik, der Wiedervereinigung, der Grenzfragen und der Grundsatzinterpretation des Begriffes ›Sozialismus‹ auf diesem Parteitag nichts verloren hätten.« Die Aufmerksamkeit des alten und neuen Bundeskanzlers wurde ausweislich seiner Bearbeitung ein letztes Mal gefesselt, als das Verhältnis von Politik und Religion angeschnitten wurde: »Dem Präsidium«, hieß es, »lag die revidierte Fassung der Broschüre ›Katholik und Godesberger Programm‹ vor. Sie ist eine Gemeinschaftsarbeit Knoeringens, seiner Assistenten, besonders Bruno Friedrich und Peter Nellens. Am Rande haben auch Eichler und der Kulturreferent Bortfeld mitgearbeitet. Die Broschüre fand allgemeine Billigung. Sie führte zu einer allgemeinen Aussprache über die gegenwärtige Haltung der katholischen Kirche gegenüber der SPD. Eichler entwarf ein recht positives Bild. Lediglich die Bischöfe bzw. Erzbischöfe in Köln, Münster und Fulda seien nach wir vor unbedingte Gegner der SPD. Mit Essen, Berlin, Eichstätt sei das Verhältnis durchaus gut. Es habe sich besonders bei Eichstätt und gegenüber dem neuen Münchener Bischof gebessert. Die Beziehungen zu Limburg würden ständig enger. Hier könne man getrost von verständnisvoller Freundschaft sprechen. Die übrigen Bischöfe wären neutral und tendierten eher zu den Aufgeschlossenen als zu der SPD-feindlichen Gruppe« – alles vom Bundeskanzler und CDU-Vorsitzenden mit seinen Kreuzen und Unterstreichungen verziert. »Zu den Jesuiten«, so weiter, »beständen zahlreiche sich ständig vermehrende Kontakte, die ursprünglich von dem Münchener Kreis sozialdemokratischer Akademiker ausgegangen seien, sich jetzt aber über das ganze Bundesgebiet verbreitet hätten. Gut sei auch das Verhältnis zu den Benediktinern« (zwei Mal unterstrichen). »Diese beiden Orden«, so das Resümee der Präsidiumssitzung, »seien für die SPD wichtiger, als es allein die Zahl ihrer Ordensmitglieder rechtfertige, weil beide Orden von großem Einfluss auf die katholische Laienwelt, besonders auf die dort meinungsbildenden Kreise wie Akademiker und Publizisten, seien.«

Ein enger werdendes Verhältnis zwischen dem katholischen Klerus und der Sozialdemokratie war unter den Auspizien zunehmender Entkirchlichung nichts, was einen CDU-Vorsitzenden unberührt lassen konnte, der mit diesem so eng verbunden war wie kaum ein deutscher Regierungschef. Noch Monate später bezog sich Konrad Adenauer, besorgt über die Verwandlung und den »stetigen Aufstieg« der Sozialdemokratie, auf diese geheime Kanzler-Orientierung. »Durch einen glücklichen Zufall«, wie er sich ausdrückte, sei er in den Besitz der Niederschrift der SPD-Vorstandssitzung über die Beziehungen zwischen der Sozialdemokratie und dem Episkopat gelangt – und trug seinem Führungsgremium dann die zentralen Punkte daraus vor.[112]

Konrad Adenauers Kanzlerschaft ging endgültig zu Ende. Sein getreuer, aber nicht weniger bedenkenloser Helfer Reinhard Gehlen, der ihm jahrelang so tiefe Einblicke in die SPD gegeben hatte, war da bereits aus seiner Gnade gefallen. Nach dem Felfe-Desaster und der Verwicklung des BND in die *Spiegel*-Krise hatte der Bundeskanzler nicht nur abrupt mit dem »Doktor« gebrochen, er sprach dem BND auch ein akzeptables Leistungsniveau, und seinem Präsidenten ausreichende Intelligenz ab.[113] An Hans Globke schrieb er: »Nach allem, was ich gelegentlich gehört habe, steht der ganze Apparat auf einem zu niedrigen Niveau. Ich glaube, dass Herr Gehlen überfordert ist.«[114] Die politische Inlandsspionage, in die der BND-Präsident so viel Energie gesteckt und von der Konrad Adenauer und die CDU mit geheimen Kanzler-Orientierungen auf »krummen Wegen«[115] so sehr profitiert hatten, kann der scheidende Regierungschef bei diesem Scherbengericht nicht im Auge gehabt haben.

Siegfried Ortloff hielt seine engen Kontakte zu Fritz Erler und anderen Parteigenossen auch nach seiner Übernahme durch den BND aufrecht. So konnte er von Gehlen bis zum Ende der Ära Adenauer für Auskünfte aus der SPD-Spitze herangezogen werden. Unter seiner Privatadresse schrieb Ortloff bald nach seinem Wechsel in Gehlens Dienste Erler beispielsweise über Gewerkschaftsdinge und sagte sich bei ihm, verabredungsgemäß, »zur weiteren mündlichen Berichterstattung an«.[116] Gemeinsam mit ihm fädelte er die Beförderung ihres Parteifreundes Dr. Siegfried Ziegler ein.[117] Im Sommer 1962 erläuterte er einige Hintergründe der scharfen Kritik des Bundesrechnungshofs am BND.[118]

In Fritz Erlers Unterlagen findet sich eine »kurze Analyse«, die ihm sein Parteifreund Ziegler zugeliefert hatte.[119] Diese Bestandsaufnahme zur Arbeit des BND kam zu einem vernichtenden Urteil. In dem schweren Konflikt zwischen Gehlen und dem Präsidenten des Bundesrechnungshofs war es nicht nur um kameralistische Beanstandungen, sondern um gravierende Defizite bei der Behördenorganisation, bei der Beschaffung und bei der Auswertung gegangen. Die komprimierte Zusammenfassung für Erler zeigte das besonders deutlich, denn – wie wir heute wissen und man schon damals mit guten Gründen vermuten konnte – zu der »vernachlässigten« Beschaffung war festgehalten, wegen ihres Mangels an echten Quellen im gegnerischen Machtbereich sei sie »größtenteils dilettantisch«, bei der Gegenspionage stehe sie »auf dem Nullpunkt« – alles zutreffende Beobachtungen. Bedingt durch den Werdegang Gehlens habe die Auswertung Vorrang, es gebe auch ein »umfangreiches Ergebnis«, das freilich einer Augenwischerei nahekomme. »Je weniger geheime Quellen existieren, desto geringer ist zwar das Risiko, aber umso mehr offene Quellen (Presse) müssen herangezogen werden. Um trotz dieses Mangels in der Gunst der Regierung zu bleiben, muss man eine Meinung vertreten, die die offizielle Auffassung bestätigt. (Wer den Kurs der Neuen Zürcher Zeitung vertritt, braucht eine Kritik nicht zu befürchten. Wer sie liest, braucht aber auch nicht auf die Auswertungsergebnisse zu warten.)«

Es folgte eine Passage zur »Politischen Aufklärung«, die wesentlich von der politischen Inlandsspionage geprägt war, bei der Ortloff und Ziegler beinahe ein Jahrzehnt lang Hauptrollen innegehabt hatten. Dieser Zweig der BND-Tätigkeit, vermerkt das Kondensat der Rechnungshofkritik, stehe außerhalb der Abteilung Beschaffung, da er »seltsame Aufgaben« erfülle, er habe jedoch »Vorrang«. Die international angelegte politische Aufklärung werde »mit Hilfe riesiger finanzieller Mittel, die großzügig verwendet werden, ausgeführt. Folgende Relationen werden geschätzt: a. Aufklärung: 60 % der Kapazität für Inside-Aufklärung (z.B. Vorgeschichte Willy Brandt, Absichten großer Zeitungsverleger, Penetrierung von Parteien, Behörden, Redaktionen), 40 % für Auslandsnachrichtendienst«.

Da Fritz Erler und Siegfried Ortloff neben dem engen Austausch nachrichtendienstlicher und den Auslandsnachrichtendienst betreffender Informationen auch weiterhin die Erörterung von Parteiangelegenheiten pflegten, behielt Ortloff auch nach seinem Wechsel von der SPD zum BND einen guten Einblick in Angelegenheiten der Parteispitze. Der Gehlen-Dienst konnte im Frühjahr 1963 daher befriedigt notieren: »Verbindung ›Oberon‹ (Klarname: Ortloph [sic!], Sicherheitsbeauftragter der SPD – über Mitarbeiter Dr. König) berichtet laufend und qualitativ gut.«[120] Noch bis zu seinem Ausscheiden aus dem BND Ende 1965 betätigte sich Siegfried Ortloff als geheimer Nachrichtenlieferant in beide Richtungen. In einem seiner Privatbriefe an Fritz Erler, der bald zum Oppositionsführer aufstieg, schrieb er einmal, »Freund Ziegler« habe ihm wieder »einige Sachen aus der Zentrale erzählt, die mir zur Weitergabe an Dich wichtig genug erscheinen«. Er möge ihm in den Parlamentsferien doch eine Stunde dafür opfern.[121]

VI

BND-LÜGENGESPINSTE FÜR EIN HALBES JAHRHUNDERT

Im Herbst 1961 war es den Sozialdemokraten auch im dritten Anlauf nicht gelungen, die CDU-Herrschaft in Bonn zu brechen. Konrad Adenauer blieb Bundeskanzler, wenn auch einer auf Abruf. Der 85-Jährige war ein Mann der Vergangenheit, und Hans Globke, seine rechte Hand, war es auch. Mit beiden teilte BND-Präsident Reinhard Gehlen das private Staatsgeheimnis der systematischen Ausforschung der SPD-Spitze. Er hatte diese riskante Operation höchstpersönlich eingefädelt und ihre Erträge dem Regierungschef und CDU-Vorsitzenden über Jahre verlässlich und zügig vorgelegt. Kam diese gesetzwidrige parteipolitische Ausforschung im Zuge der vorhersehbaren Turbulenzen nach den Adenauer-Jahren ans Licht, so würden der Schaden für den Auslandsnachrichtendienst und die Konsequenzen für ihren inzwischen ohnehin stark in der Kritik stehenden Präsidenten unabsehbar sein.

Als sei diese Übergangsphase nicht gefahrvoll genug, kamen mit dem Auffliegen des KGB-Agenten Heinz Felfe 1961 und mit der *Spiegel*-Krise 1962 zwei Affären hinzu, in deren Verlauf der »Doktor« das Vertrauen Adenauers restlos einbüßte und sogar persönlicher Konsequenzen gewärtig sein musste. Gehlen versuchte, der veränderten politischen Konjunktur zu Beginn der sechziger Jahre Rechnung zu tragen und bei seiner Doppelstrategie gegenüber der SPD – gutes Auskommen bei gleichzeitiger nachrichtendienstlicher Ausforschung – zu einem noch besseren Einvernehmen mit deren Spitzenpolitikern zu gelangen. Eine Lösung für sein brennendstes

Problem, nämlich die Instrumentalisierung des BND zur Ausspähung der Opposition nachträglich zu vertuschen, war damit freilich nicht gefunden.

Nachdem das deutsche Watergate zu Beginn der sechziger Jahre abgebrochen war, befasste sich der 1968 pensionierte Gehlen noch mehr als eineinhalb Jahrzehnte lang damit, den stärker werdenden Hinweisen auf die ausgedehnte politische Inlandsspionage während seiner Amtszeit zu begegnen. An sich war die Vertuschung dieser Dienstleistung für das Kanzleramt und die CDU keine allzu komplizierte Operation, vorausgesetzt, der kleine Kreis einer guten Handvoll Mittäter und Mitwisser bewahrte Stillschweigen über diesen Machtmissbrauch.

Selbstverständlich würden die Anstifter und Nutznießer dieses Demokratieverbrechens – Adenauer, Gehlen, Globke – ihr Geheimnis mit ins Grab nehmen. Ihre engsten Vertrauten in Pullach und in Bonn, dessen durfte man ebenfalls gewiss sein, würden sich eher die Zunge abbeißen, als in ihrer Loyalität zu wanken. Also sollte es genügen, wenn der Gründungspräsident des BND seine Vertuschungs- und Neutralisierungsmaßnahmen auf seine beiden Genossen und Komplizen Siegfried Ortloff und Siegfried Ziegler richtete.

Der langjährige Top-Agent in der SPD-»Baracke« war dabei der einfachere Fall. Sein Leben für die Arbeiterbewegung, seine Bindung zu sozialdemokratischen Führungsfiguren, namentlich zu seinem Mentor, dem SPD-Vorsitzenden Erich Ollenhauer, und zum stellvertretenden Chef der SPD-Bundestagsfraktion Fritz Erler würden es ihm gewiss verbieten, sich zu offenbaren. Trotzdem war es ratsam, mit Siegfried Ortloff auch nach seinem Verrat auf gutem Fuße zu bleiben. Das ließ sich bequem bewerkstelligen. Mit Zustimmung Globkes rollte Gehlen seinem treuen Verräter den roten Teppich aus und holte ihn, wie erwähnt, unter Bezeigung schmeichelhaftester Aufmerksamkeiten ab 1. Januar 1961 unter das Dach des Dienstes. Dort überstand Ortloff als hauptamtlicher Mitarbeiter (V-29785; »Oberon«, »Hausmann«) mit mäßigem Engagement und opulentem Gehalt einige Jahre, um dann im Herbst 1965 als Leiter der Skandinavien-Redaktion zum *Deutschlandfunk* zu wechseln – wohl kaum ohne die tätige Mithilfe des Gründungsintendanten Dr. Hermann Franz Gerhard Starke, der auch für den BND arbeitete (V-16137, »Stolze«).[1]

Die zweite zentrale Figur bei der Ausforschung der SPD-Spitze war Dr. Siegfried Ziegler gewesen. Er kannte jeden einzelnen Schritt der von Gehlen gestarteten Großoperation vom ersten Tage an. Ohne den Sozialdemokraten wäre der Einbruch in die Bonner »Baracke« nie gelungen. Dass der Präsident die ganzen fünfziger Jahre hindurch bei Adenauer und Globke einen derart dicken Stein im Brett hatte, verdankte er wesentlich seinem geschätzten und eilig beförderten Mitarbeiter Ziegler. Nun aber galt es, diese Liaison dangereuse aufzulösen und jeden Hinweis darauf zu tilgen. Der mit allen Wassern gewaschene Ziegler war allerdings eine härtere Nuss als Ortloff. Also mussten gediegenere Werkzeuge zur Anwendung kommen, und so wurde »Dr. König«/»Dr. Kaiser« Opfer, man kann es nicht anders sagen, einer denkbar schmutzigen Intrige seines eigenen Dienstes.

Bei der Rekonstruktion historischer Vorgänge ist die Betrachtung ihres Nachlebens manchmal ähnlich aufschlussreich wie die Sezierung der Geschehnisse selbst. Wie andernorts en détail vor Augen geführt,[2] wollte der BND-Präsident im Lichte der beginnenden »Kanzlerdämmerung« seinen geheimen Mitwisser nach Wien versetzen und damit Zieglers Kontakt zu Fritz Erler erschweren. Der stellvertretende Vorsitzende der SPD-Bundestagsfraktion sperrte sich jedoch dagegen. Zur selben Zeit begann »Dr. König« sich missliebig zu machen, weil er die immer deutlicher zutage tretende Misere des BND mit seinem Freund Ortloff, mit Erler und anderen Parteifreunden zu thematisieren begann. In der betriebsinternen Hysterie nach der Felfe-Enttarnung geriet Siegfried Ziegler sogar in den Verdacht feindlicher Agententätigkeit.

Doch das waren Nebengeräusche: Kernpunkt blieb seine Mittäter- und Mitwisserschaft bei Adenauers Watergate. Ende 1962, die Ausforschung der SPD-Spitze war noch nicht beendet, begann die Überwachung von Zieglers Telefonanschluss und die Observation seines Wohnhauses. Kurz darauf schwärzte Gehlen seinen einstigen Intimus bei Fritz Erler wegen des Verdachts an, »Mitarbeiter eines gegnerischen Nachrichtendienstes« zu sein – das gängigste Totschlagargument im BND.[3] Kein Wort selbstverständlich davon, dass Ziegler in Wahrheit der Pullacher Top-Agent im Kampf gegen die Sozialdemokratie gewesen war. Da die Verleumdung Zieglers bei Erler nicht verfing, zog Gehlen die Schlinge eben anders enger.

Der Frontalangriff des Präsidenten auf seinen engsten Vertrauten bei der SPD-Spionage erfolgte im Sommer 1964. In einer fein abgestimmten Treibjagd, die den Zersetzungsmaßnahmen des Staatssicherheitsdienstes der DDR Ehre gemacht hätte und bei der Gehlen seinen halben Stab, die Sicherheitsabteilung, den Betriebsarzt (der von seiner Schweigepflicht nichts hielt) und einen verdeckt angeworbenen Verkehrspolizisten einspannte, auch den Münchener Polizeipräsidenten miteinbezog, versuchte Pullach, Siegfried Ziegler aus gewissen sexuellen Vorlieben einen Strick zu drehen, ihn zu erpressen und ihn so zu einem vergoldeten Ausscheiden zu bewegen. Alles, was sich finden und herbeifantasieren ließ, wurde in Vermerken, Dossiers oder Tonbandmitschnitten aufgehäuft – alles in allem ein Drama menschlicher Niedertracht und institutioneller Verkommenheit.

An den Rand des Nervenzusammenbruchs gebracht, hielt Ziegler mit Unterstützung seines Freundes Ortloff zwar stand, verhedderte sich aber bald in Formfehlern, die dem BND-Präsidenten, der während des von ihm angezettelten Getümmels nach außen hin jedoch als gütiger Hausvater posierte, die Möglichkeit gaben, eine gütliche Einigung zu offerieren: bei üppiger Dotierung – etwa das Gehalt des Bundeskanzlers – Abschiebung als einstweiligen Ruheständler und nominellen Agenten (»Dr. Kugler«) nach Mexiko, das der nebenberufliche Reiseschriftsteller schon immer kennenlernen wollte. Von dort schrieb Dr. Siegfried Ziegler zwei Jahre lang nachrichtendienstlich wertlose Episteln und ging nach Vorlage eines »nichtssagenden«[4] Abschlussberichts 1967 in den wohlverdienten Ruhestand.

Der großzügige Reinhard Gehlen konnte inzwischen ziemlich sicher sein, dass ihm von Ziegler keine Gefahr mehr drohte, auch nicht, als er erfuhr, dass sein ehemaliger Mitverschwörer dem Bundesminister des Äußeren einen persönlichen Bericht über seinen Aufenthalt in Mexiko erstattet hatte. Den SPD-Vorsitzenden Willy Brandt interessierten allerdings weniger die mexikanischen Verhältnisse als Zieglers »Verbindungsrolle« zu dem jüngst verstorbenen Oppositionsführer Fritz Erler. Brandt rief sogar Helmut Schmidt an, den Chef der SPD-Bundestagsfraktion, der ihm mehr dazu sagen sollte, da »Erler sein Wissen mit ins Grab« genommen habe.[5]

Gehlen und Schmidt sprachen dann tatsächlich miteinander, doch den Fall Ziegler schnitten sie nicht an. Der SPD-Genosse im BND, der sich als unentdeckter Verräter inzwischen endgültig in den Ruhestand verabschiedet hatte, versäumte es dagegen nicht, seinen ehemaligen Arbeitgeber in Pullach daran zu erinnern, welche Beziehungen er notfalls aktivieren könne. Willy Brandt, berichtete er aus einem Gespräch mit dem Außenminister, habe von ihm wissen wollen, weshalb der BND-Präsident ihn, den verdienstvollen Genossen Ziegler, »denn nicht persönlich zum Abschied empfangen habe«.[6]

Die auftrags-, pflicht- und gesetzwidrige Ausforschung der sozialdemokratischen Parteispitze durch den Auslandsnachrichtendienst der Bundesrepublik Deutschland während der Ära Adenauer und deren Vertuschung durch seinen Präsidenten hatte zwar eine exzeptionelle Dimension, doch entfernte sie sich nicht prinzipiell von den Pullacher Gepflogenheiten während der Ägide Reinhard Gehlens. Einige seiner langjährigen Mitarbeiter und treuen Gefolgsleute setzten ähnlich üble Praktiken auch nach seinem Ausscheiden 1968 kaum eingeschränkt fort.[7]

Gleichwohl: Der Abgang des »Dr. Schneider« nach zwei Jahrzehnten geheimer Dienste war eine tiefe Zäsur. Sie erleichterte die von verschiedener Seite unternommenen Anläufe, in Pullach endlich Remedur zu schaffen und dabei auch ein wenig Licht in das Dunkel der politischen Inlandsspionage zu bringen. Das erfolgte im Zuge der von Kurt Georg Kiesingers Kanzleramtschef Karl Carstens (CDU) sogleich angestoßenen Reformanstrengungen, durch das hartnäckige Nachbohren einer kritischen Presse und nicht zuletzt im Guillaume-Untersuchungsausschuss des Deutschen Bundestages 1974/75. Zwar machte sich der Ex-Präsident buchstäblich lächerlich, als er zu Beginn der siebziger Jahre hinter dem Paravant des Geheimen hervorkam und sich zunächst mit seinen Memoiren, dann mit weiteren Schriften und Pressegesprächen in die öffentliche Debatte über die sozialliberale Ostpolitik und die Lage des Auslandsnachrichtendienstes einschaltete (*Spiegel:* »Berittener Artillerist, dem bei der Beförderung die Turmuhr stehengeblieben ist.«[8]), doch gelang es Gehlen und seinen engsten Vertrauten, das Ausmaß und die Intensität der politischen Inlandsspionage des BND weitgehend zu verschleiern; das deutsche Watergate blieb auf Jahrzehnte hinaus unerkannt.

Die Arbeit am Lügengespinst durch Reinhard Gehlen und einige seiner Weggefährten fand ihren Höhepunkt in der konzertierten Irreführung des Parlaments und der Öffentlichkeit im Guillaume-Ausschuss.[9] Die einvernommenen BND-Mitarbeiter gaben sich zur gelegentlichen Erheiterung der Abgeordneten unwissend und ahnungslos. Gehlen selbst, schon nicht mehr in allerbester Verfassung, belog die Volksvertreter, so gut er eben konnte.

Bereits vor seiner Einvernahme bemerkte der Ex-Präsident in einem Schreiben an den Ausschuss, die Aufgabenstellung des BND sehe keine innenpolitische Aufklärung vor und sei von ihm auch »nicht durchgeführt« worden. Ein solches Engagement, das »sowieso im Vergleich zu den anderen Aufgaben uninteressant gewesen wäre«, fuhr er fort, »hat also seitens des Bundesnachrichtendienstes nicht stattgefunden«, am allerwenigsten eine Bespitzelung deutscher Politiker: »Ich erinnere mich nicht, dass jemals der Regierung eine Meldung vorgelegt worden ist, die innenpolitische

Zusammenhänge zum Gegenstand hatte. Der Bundesnachrichtendienst hat in meiner Verantwortung stets versucht, auch mit der Opposition – damals der SPD – im Sinne der Überparteilichkeit eng zusammenzuarbeiten. Speziell die Herren Mellies, Erler, [Heinrich] Ritzel, aber auch viele andere suchten auch ihrerseits eine solche Zusammenarbeit.«[10] Eine Lüge in dienstlicher Fassung, die er in der *Welt am Sonntag* wiederholte.[11]

Man schrieb den 19. November 1974, Bundeskanzler Brandt war ein halbes Jahr zuvor zurückgetreten, als der Präsident und General a. D. vor dem Ausschuss erschien.[12] Er sagte, was er immer sagte, und konnte sich mit seinem exzellenten Verhältnis zur Sozialdemokratie nicht genugtun. Es sei »besonders nahe« gewesen, weswegen »mir diese zahlreichen, jetzt aufgekreuzten Vorwürfe zum Teil unverständlich sind«. Wenig fehlte und er hätte sich mit seinen Ausführungen selbst in Verwirrung gestürzt. Ein bisschen ungeordnet meinte er laut Wortprotokoll nämlich: »Ich muss mich eigentlich – ich meine, es ist mir klar, wie diese Dinge wieder aufgekommen sind –, wie sich also dieser Gedanke oder Argwohn, dass wir eine innenpolitische Aufklärung – speziell ich – gegen die SPD führen sollten – Denn die SPD war ja damals Opposition – zumal ich auch nie einen Auftrag dazu erhalten habe und selber ja immer dafür plädiert habe, dass ein solcher Auftrag nie gegeben wurde.«

Der Abgeordnete Burkhard Hirsch von der FDP hakte nach: »Sind Ihnen niemals Gerüchte zu Ohren gekommen, dass der Nachrichtendienst Innenaufklärung betreibt?« Gehlen: »Ach Gott, wissen Sie, was alles behauptet worden ist, was der Nachrichtendienst tut und was nicht zugetroffen hat, und was die Presse alles schreibt – oft in gutem Glauben –, das – Ich meine, natürlich ist die Behauptung immer mal wieder aufgetaucht mit der Inlandsaufklärung; das ist ganz klar. Es war ja eine Behauptung, mit der man sehr schön angreifen usw. kann [...] Ich meine, sie [die innenpolitische Aufklärung] hätte erst stattgefunden, wenn ich Meldungen an unberechtigte Empfänger gegeben hätte.« Mutmaßungen über Inlandsspionage seien wiederholt aufgetaucht: »Ich habe im

Dienst ja immer wieder diesem Gesichtspunkt Ausdruck gegeben, dass keine innenpolitische Aufklärung getrieben werden darf.« Hirsch: »Wann haben Sie das getan?« Gehlen: »Die ganze Zeit über. Ich meine, ich werde doch nicht so dumm sein und selber dieses Prinzip – was übrigens nicht nur in unserem Lande gilt, sondern anderswo auch – immer wieder herausstellen und dann also stillschweigend zusehen, wenn irgendwo eine wirkliche innenpolitische Aufklärung betrieben wird.« Burkhard Hirsch wollte wissen, wieso sein Nachfolger, Gerhard Wessel, dann etwas habe verbieten müssen, was ohnehin verboten gewesen sei. Gehlen meinte dazu, er wäre solchen Gerüchten durchaus nachgegangen, wenn er Anlass dazu gehabt hätte, »aber ich erinnere mich an keinen konkreten Anlass.«

Reinhard Gehlen war durch die Zeugenvernehmung im Guillaume-Ausschuss zu beunruhigen, zeitweise zu verunsichern, aber nicht zu fassen gewesen. Die Abgeordneten verfügten über zu wenig Anhaltspunkte, um die vom früheren BND-Präsidenten höchstpersönlich ins Werk gesetzte politische Inlandsspionage zu beweisen und ihn zu überführen. Gehlen wusste das spätestens aus den Vernehmungen seiner engsten Mitarbeiter vierzehn Tage zuvor. Er konnte dem christdemokratischen Ausschussvorsitzenden Walter Wallmann denn auch eine militärisch knappe Antwort erteilen, als der das Ergebnis seiner Zeugenvernehmung zusammenfasste: »Herr Präsident, eine innenpolitische Aufklärung hätten Sie niemals selbst betrieben, Sie hätten keinerlei Anweisung dazu erhalten, hätten auch keine Anweisung insofern gegeben, insonderheit nicht, etwa politische Parteien hier auszuspionieren, irgendwie zu observieren, und Sie sagten, im Einzelfall mag ohne mein Wissen so etwas geschehen sein. Wenn ich es erfahren habe, dann hat es, so sagten Sie wörtlich, einen entsprechenden Rüffel gegeben. Denn es ist mein, Präsident Gehlens, Wunsch gewesen, dass die innenpolitische Aufklärung getrennt wurde von der Auslandsaufklärung.« Gehlen: »Jawohl.« Wallmann: »Diese Aussage halten Sie nach wie vor in vollem Umfange aufrecht?« »Jawohl!«

Das Lügengespinst aus Falschaussagen, Irreführungen und Halbwahrheiten, mit dem der ehemalige BND-Präsident und seine engsten Vertrauten ihre politische Inlandsspionage für Bundeskanzler Konrad Adenauer, Kanzleramtschef Hans Globke und die CDU Deutschlands umhüllten, konnte in den parlamentarischen Untersuchungen ein klein wenig gelockert, aber nicht zerrissen werden. Begründete Vermutungen und gründlich recherchierte Presseberichte hatten seit langem manches Indiz für die innen- und parteipolitische Instrumentalisierung des BND erbracht, mehr aber nicht. Die enorme Breite seiner politischen Inlandsspionage, in Sonderheit Adenauers Watergate, blieb ebenso verborgen wie die Tatsache, dass Reinhard Gehlen selbst ihr Motor gewesen war und diesen Ausforschungen einen beträchtlichen Teil seiner Arbeitskraft gewidmet hatte. Niemand ahnte oder hätte es wohl überhaupt für möglich gehalten, dass der BND-Präsident den Bundeskanzler und CDU-Vorsitzenden umfassend und häufig tagfrisch mit den neuesten Nachrichten aus den Führungsgremien seines politischen Hauptgegners versorgte.[13] Der Untersuchungsausschuss des Deutschen Bundestags, von der konzertierten Vertuschung der Ehemaligen-Riege des BND hinters Licht geführt, drang (wenige Wochen nach dem Rücktritt des amerikanischen Präsidenten Richard Nixon wegen des Abhörversuchs im Hauptquartier der Demokratischen Partei) nicht durch das Dickicht der politischen Inlandsspionage, erst recht nicht auf den Grund der Dinge: das deutsche Watergate.

Adenauers Watergate, der von Reinhard Gehlen, Hans Globke und dem Bundeskanzler über Jahre hinweg vollführte Anschlag auf die junge Demokratie war in seinem Charakter, in seiner konzertierten Durchführung, in seinem politischen Effekt und in seiner erfolgreichen Vertuschung weit bedeutsamer als der amerikanische Skandal, freilich nicht in seinen Konsequenzen. Da sechs Jahrzehnte bis zu seiner Aufklärung verstrichen, musste niemand die Verantwortung dafür übernehmen. Vor der Öffnung der BND-Akten war zwar manches zu vermuten, aber nichts zu beweisen gewesen. Tatsächlich war die über Jahre gehende Geheimoperation des deutschen Auslandsnachrichtendienstes gegen die SPD-Spitze ein Angriff auf die Demokratie selbst, auf den freien politischen Wettbewerb als ihrer wichtigsten Grundvoraussetzung – das größte Demokratieverbrechen in der Geschichte der Bundesrepublik Deutschland.

Für die historische Bewertung von Adenauers Watergate ist es zweitrangig, in welchem Maße die Geheimoperation von Bundeskanzleramt und Bundesnachrichtendienst der politischen Opposition geschadet, dem Bundeskanzler und den regierenden Unionsparteien geholfen haben dürfte. Das lässt sich im Nachhinein so wenig klären wie zugleich unstrittig ist, dass Konrad Adenauer und sein Kanzleramtschef, der mächtigste Beamte der Republik, ihre illegal erlangten Informationen nicht bloß zur Kenntnis genommen, sondern auch tagespolitisch verwertet haben. Unmittelbare und unzweifelhafte Kausalitäten lassen sich in der Geschichte selten herstellen, so auch kaum konsekutive Beziehungen zwischen den geheimen Kanzler-Orientierungen des BND und Entscheidungen des Kanzlers, der sich vor dem CDU-Vorstand allerdings häufig genug seiner illegal erlangten Informationen brüstete und bediente. Keinem Zweifel unterliegt in der rückblickenden Betrachtung hingegen, dass Hans Globke und Reinhard Gehlen durch ihre massive Instrumentalisierung des Auslandsnachrichtendienstes für innen- und parteipolitische Zwecke die staunenswerte politische Trittsicherheit von Bundeskanzler Konrad Adenauer festigen halfen und der oppositionellen Sozialdemokratie nachhaltigen Schaden zufügten. Ursächlich für deren politische Misserfolge in der frühen Nachkriegsdemokratie ist die Ausforschung ihres Parteivorstands sicherlich nicht gewesen. Die SPD konkurrierte in den fünfziger Jahren gegen das bürgerlich-konservative Lager vielmehr mit einem Programm und einem Personal, das die Bundesbürger bei Bundestagswahlen nicht zu überzeugen vermochte.

Die Geschichte der jungen Bundesrepublik muss im Lichte des erst so spät sichtbar gewordenen Demokratieverbrechens nicht umgeschrieben werden, eine schärfere Konturierung erfahren die frühen Jahre der Republik und ihre dunklen Seiten jedoch ebenso gewiss wie die Figur des Gründungskanzlers. Joachim Käppner hat die Bedeutung von Adenauers Watergate für die historische Würdigung des großen Staatsmannes in seinem Kommentar »Die Bereitschaft, das Gesetz zu brechen« in einer ersten Reaktion zu fassen versucht. Die Ausforschung der SPD-Spitze durch den BND zeige, »dass Adenauer die Werte der Republik, die er doch mitbegründete, sogleich mit Füßen trat, wenn es ihm zu nutzen schien«, schrieb er. »Man wird künftig wohl sagen müssen: Die junge deutsche Demokratie wurde zur Erfolgsgeschichte dank Konrad Adenauer – und trotz Konrad Adenauer.«[14]

ANHANG

ANMERKUNGEN

Vorbemerkung

1 Siehe die breite Medienresonanz auf der Homepage der Unabhängigen Historikerkommission http://www.uhk-bnd.de.

2 Willi Winkler: Das deutsche Watergate. Wie Adenauer die SPD ausspionieren ließ, in: Süddeutsche Zeitung, 9./10.4.2022.

3 Klaus-Dietmar Henke: Geheime Dienste. Die politische Inlandsspionage des BND in der Ära Adenauer, Berlin 2022, S. 545–980; künftig: Henke, II.

I Ein deutsches Demokratieverbrechen

1 Hans-Peter Schwarz: Anmerkungen zu Adenauer, München 2004, S. 163.

2 Ebd., S. 201f.

3 Frank Bösch, Die Adenauer-CDU. Gründung, Aufstieg und Krise einer Erfolgspartei 1945–1969, München 2001, S. 361.

4 Sitzungen am 7.2. und 11.5.1957, in: Adenauer: »Wir haben wirklich etwas geschaffen«: die Protokolle des CDU-Bundesvorstands 1953–1957, bearbeitet von Günter Buchstab, Düsseldorf 1990, S. 1192f. bzw. S. 1223.

5 Hans-Peter Schwarz: Adenauer. Der Staatsmann: 1952–1967, Stuttgart 1991, S. 790.

6 Klaus-Dietmar Henke: Geheime Dienste. Die politische Inlandsspionage der Organisation Gehlen 1946–1953, Berlin 2018, S. 665–716 (künftig Henke, I), sowie Henke, II, S. 309–371.

7 Henke, II, S. 1203–1386.

8 Gerhard Sälter: Phantome des Kalten Krieges. Die Organisation Gehlen und die Wiederbelebung des Gestapo-Feindbildes »Rote Kapelle«, Berlin 2016, S. 61.

9 Hans-Peter Schwarz: Der Stabilisierer Europas: Konrad Adenauer, in: ders.: Das Gesicht des Jahrhunderts. Monster, Retter und Mediokritäten, Berlin 1998, S. 525.

10 Sitzung am 13.1.1956, in: Protokolle des CDU-Bundesvorstands 1953–1957, S. 732f.

11 Vgl. Konrad Repgen: Finis Germaniae: Untergang Deutschlands durch einen SPD-Wahlsieg?, in: Konrad Adenauer und seine Zeit. Politik und Persönlichkeit des ersten Bundeskanzlers, Band II: Beiträge der Wissenschaft, hrsg. von Dieter Blumenwitz, Klaus Gotto, Hans Maier, Konrad Repgen und Hans-Peter Schwarz, Stuttgart 1976, S. 294–315.

12 Sitzung am 11.7.1961, in: Adenauer: »... um den Frieden zu gewinnen«: die Protokolle des CDU-Bundesvorstands 1957–1961, bearbeitet von Günter Buchstab, Düsseldorf 1993, S. 987.

13 Schwarz, Anmerkungen zu Adenauer, S. 171.

14 Memorandum für Dulles, 12.4.1956, in: National Archives (NA), Record Group (RG) 263, CIA Name Files, Second Release, Box 42, Globke, Hans, Bl. 86806.

15 Denkschrift Gehlens, 16.5.1949, in: BND-Archiv, 1112, Bl. 27ff., hier Bl. 34.

16 Henke, I, S. 716–764.

17 Zur Biografie Siegfried Zieglers und Siegfried Ortloffs sowie zu den Anfängen der Spionageoperation gegen den SPD-Vorstand Henke, II, S. 549–564.

18 Interview mit Helmut Ortloff, Sohn aus erster Ehe, am 20.4.2013 in Bonn.

19 Bericht von Zieglers vorgesetztem Dienststellenleiter an Gehlen, 3.3.1953, in: BND-Archiv, V-11643, Hauptakte, Bl. 82f.

20 Bericht des Leiters der Spionageabwehr an den Stab Gehlens, 26.5.1953, in: ebd., Bl. 91. Hervorhebung des Autors.

21 Sendung Zieglers an Gehlen, 7.7.1953, in: BND-Archiv, V-11643, Beiakte, Ordner 2, ohne Blatt (o.Bl.) Die Antwortschreiben Gehlens sind meist nicht überliefert.

22 Ziegler an Gehlen, 2.9.1953, in: ebd., V-11643, Hauptakte, Bl. 131ff.

23 Chronologie der Untersuchung gegen Ziegler 1965, in: ebd., V-11643, Nebenakte, Bl. 245.

24 Ziegler an Gehlen, 18.9.1953, in: ebd., V-11643, Hauptakte, Bl. 140.

25 Ziegler an Gehlen, 27.9.1953, in: ebd., Bl. 142.

26 Ziegler an Gehlen, 6.10.1953, in: ebd., Bl. 143f.

27 Ziegler an Gehlen, 18.10.1953, in: ebd., Bl. 146ff.

28 Interview mit Alexander Ortloff, Sohn aus zweiter Ehe, am 20.4.2013 in Bonn.

29 Ziegler an Gehlen, 21.11.1953, in: BND-Archiv, V-11643, Hauptakte, Bl. 151f.

30 Gehlen an Ziegler (Entwurf), 24.11.1953, in: ebd., Bl. 153.

31 Ziegler an Gehlen, 31.12.1953, in: ebd., Bl. 160.

32 Gehlen an Ziegler (Entwurf), 1.2.1954, in: ebd., Bl. 173.

33 Das Gros der Berichte findet sich im Archiv für Christlich-Demokratische Politik (ACDP) in den Beständen 01-070-13/1, 01-070-15/1 und 15/2, 01-070-102/3, 01-454-005/3, 07-001-3287, 07-001-12086 und 12087, sowie in: Stiftung Bundeskanzler-Adenauer-Haus (StBKAH), I 12.24 und 12.25.

34 Henke, II, S. 977.

35 Interview mit Herbert Rieck am 18.12.2012.

36 Fernschreiben Gehlens an Globke zur Weiterleitung an Adenauer, 13.8.1954, in: BND-Archiv, 1224, Bl. 65f.

37 Aktennotiz Gehlens über seine Besprechung beim Bundeskanzler am 3.11.1960, in: ebd., 120616, Bl. 11f.

38 Vgl. den Originalausschnitt in der TV-Dokumentation von Wolfgang Klauser und Ulrich Stein »Die Geheimdienstlegende. Reinhard Gehlen und der BND«, NDR, 2006.

39 Im Einzelnen Henke, II, S. 608–622.

40 Die Beobachtung der SPD durch den BND ist verschiedentlich thematisiert worden, so etwa von Klaus Wiegrefe im *Spiegel* vom 7.4.2017 (»Geheimakte Adenauer. Machtmissbrauch, Bestechung – und Spähangriffe gegen Willy Brandt«). Ohne Zugang zu den Unterlagen des Dienstes war es jedoch nicht möglich, die tatsächliche Dimension der hier beschriebenen Geheimoperation gegen die SPD-Spitze zu erkennen.

41 Siehe etwa das Rundschreiben des Staatssekretärs des Bundeskanzleramts, 23.11.1954, in: Bundeskanzleramt (BK-Amt), VS (Verschlusssachen)-Registratur, Az. (Aktenzeichen) 15100 (64), 2, Bl. 130. So auch Kanzleramtschef Karl Carstens, 4.12.1968, in: BND-Archiv, 104291, o.Bl. Gehlen betonte schon in seinem Memorandum vom 9.12.1953, »innenpolitische Aufklärung« gehöre nicht zu den Aufgaben seiner Organisation; in: BK-Amt, VS-Registratur, 15100 (59), Bl. 172.

II Die Anfänge der Geheimoperation 1953/54

1 Vertraulicher Informationsbrief der Abteilung Spionageabwehr von Ende Oktober für Gehlen, übersandt am 10.11.1953, in: BND-Archiv, 122281, Bl. 109ff., sowie Spionageabwehr an Gehlen, Sitzung des Parteivorstands der SPD vom 7./8.10.1953, übersandt am 26.10.1953, in: ebd., Bl. 2144ff.

2 Zit. nach Kurt Klotzbach: Der Weg zur Staatspartei. Programmatik, praktische Politik und Organisation der deutschen Sozialdemokratie 1945–1965, Bonn 1996, S. 289; das nachfolgende Zitat ebd., S. 290.

3 Ebd., S. 299.

4 Zu den organisatorischen Anpassungen siehe Henke, II, S. 25–30.

5 Weiß an Gehlen, Polemik der SPD – Fritz Heine – Viererkonferenz, 8.1.1954, in: BND-Archiv, 122281, Bl. 479ff.

6 Sitzung am 19.1.1954, in: Protokolle des CDU-Bundesvorstands 1953–1957, S. 120.

7 Ziegler an Gehlen, 14.1.1954, in: BND-Archiv, V-11643, Hauptakte, Bl. 165ff.

8 Ortloff an Ollenhauer, Mellies, Heine: Organisation Gehlen, 20.10.1953, in: Archiv der sozialen Demokratie (AdsD), Nachlass (NL) Fritz Heine, 1/FHAB000146.

9 Vermerk für Ollenhauer und weitere Genossen, Übernahme des Apparates von Gehlen in die Bundesregierung, 7.11.1953, in: ebd.
10 Sitzung am 19.1.1954, in: Protokolle des CDU-Bundesvorstands 1953–1957, S. 74f.
11 Klotzbach, Sozialdemokratie, S. 327; das folgende Zitat ebd., S. 337.
12 Weiß an Gehlen, 19.3.1954, in: BND-Archiv, 122281, Bl. 922ff.
13 Siehe auch Ziegler an Gehlen, 21.1.1955, in: ebd., V-11643, Hauptakte, Bl. 231.
14 Anordnung Gehlens vom 10.2. bzw. 12.5.1955, in: ebd., 120299, Bl. 293f. sowie Bl. 288. Zu »Winterstein« siehe Henke, II, Kapitel VI und IX.
15 Henke, II, S. 373–543.
16 Ebd., S. 215–307.
17 CIA, KGB Exploitation of Heinz Felfe, S. 12, in: https://www.cia.gov/library/readingroom/docs/FELFE%2C (Zugriff 12.1.2019).
18 Vertrauliche Mitteilung (V.M.), Verschiedenes, besonders: Parteitag der SPD, 22.7.1954, in: BND-Archiv, 123067, Bl. 201ff. Hervorhebung im Original.
19 Analyse (»Herder«) für Kurt Weiß, 20.12.1968, S. 18, in: ebd., 23380, Bl. 230ff.
20 Undatierte Analyse »Herders« [Herbst 1967], in: ebd., 23383, Bl. 132ff.
21 V.M., Beabsichtigte Pressekampagne gegen die Dienststelle Gehlen, 23.8.1954, in: BK-Amt, VS-Registratur, Az. 15100 (44), Bl. 137f.
22 Ziegler an Gehlen, 2.9.1954, in: BND-Archiv, V-11643, Hauptakte, Bl. 208ff.
23 Klotzbach, Sozialdemokratie, S. 347.
24 V.M., SPD-Wehrbeitrag, o.D., in: ACDP, 07-001-12087.
25 Globke an Heck, 7.7.1954, in: ebd.
26 Alle im Bestand der CDU-Bundespartei, in: ebd.

III Watergate in Bonn: Adenauer im Zenit

1 V.M., Kampagne gegen die Pariser Verträge, 30.12.1954, in: StBKAH, I 12.28, Bl. 234.
2 V.M., Sitzung am 23. Januar 1955, o.D., in: ACDP, 01-070-15/1.
3 Deutscher Bundestag, 2. Wahlperiode, Sitzung am 27.2.1954, Stenographische Protokolle, S. 3879ff.; Zitat S. 3899.
4 V.M., Vorbereitung der Ratifizierungsdebatten, 28.1.1955, in: ACDP, 01-070-15/1.
5 Siehe Detlef Lehnert: Sozialdemokratie zwischen Protestbewegung und Regierungspartei 1848–1983, Frankfurt/Main 1983.
6 V.M., Außerparlamentarische Aktionen, 28.1.1955, in: ACDP, 01-070-15/1.
7 Rundschreiben des SPD-Unterbezirks Frankfurt/Main vom 26.1.1955, in: ebd., 01-172-093/2.
8 V.M., Sitzung des Geschäftsführenden und Gesamtvorstandes der SPD, o.D., in: ebd., 01-070-13/1

9 Globke an Krone, 15.2.1955, in: ebd., 01-028-055/2.

10 Sitzung am 5.2.1955, in: Protokolle des CDU-Bundesvorstands 1953–1957, S. 340f.

11 Vgl. Hans-Peter Schwarz: Die Ära Adenauer, Band 1: Gründerjahre der Republik 1949–1957, Stuttgart 1981, S. 254.

12 Gallen (V-1101), Maßnahmen der SPD gegen die Pariser Verträge, 11.3.1955, in: BND-Archiv, V-1101, Bl. 87ff.

13 Sitzung am 8.3.1955, in: Die SPD-Fraktion im Deutschen Bundestag, Sitzungsprotokolle 1949–1957, 2. Halbband: 1953–1957, bearbeitet von Petra Weber, Düsseldorf 1993, S. 168ff.

14 Wollenberg, Franz Neumann–Willy Brandt, 29.4.1955, in: AdsD, NL Erich Wollenberg, 1/EWAF000095. Hervorhebung im Original. Als Meldung weitergeleitet am 9.5.1955; in: BND-Archiv, 23381, Bl. 962f. bzw. 248f.

15 V.M., Ergänzender Bericht zur Beurteilung des Wahlergebnisses in Rheinland-Pfalz durch den Parteivorstand, 21.5.1955, in: ACDP, 07-001-12087; an Heck am 28.5.1955.

16 V.M., Fraktion fordert mehr Einfluss. Kritik der Bezirke, 24.5.1955, in: ebd., 07-001-3287, o.Bl.

17 V.M., Fraktionssitzung der SPD am 24.5.1955 in Bonn, 26.5.1955, in: ebd., 01-070-13/1.

18 Deutscher Bundestag, 2. Wahlperiode, Sitzung am 27.5.1955, Stenographische Protokolle, S. 4593ff.

19 Siehe das Protokoll der Fraktionssitzung am 24.5.1955, in: Weber, SPD-Fraktion, 2. Halbband, S. 190f.

20 Sitzung am 3.6.1955, in: Protokolle des CDU-Bundesvorstands 1953–1957, S. 514f. Siehe auch ebd., S. 508f.

21 Schwarz, Adenauer, II, S. 223.

22 Ebd., S. 225; das folgende Zitat ebd., S. 237.

23 Der Spiegel, 4.4.1956 (»Globke. Böse Erinnerungen«); Zitat ebd., S. 18.

24 V.M., Haltung der SPD gegenüber dem Bundeskanzler, 1.12.1955, in: ACDP, 01-070-102/3.

25 Ziegler an Gehlen, 3.12.1955, in: BND-Archiv, V-11643, Hauptakte, Bl. 305f.

26 V.M., Ollenhauer-Referat vor Parteivorstand und Parteiausschuss am 17. Dezember 1955, 20.12.1955, in: ACDP, 07-001-3287.

27 Siehe Henke, II, S. 309–371.

28 Gehlen an Ollenhauer, 22.12.1955; Antwort am 4.1.1956, in: AdsD, SPD-Parteivorstand/Büro Erich Ollenhauer, 2/EOAA000205.

29 Zit. nach Thomas Wolf: Die Entstehung des BND. Aufbau, Finanzierung, Kontrolle, Berlin 2018, S. 353.

30 Klotzbach, Sozialdemokratie, S. 299.

31 Theo Pirker: Die SPD nach Hitler. Die Geschichte der SPD 1945 bis 1964, München 1965, S. 110.

32 Stefan Appelius: Heine. Die SPD und der lange Weg zur Macht, Essen 1999, S. 288.

33 Wollenberg, DGB/SPD, 24.1.1956, in: AdsD, NL Erich Wollenberg, 1/EWAF000095. Hervorhebungen im Original.

34 Wollenberg, SPD, 23.2.1956, in: ebd.

35 Wollenberg, Sowjetunion und SPD, Kopie eines frühen Briefes (Juni 1953) vom 12.3.1956, in: ebd. Hervorhebungen im Original.

36 Schwarz, Adenauer, II, S. 128.

37 So in einem Gespräch mit dem Auslandskorrespondenten der New York Times, Cyrus Sulzberger, am 10.6.1956, in: Adenauer. Teegespräche 1955–1958. Bearbeitet von Hanns Jürgen Küsters, Berlin 1986, S. 100.

38 V.M., Parteivorstandssitzung am 11./12.5.1956, 9 Uhr, in: BND-Archiv, 1197, Bd. 1, Bl. 356.

39 V.M., Bericht über die Sitzung des Parteivorstands der SPD am 30. Juni/1. Juli 1956, 2.7.1956, in: ACDP, 01-070-15/1. Siehe auch das SPD-Protokoll dieser Sitzung am 29./30.6.1956, in: AdsD, PV-Protokolle 1956.

40 Klotzbach, Sozialdemokratie, S. 365.

41 Siehe Crome, Chronologie, o.D. [1965], in: BND-Archiv, V-11643, Nebenakte I, Bl. 265f.

42 Der Parteitag der SPD in München, o.D., in: ACDP, 07-001-3287. Hervorhebung im Original.

43 Wollenberg, Heinz Kühn/SPD, 18.8.1956, in: AdsD, NL Erich Wollenberg, 1/EWAF000095. Hervorhebung im Original.

44 Vgl. Schwarz, Adenauer, II, S. 226.

45 Bösch, Adenauer-CDU, S. 164.

46 V.M., Stellung der SPD zur FDP, 12.11.1956, in: ACDP, 01-070-15/1.

47 V.M., Wahlkampfvorbereitung der SPD, 12.11.1956, in: ebd.

48 V.M., Erkrankung Carlo Schmids, 8.12.1956, in: ebd., 01-070-15/2.

49 Sitzung am 3.6.1955, in: Protokolle des CDU-Bundesvorstands 1953–1957, S. 511.

50 Pirker, SPD, S. 226.

51 Zit. nach Schwarz, Ära Adenauer, I, S. 365.

52 V.M., Bericht über die Sitzung des Werbe- und Propagandaausschusses der SPD am 22. November 1956, 23.11.1956, in: ACDP, 01-070-15/1.

53 V.M., Sitzung des Parteivorstands der SPD am 19.12.1956 zum Thema »Wahlkampfvorbereitungen«, 11.1.1957, in: ebd., 01-070-15/2.

54 Bösch, Adenauer-CDU, S. 170; siehe auch Appelius, Heine, S. 289ff.

55 Schwarz, Ära Adenauer, I, S. 366.

56 V. M., Sitzung des SPD-Werbeausschusses am 19.1.1957, in: ACDP, 07-001-3287.

57 V. M., Sitzung des Parteivorstands, des Parteiausschusses und der Kontrollkommission am 24. bis 26. Januar 1957 in Bonn (Äußerungen, die in den Presseverlautbarungen nicht oder nur unvollständig enthalten waren), 30.1.1957, in: ebd.

58 Sitzung am 7.2.1957, in: Protokolle des CDU-Bundesvorstands 1953–1957, S. 1192f.

59 Zu den Beziehungen SPD–FDP siehe auch V. M., Kontakt Döring–Deist, 12.2.1957, in: ACDP, 07-001-3287, sowie V. M., Gespräch Ollenhauer/Maier, 12.2.1957, in: ebd.

60 V. M., Rede Ollenhauers vor der Konferenz der sozialdemokratischen Chefredakteure am 3. Februar 1957, 12.2.1957, in: ebd.

61 Handschriftlich Ziegler an Gehlen, 18.3.1957, in: BND-Archiv, V-11643, Hauptakte, Bl. 520f.

62 Siehe etwa Henke, II, S. 660f., und die handschriftliche Notiz Worgitzkys über seinen »Treff mit Ortloff«, 12.5.1957, in: ebd., Bl. 578f.

63 Rundschreiben des SPD-Parteivorstands, Fritz Heine, 8.4.1957, in: AdsD, SPD-Parteivorstand, Sekretariat Fritz Heine, 2/PVAJ000210.

64 Siehe Henke, I, S. 733ff.

65 Schwarz, Adenauer, II, S. 153.

66 Das Folgende nach Christoph Meyer: Herbert Wehner. Biographie, München 2006, S. 111ff.; Zitate ebd., S. 146, 136 und 180.

67 Schwarz, Adenauer, II, S. 195. Besonders hoch schlugen die Wellen während der *Dagens Nyheter*-Affäre im Frühjahr 1957. Siehe Henke, II, S. 664–674.

68 V. M., Ollenhauer-Erklärung über die Industriekontrolle, 2.5.1957, in: ACDP, 07-001-3287.

69 V. M., Unterschlagung beim Ostbüro, 2.5.1957, in: ebd.

70 V. M., Parteivorstands-Sitzung 10./11. Mai 1957, in: ebd., 01-454-005/3.

71 V. M., Atomdebatte, 14.5.1957, in: ebd.

72 V. M., DGB-Vorsitz und SPD, 14.5.1957, sowie V. M., Finanzielle Kontakte zwischen SPD und DGB, 14.5.1957, in: ebd.

73 V. M., Wahlkampfpropaganda in Flüchtlingslagern, 17.5.1957, in: ebd., 07-001-10086.

74 Globke an Heck, 27.5.1957, in: ebd., 07-001-12068.

75 V. M., Ohne Titel [Bericht über die Sitzung des erweiterten SPD-Vorstands am 8.5.1957], in: ebd., 01-070-15/1.

76 V. M., Volksaktien, 17.5.1957, in: ebd.

77 V. M., VW-Reprivatisierung, 24.5.1957, in: ebd., 07-001-3287.

78 V. M., Verstaatlichungsparagraph des Grundgesetzes, [24.5.1957], in: ebd.

79 V. M., Ablösung von Heine, 25.5.1957, in: ebd., 01-070-15/2.

80 V. M., Wahlrevue der SPD, 27.5.1957, in: ebd., 01-454-005/3.

81 V. M., Sozialdemokratische Chefredakteurskonferenz 26.5.57 in Bonn, 29.5.1957, in: ebd., 07-001-3287.

82 V. M., Ergänzungen zum Bericht über die Tagung der Verleger und Chefredakteure der SPD-Zeitungen bzw. der der SPD nahestehenden Presse am 26. Mai 1957 in Bonn, 29.5.1957, in: ebd.

83 Siehe etwa V. M., Ollenhauer-Plan, 1.6.1957; V. M., CDU-Wahlillustrierte, 5.6.1957; V. M., Rat für die deutsche Wiedervereinigung, 5.6.1957; V. M., Wahlfinanzierung, 5.6.1957, alle in: ebd.

84 V. M., Sitzung des Werbeausschusses am 13.6.1957, 14.6.1957, in: ebd.

85 V. M., Gemeinsamer Markt und Internationale, 28.6.1957, in: ebd., 01-454-005/3.

86 V. M., Gemeinsamer Markt und Euratom, 29.6.1957, in: ebd.

87 Siehe Klotzbach, Sozialdemokratie, S. 393f.

88 Sitzung am 19.9.1957, in: Protokolle des CDU-Bundesvorstands 1957–1961, S. 9.

89 Appelius, Heine, S. 295.

90 Pirker, SPD, S. 245.

91 V. M., Krise in der SPD-Propaganda, 28.6.1957, in: ACDP, 07-001-3287.

92 V. M., Aktivierung des Wahlkampfes, 29.6.1957 (Hervorhebung des Autors), in ebd., 01-070-15/1, sowie weitere Berichte ebd.

93 V. M., Pessimistische Beurteilung der Wahlaussichten, 10.7.1957, in: ebd., 07-001-3287.

94 V. M., Wahldiffamierungen, 5.7.1957, in: ebd., 01-454-005/3; zum Innenminister siehe Der Spiegel, 2.2.1960 (»Schröder«). Der erwähnte Bauminister Preusker war einer der hochrangigsten BND-Informanten in Bonn; siehe Henke, I, S. 666ff.

95 V. M., Willi Brandt [sic!], 5.7.1957, in: ACDP, 01-454-005/3.

96 Siehe dazu Peter Merseburger: Willy Brandt 1913–1992. Visionär und Realist, München 2012, S. 126ff.; zu Landau ebd., S. 143f.

97 Siehe etwa V. M., Werbeausschuss der SPD am 19.7.1957, o. D., in: ACDP, 07-001-3287; V. M., Technische Wahlvorbereitungen, 27.7.1957, in: ebd.; V. M., Werbeaktionen, 9.8.1957, in: ebd.; V. M., Wahlaktionen, 17.8.1957, in: ebd., 01-070-15/1.

98 V. M., Wahlkampagne der SPD, 20.7.1957, in: ebd.

99 V. M., Einschätzung der FDP, 20.7.1957, in: ebd., 01-070-16/2; siehe auch V. M., Verhalten gegenüber der FDP, 20.7.1957, in: ebd.

100 V. M., SPD-Haltung zur FDP, 23.8.1957, in: ebd., 01-070-15/2.

101 V. M., CDU-Gemeinsamkeiten mit dem Kommunismus, 9.8.1957, in: ebd., 07-001-3287.

102 V. M., Wahleinsätze, 9.8.1957, in: ebd.

103 V. M., Einsatz von Schönheitsköniginnen, 30.8.1957, in: ebd., 01-454-005/3.

104 V. M., Gräfin Döhnhoff [sic!], 3.8.1957, in: ebd.

105 Aktennotiz über die Besprechung Gehlen–Ziegler am 2.8.1957, in: BND-Archiv, V-11643, Hauptakte, Bl. 600f.

106 V.M., Vorstandssitzung vom 13. August und Parteivorstand/Parteiausschuss/Kontrollkommissions- und Fraktionssitzung vom 14. August 1957, 17.8.1957, in: ACDP, 01-454-005/3. Tatsächlich fanden die Sitzungen jeweils einen Tag später statt.

107 Endgültig lauteten die Parolen: Wer die Union wähle, der riskiere »dauernde Einparteienherrschaft; Teuerung und Inflation; endgültige Spaltung unseres Vaterlandes; Atombomben und Atomtod«. Wer SPD wähle, bekomme »stabile Preise; Wiedervereinigung in Freiheit; Atomkraft nur für den Frieden«. SPD-Pressedienst, 16.8.1957, in: AdsD, PV-Protokolle 1957.

108 Protokoll der SPD-Vorstandssitzung am 14.8.1957, in: ebd.

109 Protokoll der Sitzung des Parteivorstandes, Parteiausschusses, der Kontrollkommission und der Bundestagsfraktion am 15. August 1957 in Bonn, Fraktionssitzungssaal, in: ebd.

110 »Sicherheit für alle«, SPD-Pressedienst, 16.8.1957, in: ebd.

111 V.M., Parteivorstandssitzung vom 13. August und Parteivorstand/Parteiausschuss/Kontrollkommissions- und Fraktionssitzung vom 14. August 1957, 17.8.1957, in: ACDP, 01-070-15/1.

112 V.M., Ollenhauer, 19.8.1957, in: ebd., 01-070-15/2.

113 V.M., SPD: Allgemeiner Stimmungsbericht eine Woche vor der Wahl. (Letzter Stand vom heutigen Vormittag), 7.9.1957, in: ebd., 01-454-005/3.

114 Siehe dazu auch V.M., SPD-Wahlpropaganda, 7.9.1957; V.M., Wahlkampf, 13.9.1957; V.M., Sonderausgabe Vorwärts, 13.9.1957; V.M., Wahlinspekteure der SPD, 13.9.1957; V.M., Fernsehsendung in der Wahlnacht, 14.9.1957, in: ebd.

115 V.M., Perspektiven nach der Wahl, 13.9.1957, in: ebd.

116 V.M., Stimmungslage beim SPD-Parteivorstand, 14.9.1957, in: ebd.

117 V.M., Nachfolge von Suhr, 13.9.1957, in: ebd., 01-070-13/1; siehe auch V.M., Bürgermeisterwahl in Berlin, 14.9.1957, in: ebd., 01-454-005/3.

118 Konrad Adenauer in der Sitzung am 19.9.1957, in: Protokolle des CDU-Bundesvorstands 1957–1961, S. 4.

119 Ebd.

120 Das Fernschreiben Gehlens und die Antwort Globkes vom 30.9.1957, in: ACDP, 07-001-5019.

121 V.M., Sitzung des Parteivorstands der SPD am 18. September 1957, 20.9.1957, in: ACDP, 01-070-15/1; vgl. auch das Protokoll der Vorstandssitzung und das Kommuniqué vom 19.9.1957, in: AdsD, PV-Protokolle 1957.

122 V.M., Innerparteiliche Lage der SPD nach Parteiausschuss- und Fraktionssitzung, 14.10.1957, handschriftlich ausgezeichnet auf »H. St. Dr. Globke«, in: ACDP, 01-070-13/1.

123 Protokoll der Sitzung des Parteivorstandes, Parteiausschusses und der Kontrollkommission der SPD am 25.9.1957 im Bundeshaus, in: AdsD, PV-Protokolle 1957.
124 Meyer, Wehner, S. 208.
125 V. M., Wahl des Fraktionsvorstandes der SPD/Sitzung des Fraktionsvorstandes vom 23.10.1957, in: ACDP, 01-454-005/3.
126 V. M., Fraktionssitzung, 4.11.1957, in: ebd.
127 Ziegler an Gehlen, 2.11.1957, in: BND-Archiv, V-11643, Hauptakte, Bl. 650.
128 Ziegler an Gehlen, 5.12.1957, in: ebd., Bl. 679.
129 V. M., Sitzung des Werbeausschusses der SPD, 6.11.1957, in: ACDP, 01-454-005/3.
130 V. M., Oppositionsprogramm der SPD, 6.11.1957, in: ebd.
131 V. M., Stimmung in der Friedrich-Ebert-Allee, 6.11.1957, in: ebd.
132 V. M., Kontaktaufnahme zwischen den Reformern der SPD-Fraktion und dem DGB, 15.11.1957, in: ebd.
133 V. M., Nau-Reise in die USA, 15.11.1957, in: ebd.
134 V. M., Gegenschlag des Apparates gegen die Parteireformer, 15.11.1957, in: ebd.
135 Klotzbach, Sozialdemokratie, S. 405, 407 und 409f.
136 V. M., Lage in der SPD (Bericht über die Sitzung des Parteivorstandes vom 20.11.1957 folgt am 22.11.1957), 19.11.1957, in: ACDP, 01-454-005/3.
137 Brill an Erler, 21.11.1957, zit. nach Klotzbach, Sozialdemokratie, S. 409.
138 V. M., Parteivorstandssitzung am 20. November 1957, 22.11.1957, in: ACDP, 01-454-005/3.
139 V. M., Taktische Schachzüge gegen die Reformer, 26.11.1957, in: ebd.
140 V. M., Günstiges Ergebnis der Reise von Nau nach den USA, 2.12.1957, in: ebd., 01-070-15/1.
141 V. M., Kontakte mit Springer, 6.12.1957, in: ebd.
142 V. M., Rundfunk Saarbrücken, 7.12.1957, in: ebd.
143 V. M., Schwierigkeiten bei der Wahl von Brandt, 7.12.1957, in: ebd.
144 V. M., Eichler bezieht Stellung, 7.12.1957, in: ebd.
145 V. M., Nächste Parteivorstandssitzung und Parteireform, 9.12.1957, in: ebd.
146 V. M., Fortgang der Parteireform, 13.12.1957, in: ebd., 01-454-005/3.
147 V. M., Sitzungen des SPD-Parteivorstandes, des Parteiausschusses und der Kontrollkommission am 13./14. Dezember 1957 in Bonn, in: ebd.
148 Sitzung des Parteivorstandes am 13.12.1957 in Bonn sowie Sitzung des Parteivorstandes, Parteiausschusses und der Kontrollkommission am 14.12.1957 in Bonn, in: AdsD, PV-Protokolle 1957.

IV Watergate in Bonn: Sozialdemokratie im Wandel 1958/59

1 Meyer, Wehner, S. 206.
2 Peter Lösche, Franz Walter: Die SPD. Klassenpartei, Volkspartei, Quotenpartei.

Zur Entwicklung der Sozialdemokratie von Weimar bis zur deutschen Vereinigung, Darmstadt 1992, S. 185; auch zum Folgenden.

3 Klotzbach, Sozialdemokratie, S. 408; das folgende Zitat ebd., S. 429.

4 Meyer, Wehner, S. 224.

5 Siehe etwa Bouvier, Godesberg, S. 33ff.; das folgende Zitat ebd., S. 35.

6 Hartmut Soell: Fritz Erler – eine politische Biographie, Berlin 1976, S. 387.

7 Meyer, Wehner, S. 234.

8 Zit. nach Schwarz, Adenauer, II, S. 598.

9 Schwarz, Ära Adenauer, II, S. 204.

10 V. M., Kritik der Reformer an Ollenhauer, 3.1.1958, in: ACDP, 01-070-15/2.

11 V. M., Berliner SPD, 3.1.1958, in: ebd., 01-070-15/1.

12 V. M., Wehner, 3.1.1958, in: ebd., 01-070-13/1.

13 V. M., Erler, 3.1.1958, in: ebd., 01-070-15/2.

14 V. M., Kapitulation Carlo Schmids vor dem Funktionärsflügel, 4.1.1958, in: ebd.

15 Siehe Wolf, Entstehung, S. 342ff.

16 V. M., Kampfkandidatur von Mellies in Stuttgart möglich, 10.1.1958, in: ACDP, 01-070-15/2.

17 V. M., Schwierigkeiten für Erler, 13.1.1958, in: ebd.

18 V. M., Beunruhigung über Meinungsumfrageergebnisse, 17.1.1958, in: ebd., 01-454-005/3.

19 V. M., Sitzung der Bundestagsfraktion am 21. Januar 1958, in: ebd.

20 V. M., Aktivitäten Fritz Heines, 22.1.1958, in: ebd., 01-070-15/2.

21 V. M., Nachlese zur Bundestagssitzung [am 25.1.], 27.1.1958; siehe auch V. M., Beteiligung der Bundesrepublik an der Atomrüstung, 1.2.1958, in: ebd., 01-454-005/3.

22 V. M., Parteivorstandssitzung vom 25. Januar 1958, 28.1.1958, und V. M., Ergänzung zum Bericht über die Parteivorstandssitzung der SPD, 1.2.1958, in: ebd.

23 V. M., Vorlage für die Parteireform, 13.2.1958, in: ebd.

24 V. M., Parteineugründung befürchtet, 28.2.1958, in: ebd., 01-454-005/3.

25 V. M., Schlechte Aussichten für Reformer, 28.2.1958, in: ebd.

26 V. M., Mellies unheilbar erkrankt, 28.2.1958, in: ebd., 01-070-15/1.

27 V. M., Krankheit von Mellies, 13.3.1958, in: ebd., 01-070-15/2.

28 Vermerk eines Ministerialbeamten für Globke, Parlamentarisches Vertrauensmänner-Gremium für den Bundesnachrichtendienst, 12.4.1958, in: BK-Amt, VS-Registratur, Az. 15205 (1), Bd. 1. Bl. 169f.

29 V. M., Parteivorstand/Parteiausschuss/Kontrollkommissions-Sitzung am 5./6. März 1958 in Bonn, 8.3.1958, in: ACDP, 01-454-005/3.

30 V. M., Aktion gegen Atomrüstung, 13.3.1958, in: ebd.

31 V. M., Parteivorstand und Internationale (Zusatz), 13.3.1958, in: ebd.

32 V. M., Bericht von Brandt über seine USA-Reise, 13.3.1958, in: ebd.
33 V. M., SPD und Wehrfrage, 13.3.1958, in: ebd.
34 V. M., Erler's Alleingang, 13.3.1958, in: ebd. Im Einzelnen Klotzbach, Sozialdemokratie, S. 467ff.
35 Schwarz, Ära Adenauer, II, S. 42.
36 Der Spiegel, 25.2.1958 (»SPD-Wehrgutachten. Messer im Rücken«).
37 V. M., Wehrgutachten der SPD, 17.3.1958, in: ACDP, 01-454-005/3.
38 V. M., Wehner-Programm für Wiedervereinigung, 17.3.1958, in: ebd.
39 V. M., Fraktionssitzung der SPD zur Vorbereitung der außenpolitischen Debatte am 17. März 1958, 16.3.1958, in: ebd.
40 V. M., Bundestagsdebatte, 24.3.1958, in: ebd.
41 V. M., Gegensatz Erler–Heine, 30.4.1958, in: ebd., 01-070-15/2.
42 Vgl. das SPD-Protokoll »Sitzung des Parteivorstandes am 2. und 3.5.1958 in Berlin« und »Sitzung des Parteivorstandes, Parteiausschusses und der Kontrollkommission am 3. und 4.5.1958 in Berlin«, in: AdsD, PV-Protokolle 1958. Zur Siebenerkommission siehe Klotzbach, Sozialdemokratie, S. 413.
43 V. M., Parteiausschuss/Parteivorstandssitzung vom 2./3. Mai in Berlin, 9.5.1958, in: ACDP, 01-070-15/1.
44 Lösche/Walter, SPD, S. 186.
45 Notiz Gehlens, 30.5.1958, in: BND-Archiv, 1163, Bl. 65.
46 Vermerk, Besprechung mit Dr. K[önig] vom 27.5.1958, in: ebd., V-11643, Hauptakte, Bl. 883ff.
47 Notiz Gehlens, 2.6.1958, in: ebd., 1206, Bl. 237.
48 V. M., Derzeitige Situation in der Friedrich-Ebert-Allee, 6.6.1958, in: ACDP, 01-070-15/1.
49 Siehe das Protokoll der Sitzung des SPD-Parteivorstands am 9.6.1958 in Bonn, in: AdsD, PV-Protokolle 1958.
50 Handschriftliche Notiz Worgitzkys für Gehlen über sein Gespräch mit Ziegler am 18.6.1958, in: BND-Archiv, V-11643, Hauptakte, Bl. 887ff. Hervorhebung im Original.
51 V. M., Sitzung des Präsidiums der SPD am 16.6.1958 und Parteivorstandsbesprechung am 18.6., 19.6.1958, in: ACDP, 01-070-15/1. Hervorhebung von mir.
52 V. M., Präsidiumssitzung der SPD vom 23. Juni 1958, 24.6.1958, in: ebd.
53 Protokoll der Sitzung des Präsidiums am 23.6.1958, in: AdsD, PV-Protokolle 1958.
54 V. M., Ergänzung zum Bericht über die Präsidiumssitzung der SPD vom 23.6.1958, 28.6.1958, in: ACDP, 01-070-15/1.
55 Arbeitsverteilungsplan mit Ortloffs handschriftlicher Marginalie: »Vorgelegt dem Parteivorstand, 10.7.1958«, in: AdsD, PV-Protokolle 1958.
56 Handschriftliche Notiz Worgitzkys über sein Gespräch mit Ziegler am 3.7.1958, in: BND-Archiv, V-11643, Hauptakte, Bl. 898ff. Hervorhebung von mir.

57 V. M., Geschäftsverteilung im Präsidium der SPD, 3.7.1958, in: ACDP, 01-070-15/1.

58 V. M., Präsidiumssitzung der SPD vom 7.7.1958, 8.7.1958, in: ebd.

59 V. M., Parteivorstandssitzung der SPD, 17.7.1958, in: ebd. Die Sitzungen der Spitzengremien fanden am 10., 11. und 12.7.1958 statt.

60 SPD-Pressedienst, 12.7.1958, in: AdsD, PV-Protokolle 1958.

61 Sitzung am 11.7.1958, in: Protokolle des CDU-Bundesvorstands 1957–1961, S. 184f.

62 Im Einzelnen Klotzbach, Sozialdemokratie, S. 467ff.

63 Zit. nach Schwarz, Adenauer, II, S. 257.

64 Zit. nach Pirker, SPD, S. 265.

65 V. M., Sitzung des Präsidiums und des Parteivorstands der SPD am 2./3. September 1958, 9.9.1958, in: ACDP, 01-070-15/1.

66 Schwarz, Adenauer, II, S. 257.

67 Protokoll der Vorstandssitzung am 3. September 1958, in: AdsD, PV-Protokolle 1958.

68 Entschließung des SPD-Vorstands vom 4. September 1958, in: ebd.

69 V. M., Wahlhelferorganisation der SPD, 10.9.1958; V. M., Hahlbohm- und Walraff-Affäre in Bonn, 10.9.1958, in: ACDP, 01-070-15/1.

70 V. M., Führungslage im Parteipräsidium aus der Sicht des Parteivorstands, 18.9.1958, in: ebd.

71 V. M., Sitzung des Parteipräsidiums am 22.9.1958, 22.9.1958, in: ebd.

72 Neben einer Fülle interner Materialien der SPD findet sich in den Unterlagen der CDU-Führung auch ein von Fritz Heine gezeichneter Hinweis des SPD-Parteivorstands zur Aktion »Mobilisierung des Geistes« von Anfang 1957, in: ebd., 07-001-3287.

73 https://www.konrad-adenauer.de/quellen/reden/1958-10-12-rede-csu-parteitag-wuerzburg/Abruf 7.1.2020).

74 Siehe etwa das SPD-Beschlussprotokoll zur »Sitzung des Präsidiums am 23.6.1958«, in: AdsD, PV-Protokolle 1958.

75 V. M., Sitzung der Bundestagsfraktion am 14.10.1958, 14.10.1958, in: StBKAH, I 1.23, Bl. 454ff.

76 Sitzung am 14.10.1958, in: AdsD, SPD, BT-Fraktion, Protokolle 1958.

77 V. M., Vorbereitungen für den nächsten Bundestagswahlkampf, 27.10.1958, in: ACDP, 01-070-15/1.

V Willy Brandt, das Godesberger Programm und andere Gefahren, 1959–1961

1 Schwarz, Ära Adenauer, II, S. 225.

2 Bösch, Adenauer-CDU, S. 355.

3 Merseburger, Brandt, S. 8.

4 Der Spiegel, 23.8.1961 (»Wahlkampf. Alias Frahm«).
5 Siehe Klotzbach, Sozialdemokratie, S. 508, und Bösch, Adenauer-CDU, S. 392.
6 Lösch/Walter, SPD, S. 114.
7 So der Untertitel von Bouvier, Godesberg.
8 Bösch, Adenauer-CDU, S. 391.
9 Zit. nach Bouvier, Godesberg, S. 60.
10 Zit. nach Meyer, Wehner, S. 234.
11 Sitzung am 6.7.1960, in: Protokolle des CDU-Bundesvorstands 1957–1961, S. 705.
12 Zit. nach Bösch, Adenauer-CDU, S. 391.
13 Bouvier, Godesberg, S. 62.
14 Zit. nach Meyer, Wehner, S. 234.
15 Sitzung am 23.8.1960, in: Protokolle des CDU-Bundesvorstands 1957–1961, S. 736f. Hervorhebung von mir.
16 So Bundesgeschäftsführer Konrad Kraske in der Sitzung am 10.5.1962, in: Adenauer: »Stetigkeit in der Politik«. Die Protokolle des CDU-Bundesvorstands 1961–1965, bearbeitet von Günter Buchstab, Düsseldorf 1998, S. 263.
17 Sitzung am 3.12.1962, in: ebd., S. 365.
18 Sitzung am 14.3.1963, in: ebd., S. 445.
19 V.M., Sitzung des Präsidiums am 8.12.1958, 9.12.1958, in: ACDP, 01-070-15/1.
20 Vgl. das SPD-Protokoll der »Sitzung des Präsidiums am 8.12.1958«, in: AdsD, PV-Protokolle 1958.
21 V.M., Präsidiumssitzung am 2.2.1959, 3.2.1959, in: ACDP, 01-070-15/1.
22 Sitzung des Präsidiums am 2. Februar 1959, in: AdsD, PV-Protokolle 1959.
23 Schwarz, Adenauer, II, S. 519.
24 Ders., Ära Adenauer, II, S. 191.
25 Gehlen an Ollenhauer, 25.3.1959, in: AdsD, SPD-Parteivorstand/Büro Erich Ollenhauer, 2/EOAA000341.
26 Vermerk des Leiters der BND-Verbindungsstelle in Bonn für Gehlen, Besprechung beim SPD-Abgeordneten Erler am 24.1.1959, 14.2.1959, in: BND-Archiv, V-11643, Hauptakte, Bl. 1068f.
27 Notiz Erlers, Zur Besprechung München, 16.2.1959, in: AdsD, SPD-Bundestagsfraktion III. Wahlperiode, 2/BTFC000274.
28 Erler an Gehlen, 30.4.1959; Gehlen an Erler, 19.6.1959, in: ebd.
29 Aktennotiz Ortloffs für Erler, BND, 14.9.1959, in: ebd.
30 Erler an Ortloff, 18.3.1960, in: ebd.
31 V.M., Wandzeitungen der SPD, 9.3.1959, in: ACDP, 01-070-15/1.
32 V.M., Sitzung des Parteivorstandes am 12. März 1959, 13.3.1959, in: ebd.
33 Vgl. den Punkt »Reisebericht Willi Brandt« [sic!] im Protokoll zur SPD-Vorstandssitzung am 12.3.1959, in: AdsD, PV-Protokolle 1959.

34 Sitzung des Parteivorstandes am 12.3.1959 in Bonn, in: ebd.
35 Merseburger, Brandt, S. 375.
36 Henke, I, S. 716.
37 Klotzbach, Sozialdemokratie, S. 482.
38 V. M., Sitzung des Präsidiums am 23. März 1959, in: ACDP, 01-070-15/1.
39 Sitzung am 29.1.1960, in: Protokolle des CDU-Bundesvorstands 1957–1961, S. 584.
40 Zit. nach Meyer, Wehner, S. 228.
41 V. M., Stärkere Falkenaktivität, 24.3.1959, in: ACDP, 01-070-15/1.
42 V. M., SPD und Entscheidung des Bundeskanzlers, 8.6.1959, in: ebd.
43 V. M., Klausurtagung, 8.6.1959, in: ebd.
44 V. M., Wahl des Bundespräsidenten, 29.6.1959, in: ebd.
45 Merseburger, Brandt, S. 353 f.; das folgende Zitat ebd., S. 356.
46 So etwa V. M., Friedrich-Ebert-Stiftung, 22.6.1959, in: ACDP, 01-070-15/1.
47 V. M., Ollenhauers Krankheit, o. D. [erste September-Hälfte 1959], in: ebd.
48 V. M., Kandidatur Arndts für den 4. Bundestag, 10.9.1959, in: ebd.
49 V.M, Sozialdemokratische Presse, o. D. [etwa September 1959], in: ebd.
50 V. M., Spannungen im wirtschaftspolitischen Ausschuss, o. D. [etwa September 1959], in: ebd.
51 V. M., Schmölder macht Wehrübung, o. D. [etwa September 1959], in: ebd.
52 V. M., Fremdenlegionskampagne der Jungsozialisten, o. D. [etwa September 1959], in: ebd.
53 V. M., Bekanntgabe des Grundsatzprogramms, o. D. [etwa September 1959], in: ebd. Siehe die Diskussion des Programmentwurfs in der Vorstandssitzung am 3.9.1959, in: AdsD, PV-Protokolle 1959.
54 Ziegler an Gehlen, 27.9.1959, in: BND-Archiv, V-11643, Hauptakte, Bl. 1211 f.
55 Klotzbach, Sozialdemokratie, S. 449.
56 V. M., Sitzung des Parteivorstandes am 2./3. Oktober 1959, 6.10.1959, in: ACDP, 01-070-15/1.
57 Sitzung des Parteivorstands am 2./3.1959 in Bonn, in: AdsD, PV-Protokolle 1959.
58 Schwarz, Ära Adenauer, II, S. 192.
59 V. M., Parteivorstandssitzung am 15./16. Januar 1960 in Bonn, o. D., in: ACDP, 01-070-15/1.
60 Siehe Henke, II, S. 993 f.
61 Siehe dazu das SPD-Protokoll über diese Sitzung sowie die Erklärung des SPD-Präsidiums zu den »antisemitischen Vorfällen der letzten Zeit« vom 11.1.1960, in: AdsD, PV-Protokolle 1960.
62 V. M., Parteivorstandssitzung am 15./16. Januar 1960 in Bonn, o. D., in: ACDP, 01-070-15/1.
63 Siehe Bouvier, Godesberg, S. 30 ff.

64 Weiß an Gehlen, Bemühungen des Bundeskanzlers um die SPD, 4.2.1960, in: BND-Archiv, 120603, Bl. 1787ff.

65 V. M., Brandts Kanzlerkandidatur, o. D., in: ACDP, 01-070-15/1.

66 V. M., Dokumentation gegen Bundesminister Strauß, 11.4.1960, in: ebd.

67 V. M., Innerparteiliche Aktivität des Ostbüros, 12.4.1960, in: ebd.

68 Siehe Wolfgang Buschfort: Parteien im Kalten Krieg. Die Ostbüros von SPD, CDU und FDP, Berlin 2000, S. 230.

69 V. M., Sitzung des Präsidiums am 27. Juni 1960, 1.7.1960, in: ACDP, 01-070-15/1.

70 V. M., Sitzung des Präsidiums am 27.6.1960, in: AdsD, PV-Protokolle 1960.

71 Aktennotiz Gehlens über seine Besprechung mit Adenauer am 28.6.1960, in: BND-Archiv, 1163, Teil 1, o. Bl.

72 V. M., Schwierigkeiten für Brandt, 30.6.1960, in: ACDP, 01-070-15/2.

73 V. M., Aktivitäten der US-Gewerkschaften; Bericht von Wenzel Jaksch, 4.7.1960, in: ebd., 01-070-15/1.

74 Sitzung am 6.7.1960, in: Protokolle des CDU-Bundesvorstands 1957–1961, S. 709ff.

75 V. M., Finanzierung des kommenden Bundestagswahlkampfes, 13.7.1960, in: ACDP, 01-070-15/1.

76 V. M., Auseinandersetzung in der SPD nach der außenpolitischen Debatte, in: ebd.

77 Siehe auch das Protokoll über die Aussprache in den Vorstandssitzungen am 1.7.1960, in: AdsD, PV-Protokolle 1960.

78 Siehe Bösch, Adenauer-CDU, S. 391ff.

79 V. M., Präsidiumssitzung vom 11. Juli 1960, 19.7.1960, in: ACDP, 01-070-15/1.

80 Sitzung des Parteivorstandes am 19. Juli 1960, in: AdsD, PV-Protokolle 1960.

81 Näheres bei Klotzbach, Sozialdemokratie, S. 510.

82 V. M., Sitzung der Bundestagsfraktion am 20.9.1960, 20.9.1960, in: ACDP, 01-070-15/1.

83 Adenauer vor dem Bundesvorstand am 6.7.1960; zit. nach Bösch, Adenauer-CDU, S. 392.

84 Aktennotiz Gehlens, Vortrag bei Staatssekretär Globke am 5.9.1960, in: BND-Archiv, 1227, Bl. 8f. Zur Rolle Brandts in Spanien siehe Merseburger, Brandt, S. 126ff.

85 V. M., Brandt-Nachfolge in Berlin, 15.10.1960, in: ACDP, 01-070-15/1.

86 V. M., Brandtbesuch bei Kennedy, o. D., in: ebd.

87 Zit. nach Merseburger, Brandt, S. 386.

88 Aktennotiz Gehlens über eine Besprechung beim Bundeskanzler am 3. November 1960, in: BND-Archiv, 120610, Bl. 11f.

89 Gehlen an Globke, 7.11.1960, in: ebd., Bl. 15f.

90 Notiz Gehlens »Vortrag bei Staatssekretär Dr. Globke am 17.11.1960«, o. D., in: BND-Archiv, 1227, Bl. 15ff.

91 Worgitzky an Erler, 7.12.1960, in: AdsD, SPD-Bundestagsfraktion III. Wahlperiode, 2/BTFC000274.

92 Aktennotiz Worgitzkys (möglicherweise Langemanns) vom 7.11.1960 über eine Besprechung mit »Herrn Prenzler« (Tarnname von Erler) am 5.11.1960, in: BND-Archiv, V-11643, Nebenakte IV, Bl. 785ff.

93 V.M., Sitzung des Parteivorstands am 10.12.1960, 13.12.1960, in: ACDP, 01-070-15/1.

94 Sitzung des Parteivorstandes am 10.12.1960, in: AdsD, PV-Protokolle 1960.

95 V.M., Sitzung des Präsidiums am 19.12.1960, 21.12.1960, in: ACDP, 01-070-15/1.

96 Sitzung des Präsidiums am 19.12.1960, in: AdsD, PV-Protokolle 1960.

97 V.M., Sitzung des Präsidiums am 21.5.1962, 23.5.1962, in: StBKAH, I 12.24.

98 V.M., Sitzung des Parteivorstands, des Parteirats und der Kontrollkommission am 1. und 2. Juli 1961, 6.7.1961, in: ACDP, 01-070-15/1.

99 Schwarz, Adenauer, II, S. 649f.

100 Sitzung des Parteivorstandes, des Parteirates und der Kontrollkommission am 1. und 2. Juli 1961, in: AdsD, PV-Protokolle 1961, Teil 1.

101 Schwarz, Ära Adenauer, II, S. 152.

102 V.M., Berlin-Krise, 18.8.1961, in: ACDP, 01-070-15/1.

103 Merseburger, Brandt, S. 396ff.; auch zum Folgenden.

104 V.M., Besetzung der Machtpositionen im Parteivorstand, o.D., in: ACDP, 01-070-15/1. Hervorhebung im Original.

105 V.M., Sitzung des Präsidiums am 23.10.1961, 24.10.1961, in: ebd.

106 Merseburger, Brandt, S. 427.

107 V.M., Kritik an der »neuen Linie der SPD«, 11.1.1962, in: ACDP, 01-070-15/1.

108 V.M., Popularität Brandts, 7.4.1962, in: ebd., 01-070-13/1.

109 Sitzung des Präsidiums am 7.5. und der Fraktion am 8.5.62, in: StBKAH, I 12.24.

110 V.M., Sitzung des Parteivorstands am 11. und 12.5.1962, 15.5.1962, in: ebd., I 12.25.

111 V.M., Sitzung des Präsidiums am 21.5.1962, 23.5.1962, in: ebd., I 12.24.

112 Sitzung am 26.4.1963, in: Protokolle des CDU-Bundesvorstands 1961–1965, S. 446.

113 Siehe Rolf-Dieter Müller: Reinhard Gehlen. Geheimdienstchef im Hintergrund der Bonner Republik. Die Biografie, Berlin 2017, S. 1052f.

114 Adenauer an Globke, 1.9.1963; zit. nach Jost Dülffer: Geheimdienst in der Krise. Der BND in den 1960er-Jahren, Berlin 2018, S. 43.

115 So Adenauer in der Sitzung des Parteivorstands am 19.1.1954, in: Protokolle des CDU-Bundesvorstands 1953–1957, S. 74f.

116 Ortloff an Erler, 6.6.1961, in: AdsD, NL Fritz Erler, 1/FEAB000189 B.

117 Notiz Erlers »für München« vom 8.12.1961 sowie der Vermerk Erlers nach einem Besuch in Pullach vom 10.9.1962, in: ebd., SPD-Bundestagsfraktion IV. Wahlperiode, 2/BTFD000871.

118 Ortloff an Erler, 15.9.1962, in: ebd.

119 Ungezeichnete »Kurze Analyse« zur Kritik des Bundesrechnungshofs am BND, in: ebd.; zur Herkunft siehe die handschriftliche Notiz Erlers vom 4.7.1962, in: AdsD, SPD-Bundestagsfraktion IV. Wahlperiode, 2/BTFD000872.

120 Notiz von Kurt Weiß, 9.5.1963, in: BND-Archiv, NL 10, Bd. 10, Bl. 761.

121 Ortloff an Erler, 14.5.1964, in: AdsD, SPD-Bundestagsfraktion IV. Wahlperiode, 2/BTFD000872.

VI BND-Lügengespinste für ein halbes Jahrhundert

1 Im Einzelnen Henke, II, S. 845–859.

2 Ebd., S. 859–908.

3 So der Sprechzettel für Gehlen vom 27.2.1963, in: BND-Archiv, V-11643, Hauptakte, Bl. 1582f., sowie die Bestätigung der Besprechung mit Erler, in: ebd., V-11643, Nebenakte I, Bl. 528.

4 Der Abschlussbericht Zieglers vom 15.1.1967 und die dienstliche Bewertung in: ebd., V-11643, Hauptakte, Bl. 2916ff.

5 Handschriftlicher Vermerk, Leitungsstab Gehlen, 9.3.1967, in: ebd., Bl. 2933.

6 Handschriftliche Notiz, Leitungsstab Gehlen, zu »Dr. König« vom 12.4.1967, in: ebd., Bl. 2937.

7 Henke, II, S. 1203–1386.

8 Der Spiegel, 3.11.1980 (»H. D. Becker über Reinhard Gehlen: ›Verschlusssache‹. Nachrede aus dem Grab«).

9 Siehe Henke, II, S. 938–957.

10 Schreiben Gehlens an den Guillaume-Untersuchungsausschuss, 4.10.1974, in: BK-Amt, VS-Registratur, Az. 11300 (12), Bd. 6, Bl. 15ff.

11 Welt am Sonntag, 6.10.1974 (»Gehlen: Angriffe sollen von Guillaume ablenken«).

12 Stenographisches Protokoll über die 25. Sitzung des 2. Untersuchungsausschusses, 19.11.1974, in: BK-Amt, VS-Registratur, Az. 11300 (13), Bd. 11, Bl. 53–191.

13 Zum Umgang des Ausschusses mit zwei »aufmerksamkeitsträchtigen Randfiguren« der BND-Inlandsspionage, Günther Heysing und Helmut Bärwald, siehe Henke, II, S. 957–980.

14 Süddeutsche Zeitung, 10.4.2022.

ZITIERTE ARCHIVQUELLEN

BND-Archiv *Sachakten* 1112, 1163, 1197, 1224, 1227, 23380, 23381, 23383, 104291, 120299, 120603, 120610, 120616, 122281, 123067; *Personenbezogene Akten* V-1101, V-11643; *Nachlass* NL Kurt Weiß, 10

Bundeskanzleramt, VS-Registratur (BK-Amt) 11300 (12), 11300 (13), 15100 (44), 15100 (59), 15100 (64), 15205 (1)

Archiv für Christlich-Demokratische Politik (ACDP) NL Hans Globke, 01-070-13/1, 01-070-15/1, 01-070-15/2, 01-070-16/2, 01-070-102/3; NL Hans Kilb, 01-454-005/3; NL Heinrich Krone, 01-028-055/2; NL Otto Lenz, 01-172-093/2; CDU-Bundespartei, 07-001-3287, 07-001-5019, 07-001-12087

Stiftung Bundeskanzler-Adenauer-Haus (StBKAH) I 12.24, I, 12.25, I 12.28, I 12.33

Archiv der sozialen Demokratie (AdsD) NL Fritz Erler, 1/FEAB000189 B; NL Fritz Heine, 1/FHAB000146; NL Erich Wollenberg, 1/EWAF000095; SPD-Bundestagsfraktion III. Wahlperiode, 2/BTFC000274; SPD-Bundestagsfraktion IV. Wahlperiode, 2/BTFD000871, 2/BTFD000872; SPD-Parteivorstand/Büro Erich Ollenhauer, 2/EOAA000205, 2/EOAA000341; SPD-Parteivorstand, Sekretariat Fritz Heine, 2/PVAJ000210; Parteivorstand, Protokolle 1956, 1957, 1958, 1959, 1960, 1961

National Archives Washington RG 263, Entry ZZ-18, CIA Name Files, Second Release, Box 42, Globke, Hans, 86806

Interviews Herbert Rieck, 18.12.2012; Helmut Ortloff, 18.3.2013; Alexander Ortloff, 20.4.2013

ZITIERTE QUELLENSAMMLUNGEN UND LITERATUR

Adenauer. Teegespräche 1955–1958, bearbeitet von Hanns Jürgen Küsters, Berlin 1986.

Adenauer: »Wir haben wirklich etwas geschaffen«: die Protokolle des CDU-Bundesvorstands 1953–1957, bearbeitet von Günter Buchstab, Düsseldorf 1990.

Adenauer: »... um den Frieden zu gewinnen«: die Protokolle des CDU-Bundesvorstands 1957–1961, bearbeitet von Günter Buchstab, Düsseldorf 1993.

Adenauer: »Stetigkeit in der Politik«. Die Protokolle des CDU-Bundesvorstands 1961– 1965, bearbeitet von Günter Buchstab, Düsseldorf 1998.

Appelius, Stefan: Heine. Die SPD und der lange Weg zur Macht, Essen 1999.

Bösch, Frank: Die Adenauer-CDU. Gründung, Aufstieg und Krise einer Erfolgspartei 1945–1969, München 2001.

Bouvier, Beatrix W.: Zwischen Godesberg und Großer Koalition. Der Weg der SPD in die Regierungsverantwortung, Bonn 1990.

Buschfort, Wolfgang: Parteien im Kalten Krieg. Die Ostbüros von SPD, CDU und FDP, Berlin 2000.

Deutscher Bundestag, Verhandlungen, Stenographische Protokolle, 1. Wahlperiode (1949–1953), 2. Wahlperiode (1953–1957), 3. Wahlperiode (1957–1961), 6. Wahlperiode (1969–1972), 7. Wahlperiode (1972–1976), Bonn 1950ff.

Dülffer, Jost: Geheimdienst in der Krise. Der BND in den 1960er-Jahren, Berlin 2018.

Henke, Klaus-Dietmar: Geheime Dienste. Die politische Inlandsspionage der Organisation Gehlen 1946–1953, Berlin 2018.

Henke, Klaus-Dietmar: Geheime Dienste. Die politische Inlandsspionage des BND in der Ära Adenauer, Berlin 2022.

Klotzbach, Kurt: Der Weg zur Staatspartei. Programmatik, praktische Politik und Organisation der deutschen Sozialdemokratie 1945–1965, Bonn 1996.

Lehnert, Detlef: Sozialdemokratie zwischen Protestbewegung und Regierungspartei 1848–1983, Frankfurt/Main 1983.

Lösche, Peter und Franz Walter: Die SPD. Klassenpartei – Volkspartei – Quotenpartei. Zur Entwicklung der Sozialdemokratie von Weimar bis zur deutschen Vereinigung, Darmstadt 1992.

Merseburger, Peter: Willy Brandt 1913–1992. Visionär und Realist, München 2013.

Müller, Rolf-Dieter: Reinhard Gehlen. Geheimdienstchef im Hintergrund der Bonner Republik. Die Biografie, Teil 2: 1950–1979, Berlin 2017.

Pirker, Theo: Die SPD nach Hitler. Die Geschichte der SPD 1945 bis 1964, München 1965.

Repgen, Konrad: Finis Germaniae: Untergang Deutschlands durch einen SPD-Wahlsieg?, in: Konrad Adenauer und seine Zeit. Politik und Persönlichkeit des ersten Bundeskanzlers, Band II: Beiträge der Wissenschaft, hrsg. von Dieter Blumenwitz, Klaus Gotto, Hans Maier, Konrad Repgen und Hans-Peter Schwarz, Stuttgart 1976, S. 294–315.

Sälter, Gerhard: Phantome des Kalten Krieges. Die Organisation Gehlen und die Wiederbelebung des Gestapo-Feindbildes »Rote Kapelle«, Berlin 2016.

Schwarz, Hans-Peter: Die Ära Adenauer, Band 1: Gründerjahre der Republik 1949–1957, Stuttgart 1981.

Schwarz, Hans-Peter: Die Ära Adenauer, Band 2: Epochenwechsel 1957–1963, Stuttgart 1983.

Schwarz, Hans-Peter: Adenauer. Der Staatsmann: 1952–1967, Stuttgart 1991.

Schwarz, Hans-Peter: Der Stabilisierer Europas: Konrad Adenauer, in: ders., Das Gesicht des Jahrhunderts. Monster, Retter und Mediokritäten, Berlin 1998, S. 510–529.

Schwarz, Hans-Peter: Anmerkungen zu Adenauer, München 2004.

Soell, Hartmut: Fritz Erler – eine politische Biographie, Berlin 1976.

SPD-Fraktion im Deutschen Bundestag, Sitzungsprotokolle 1949–1957, 1. Halbband: 1949–1953, 2. Halbband: 1953–1957, bearbeitet von Petra Weber, Düsseldorf 1993.

Wolf, Thomas: Die Entstehung des BND. Aufbau, Finanzierung, Kontrolle, Berlin 2018.

PERSONENREGISTER

Konrad Adenauer, Willy Brandt, Reinhard Gehlen und Hans Globke wurden wegen häufiger Nennung nicht ins Register aufgenommen.